キリスト教の死生観

上田光正

教文館

とにかくわたしたちはあなたの泉、
あなたの許にある生命の泉、
天上からの流れに向かって心の口を開き、
そして出来る限りそこから潤いを受け、
何とかしてそのような素晴らしいものを
考えてみようとしました。

（アウグスティヌス『告白録』IX・10・23）

まえがき

本書の主題は、「幸福な生及び死とはどのようなものか」、という問いをめぐっている。

人間にとって、およそ「幸福」ほど、四六時中考えているものも多くはない。しかしその反面、「青い鳥」の話ではないが、幸福ほど手に入れがたいものもない。ドイツの詩人カール・ブッセの詩にも謳われている。「山のあなたの空遠く／幸い住むと人の言う。／あゝ我人と尋《と》め行きて／涙さしぐみ帰り来ぬ」、と。

幸福は摑みにくい上に、また、論じにくい。幸福について一律に論ずることが困難であるのは、一つには、幸福とは、あくまでも個人的・主観的なものであり、その人の世界観・人生観によって好みも違えば、人生に期待する中身も変わってくるからである。偶然や運命にも左右されるし、本人の生まれや育ち、哲学や人生観によっても千差万別であり、最初にタイプ分けでもしておかなければ到底論じられそうにない。

さらにまた、著者が考えるに、幸福には「幸福のパラドックス」とも呼ぶべきものが幾つかある。それに気づかないと、目先の快楽や富や名誉をがむしゃらに追求しても、どんでん返しを食らって目的とは千里もかけ離れたところに行き着くのが関の山である。したがって、この「幸福のパラドックス」をきちんと認識することが、幸福への最短距離であるとも言える。

言うまでもなく、「幸福のパラドックス」のうち、間違いなく最大のものは、「死」を勘定に入れないと、「生」の意味が分からない、ということであると思われる。なぜなら、人間は必ず皆死ぬ上に、その「死」を――他の動物とは違い――割としょっちゅう意識しているからである。死を考えなければ、人間としての「生」は成り立たないとさえ思われるのである。同じく「幸福」とか「善」と言っても、人間という生き物は、単に現世における幸福や善についてだけ考えればそれで満足できるような代物ではない。もちろん、現世にしっかりと根を下ろし、そこに照準を合わせていなければ、幸福について論じても無意味となってしまう。しかし、われわれはこれから、他の動物ではなく、「人間というもの」の幸福や善について考えようとしているのであるから、どうしても、「死」を勘定に入れ、それを越えた向こうまで考えられるところの宗教的な次元、すなわち、「浄福」と呼ばれるものをも考慮に入れなければ、たちまち底の浅いものとなってしまう。キリスト者として率直に述べれば、「来世」や「神の国」のことを考慮に入れなければ、決して《人間の幸福》は摑めない、と思われる。「人は、たとえ全世界を手に入れても、自分の命を失ったら、何の得があろうか」(マコ八・三六)とイエスが言われたとおりである。

それだから、一般にも、「死」まで勘定に入れて「人間というものの幸福」を考える場合に、「生死観」とは言わず、「死生観」と言うのであろう。わたしもこの点に留意し、本書の題名を「死生観」とした。「死」から「生」を考え、「生」から「死」を考えたいからである。

それゆえ、われわれは本書で、キリスト教信仰を根本に持つ「キリスト教的死生観」がどのようなものであるかについて論じたい。わたしはこの主題がかなり一般性を持っている、と信じている。その第一の理由は、人間の幸福を考えようとすれば、当然「死」をどのように説明するかという問題が相当に大きな比重を占めてくることになるが、キリスト教の死の理解は非常に丁寧でかつなかなか理屈に合ったものであり、誰でも興味と関心を抱くはずのものだからである。かつまた、恐らく、最終的には多くの人が納得しうるであろうとわたしは考えている。第二に、キリスト教はこの「死」や「死後」の理解から、現世の意義とその目的について、これも恐らく、他のどの思想系よりも——例えば、無神論的な、ないしは多神教的な、または仏教的な、イスラーム教的な、ヒューマニズム的な、共産主義的な、等々のさまざまな思想系よりも——より明確で積極的なものを提示しているように思われるからである。それがすなわち、「隣人愛」や「神の国」と呼ばれるものに他ならない。

その意味で、本書はキリスト教徒にも是非ともお読みいただきたいが、また、この国の心ある方々で、あるいはまだ教会に足を踏み入れておられない方々にも、是非ともお読みいただきたいと考えている。「キリスト教」と呼ばれる宗教、より正確に言えば、「福音」が告げ広めようとしている使信の内容とその真理性について、ご理解をいただきたいと強く願うからである。また、その目的が少しでも実現するようにと、聖書や教会について全くの門外漢の方々にも、ご理解いただけるように配慮はするつもりである。

最初に簡単に、本書の内容についてご案内したい。

本書の主題について述べている部分は、本書と同じ題名の第Ⅲ章である。その前に、なぜ二つの章が置かれているかをご説明したい。第Ⅰ章は、《神とは何か》について述べられる。これは、キリスト教的な世界観についてのご理解をいただくための水先案内のつもりで書かれている。特に、初めに唯一神信仰について述べる。本書の主題は、一言で言えば、「唯一神信仰における幸福論」である。「唯一神信仰」とは、正確に言えば、永遠の昔にはただ神のみが存在しており、この宇宙などはどこにも存在していなかった、と考える考え方である。実はこの点で、実に多くの日本人がほとんど無知のまま教会の門をたたく。それればかりか、キリスト者でさえ、この点をよく弁えていない人が実に多いのである。ゆえに、この章は単なる「序章」ではない。また、本書の重要なポイントの一つは「死」の理解である。この点との関わりで、第Ⅰ章第2節では、人間が与ることが許されている神の「永遠性」や「永遠の生命」とは何であるかについて述べられる。併せて、神の三位一体性と受肉の教理についても簡潔なご説明をしておきたい。

　第Ⅱ章では、人間はどのような存在者として造られているかについて論じられる。特に問題の中心となるものは、人間が「時間」の中に造られていて、いずれ存在しなくなるという「事実」と、彼が神の賜る「永遠の生命」に与るという「約束」との間の緊張関係である。どうしてそのようなことが言いうるのか。ここでどうしても、人間の「記憶」とは何かが問題となる。本書で最も苦心した、いわば本書の背骨ともなる部分である。

　第Ⅱ章が《人間とは何か》であるとするなら、第Ⅲ章の主題は《現実の人間》である。それは、罪を犯し、キリストの贖いのゆえに救われて「神の国」、「永遠の生命」に与るという、キリスト者ならば誰もが知っている理屈についてである。ただし、それだけならば、キリスト教信仰を持ったキリスト者の命運に限定されたものともなりかねない。それでは、本書のテーマである「人間一般の幸福」

に関する論述ではなくなってしまい、大きな損失である。本書はそのような狭隘化が起こらないために、贖罪論について一つの明確な線を打ち出した（第1節参照）。それは、現在の教会の福音理解にもある豊かさを提供するものと確信している。そこから、「最後の審判」や「永遠の生命」について考察し（第2節参照）、「人間の幸福とは何か」について述べたい（第3節参照）。

なお、聖書からの引用は、特に問題がない場合には、『新共同訳聖書』（日本聖書協会、一九八七年）を用い、略記法もそれに従った。他の場合は注記した。また、引用文中の傍点は著者による。また、読者の便宜のため、参照文献中邦訳のあるものは、〔　〕で頁数その他を提示することに努めた。

著者　識

二〇二〇年一〇月、曳舟にて

目次

装丁　熊谷博人

第Ⅰ章　神とはどのようなお方か

西洋には「幸福論」の伝統がある。それも、キリスト教が世に現れる前からある。「幸福論」を堂々と学問の俎上に載せた最初の人物は、ギリシアの哲学者アリストテレス（前三八四—三二二）である。彼はその著『ニコマコス倫理学』の中で、「幸福こそは究極的・自足的な或るものであり、われわれの行うところのあらゆることがらの目的であると見られる」(1)、と述べている。少し敷衍《ふえん》して解説すれば、「幸福」が何であるかについてはそれこそ人により千差万別であるが、すべての人は「幸福」を求めており、「幸福」こそは、人間のあらゆる行為の最高目的である。それは、すべての人間にとって、「人は何のために生きるのか」という問題が永遠にして究極の関心事であるからである。それゆえにまた、「幸福」は学問の俎上に載せられなければならない。倫理学の主題は「善とは何か」であるが、それはまた、「幸福とは何か」と言い換えてもよい、とアリストテレスは述べている。そして、自分の倫理学を堂々と「幸福論」として展開している。

アリストテレス以来、西洋の哲学や倫理学には、「幸福論」という一部門が生じた。少し下ってヘレニズム時代には、『幸福な生について』や『生の短さについて』の著作のあるセネカ（本書二四二頁以下で、セネカの幸福論について述べられる）を代表とするストア派と、それとよく比較されるエピキュロス派の哲学とが、いずれも「幸福とは何か」という主題を論じて競い合っている。

この伝統は、当然のことながら、より完全な意味で目的論的世界観を有するキリスト教神学によって受け継がれた。中世のトマス・アクィナスの神学も、その人間論に相当する膨大な部分[2]はまさしく幸福論であると言って差し支えない。その内容を象徴的に見せてくれるものが、この神学が構築した大伽藍をそのまま文学で表現しているダンテの『神曲』であろう。この作品は、「地獄（インフェルノー）篇」、「煉獄（プルガトーリオー）篇」、「天国（パラディーソー）篇」の三部を通して――「天国篇」では著者ダンテは永遠の乙女ベアトリーチェに案内されて、彼女が天を仰ぎ見るとき、その美しい瞳の中を見ながらたちまちにして目的の至高天にまで引き上げられる――、まさに、「人間の幸福（浄福）とは何か」を主題としている。近世に入れば、スピノザ、ベンサム、ショーペンハウアー、さらにはヒルティ、アラン、ラッセルなどがそれぞれに多彩な幸福論を展開している。このように、西洋の哲学思想の中には、「幸福論」なるものの伝統が存在している。

では、東洋ではどうか。東洋では「幸福論」の伝統こそなかったが、その代わり、仏教哲学が「幸福」の正反対であるところの「苦しみ」について、西洋の「幸福論」に優るとも劣らない壮大かつ繊細・緻密な思索を展開している。仏教とは「死」を意識した「幸福の哲学」である、と言って少しも差し支えない。

われわれはこのような由緒ある、そして、間違いなく全人類にとって最も関心の深いテーマの一つである「幸福とは何か」という議論に加わりたいと考えている。それも、唯一のまことの神がおられるという、いわゆる「唯一神教」を展開の基本的な枢軸とするものとしてである。

本章では、初めに神が「唯一のまことの神」であるということについて述べたい。その際また、彼が天地万物の「創造主」であることが述べられる（第1節）。次に、彼が永遠から永遠にわたって生きています「永遠者」であり、「三位一体」なるお方であり、そして、「受肉者」であるということについて述べたい（第2節）。

第1節　唯一神信仰とはどのようなものか

世界に存在する唯一神教は三つある。ユダヤ教とキリスト教とイスラーム教である。その共通の特長は、「唯一のまことの神」の存在を認め、この世界やその中に住むわれわれ人間を神の被造物であると考える世界観である。もちろん、その中でもキリスト教には、著しい特長がある。すなわち、神の御子イエス・キリストの受肉である。しかし、われわれは受肉の問題は次節以下に譲ることとして、まず、唯一神信仰とはどのようなものであるかについて述べたい。

唯一神信仰とは、世界にただ一人のまことの神がいまし、この神がこの宇宙を無から創造し、歴史を主宰しておられることを認める信仰である。「唯一神信仰」が始まったのは、これから直ちに述べたいが、今から約四〇〇〇年前に起こったアブラハムへの啓示からである。それ以来、歴史の中で確固たる地歩を固めてきた。現在では、統計上は一応世界人口の約七割弱が唯一神信仰を奉じていることになっている。キリスト教徒に限定して言えば、世界人口の約三分の一とされる。現代日本の宗教社会学を代表する大澤真幸氏も、「神道は多神教で、多神教は世界にいっぱいあるじゃないか、なんて思わない方がいい。神々は放逐された……世界の標準はこっち（引用者注、一神教）です」[3]、と言っている。それが約四〇〇〇年前には、実に、アブラハムたった一人の信仰だったわけである。

それではいったい、それはどのようなものなのであろうか。先にも述べたとおり、それはこの世界や宇宙が存在するよりも前に、唯一のまことの神が存在し、この世界や宇宙は神の被造物である、と考える。注意すべきことは、この「唯一神信仰」は、決して初めに多神教信仰が存在し、次にそれが進化・純化して、例えば「拝一神信仰」となり――「拝一神信仰」とは、世界にはたくさんの神々があるとしても、自分はただこの一人の神のみを選び、この神にのみ忠誠を尽くす、という信仰である――、最後に「唯一神信仰」となった、ということではない。そうではなく、周囲は多神教の世界のただ中で、あたかも絶海の孤島のようにポツンと一つあるものが――神からの啓示によって生まれた――アブラハムの信仰である。

その意味で、「唯一神信仰」は、日本人には非常になじみにくい。また、大変誤解されやすいものである。それは、日本人は「拝一神信仰」なら簡単に理解できるが、その延長線上で考えると、たちまち誤解してしまうからである。というのも、「拝一神信仰」の場合は、永遠の昔から存在していたものは宇宙の方であり、したがって、結果的には、やはり人間が《主》となってしまう。人間が数ある神々の中から自分の好みに合い、都合のよい神を選んだのであるから、人間が《主》である。神は人間に仕える《僕《しもべ》》であるゆえに、御利益宗教という基本構造を取る。これに対して、アブラハムの場合は、「唯一のまことの神」の方が彼を選び、御自身を啓示なさるのであるから、人間の側に取捨選択の余地はない。このように、「拝一神信仰」と「唯一神信仰」とでは、主客が完全に逆転している。この点が、最も重要でかつ理解困難な点であることに、読者はくれぐれもご留意いただきたい。それゆえわれわれは、この「唯一神信仰」がどのようなものであるかを解明するために、初めにその歴史的由来について述べたい。その次に、この信仰と不可分である、神による創造について述べたい。

⑴「唯一神信仰」の歴史的由来に関しては、今から約四〇〇〇年前のアブラハムに対する啓示と、それから約七〇〇年後の、モーセに対して起こった啓示との、二つの出来事を述べなければならない。ただし、この二つの啓示は、同じ神の同じ民への啓示であると見て差し支えない(4)。言い換えれば、信仰者が連続しているのではなく（そうであれば、ヤーウェは民族神となってしまう）、啓示者が同一である。

①アブラハムに関する記述は他には史料がないので、わたしは創世記一二章に書いてあることをそのまま解説を加えながら述べてみたい。

アブラハムは神話上の人物ではない。彼がその上を歩いたとされる四〇〇〇年前の地層が考古学的にも確かめられている。彼は神の召しを受けて現在のメソポタミア地方、昔で言えばカルデアのウルを出立し、実に一〇〇〇キロを超える砂漠の旅を西へ行き、いわゆる「肥沃な三日月地帯」と呼ばれるカナンの地（現在のパレスティナ）に到着した。ウルでは月の神さまが拝まれていたという説もあるが、多神教が行われていたことは間違いない。アブラハムはそれを嫌って唯一のまことの神を信じ、自分の生まれ故郷と父の家を捨ててカナンに向かったようである（創一一・三一以下参照）。このアブラハムの道行きと共に、人類史の中の実に驚くべき「唯一神信仰」が始まったわけである。

聖書によれば、アブラハムへの啓示は、それと同時に、神の全人類への《祝福》が始まった、という出来事として述べられている。神がアブラハムを選ばれたのは、世界の歴史の中に神が介入し、全人類を祝福する《祝福の歴史》、または《救済の歴史》を開始させるためである、という述べ方で語られている。この点に注意したい。というのも、それまでの人類の歴史は、「アダムの堕落」（創三章）から始まり、ひたすらなる下降線をたどってきた。まず、どす黒い「呪いの血」が大地に呑み込まれていったという「カインの兄弟殺し」（同四章）から始まり、「ノアの洪水」（同六―九章）による世界浄化を経て、「バベルの塔」（同一一章）にまで至っている。これらは、歴史的にすべてそのとおり起こったというわけではないが、人類の歴史はそのままでは、堕落と崩壊の下降線をひたすら降る、という聖書の信仰の表明である。然るに、アブラハムの選びを大いなる「転換点」として、下降線が上昇線へとV字転換した、というのが聖書の述べ方である。そこから、神から人類への「祝福の歴史」が始まったことが強調されている。その点が、聖書の主題と関わるので、十分注意されなければならないのである。

《祝福》とは、神からの祝福であるから、わたしが「まえがき」で語った《神の国の浄福》と本質的には同じものである、と考えてよい（新約に至ると、明確にそのように理解されるようになる。ロマ四・一三等参照）。神はアブラハムに絶大な祝福をお与えになった。と言っても、単に、「わたしはあなたを大いなる国民にし／あなたを祝福し、あなたの名を高める」（創一二・二）としか書かれていない。しかしその次に、彼には同時に、「祝福の源となれ」という命令（いわゆる「召命」）が下された、と書かれている。「祝福の源となるように。……地上の氏族はすべて／あなたによって祝福に入る」（同一二—三節）、と書かれている。彼が受けた祝福が彼一代で終わるのではなく、それを子々孫々に伝え、全世界に広めよという神の召命（全生涯にわたる命令）である。それゆえ、アブラハムが受けた祝福は「伝播され、殖え広がるもの」という根本性格を有する。すなわち、この《祝福の連鎖》は、アブラハムからイサク、ヤコブへ、そしてイスラエルへと継承される。そして、イスラエルが受け継いだ祝福が、さらにイエス・キリストを経て全人類へと広められる（使一・八参照）。かくして、祝福の「連鎖」と「輪」が世の終わりまで続き、広がってゆくわけである。

それゆえ、大事なことは、このアブラハムが信じた「唯一神信仰」においては、《祝福の連鎖》というものがある、ということである。神はまずアブラハムを選び、アブラハムの子孫からキリストを生まれさせるために彼を選ばれたのであるから、この神の意図をないがしろにするわけにはゆかない。したがって、本来の「唯一神教」には——多神教とは異なり——「神からの祝福が《全人類》に広められる」という根本性格・根本使命が最初から不可分に付着している、と考えられなければならないわけである。このことは、われわれが「唯一神教とは何か」という主題を考える場合に、きわめて重要であると考える次第である。

②次に、「唯一神信仰」においてもう一つ大きな特長をなすところの、神が《主》であるという根本性格について、次のモーセへの歴史的啓示から学びたい。

神は最初にアブラハムに御自身を啓示なさり、その後は、イサク、ヤコブへと御自身を現されたが、その後はしばらく途絶える。そして、イスラエルがエジプトの国で一つの民族と成ったころ、再びモーセに現れる。そのときには、名前を「ヤーウェ」と名乗られる。初めにアブラハムに現れたときには、神の名は「全能の神」（［へ］エル・シャッダイ、創一七・一）であった。「名前の変更」は、中近東では一般に、相手との関係がより深まったときに、起こる（他に、同一七・五、三五・一〇等多数）。実際神は、「わたしは、アブラハム、イサク、ヤコブに全能の神として現れたが、主というわたしの名を知らせなかった」（出六・三）と言っておられる。

初めにこの名前についてご説明したい。神の正式な名前は「ヤーウェ」である。日本語に訳せば、「わたしはある」（出三・一四、新共同訳）、または、「わたしは、有って有る者」（同、口語訳）と訳しうる言葉である。「ヤーウェ」とは「彼はある」という意味であり、ヘブライ語原典では「ＹＨＷＨ」の「聖四文字」で記されている。これが神の御本質そのものの完全で正式な《自己紹介》[5]である、と考えてよい。その意味は、「どんな時でも必ず在る者」、「その非存在を考えてはならない者」という意味である。文脈からはさらに、「わたしは常にあなたがたと共に居る」という「インマヌエル」（マタ一・二三）の意味に解する必要がある、という説があり（出三・一二参照）、最近はこの説も学者たちから認められる傾向にあるようである。[6]

興味深いことは、聖書では「ＹＨＷＨ」は「主」とか「主なる神」とか“Lord”と訳され、日本でもキリスト教の神さまは「主」と呼ばれる。この「主」という言葉の文字通りの意味は、神が《主》であり、人間は《僕《しもべ》》である、という神人の主従関係を言い表す。キリスト教の神さまのことを信徒が「主なる神」と呼ぶとおりである。つまり、聖書の唯一神信仰においては、神が《主》である、という関係がきわめて基本的である。しかし、なぜ「有って有る者」が「主」となってしまったのであろうか。これには深いいきさつがある。

非常に有名な話であるが、イスラエルはこの神の名を忘れてしまった。それは、モーセの十戒に、「主の名をみだりに唱えてはならない」（出二〇・七）との戒めがあるので、非常に長い間「YHWH」の聖四文字を「ヤーウェ」と読んだり発音したりすることが禁忌とされており、遂にその正しい発音法を忘れてしまった、という嘘のようなまことの話である。代わりに、「主」を意味する「アドーナーイ」という言葉の母音符号だけを借りて、「イエホーヴァー」（文語訳聖書では「エホバ」）と呼ばれ続けた。ようやく現代の研究によって「ヤーウェ」の発音が回復された、ということである。「主」（アドーナーイ）とは、「奴隷の所有者」という意味もあるが、むしろ、「奴隷の贖《あがな》い主《ぬし》」という意味である。つまり、エジプトで四三〇年の間奴隷であったイスラエルをそこから贖い出してくれた《贖い主》、「奴隷の解放者（救済者）」という意味である。この「ヤーウェの神」が、イスラエルをエジプトの奴隷状態から解放し、出エジプトを成し遂げられた。そして、シナイ山でモーセを通して「十戒」を授けられた（出二〇・二以下参照）。したがって、イスラエルが神を「主」と呼ぶのはきわめて理に適った、適切なことである、と言えるわけである。

神が《主》であり、神を信ずる者が《僕》であるという関係は、新約でも保たれる。なぜなら、信仰者は自らが罪の奴隷状態から御子イエス・キリストの十字架の贖いによって救い出された、と考えるからである。

ゆえに、唯一神信仰においては神が《主》であり、人間は《主》ではなくて《僕》である、という関係が、すべてのユダヤ－キリスト教的な神概念と神思想の根底にあることになる。イスラーム教では神は「アッラー」（全能者、「クルアーン」一・一参照）で、少し違う。大切な点であるから、煩を厭わず多少詳しくご説明した。

これまでの叙述をまとめてみると、次のようになる。

(a)神は人類を祝福されるために、御自分の民イスラエルを選ばれた。それは、その民に「祝福の源」として神の人類救済事業の一端を共に担わせるためである。

(b)その際、啓示者が被啓示者を選んでいる。逆（拝一神教）ではない。

(c)神は御自身を《絶対的な意味で存在する者》、《必然的存在者》として啓示された。それはまた、《常にその民と共にある者》というニュアンスを含んでいる。

(d)神は救済行為において御自身を啓示されたので、御自身を民に対する《主》——贖いをなさる主、それゆえ神の民はその贖われた《僕》である——として啓示された。

なおまた、アブラハムが受けた信仰と召命は汚されてはいけないから、エリヤ、イザヤ、エレミヤ、エゼキエルなどの預言者が次々と遣わされ、信仰を絶えず浄化・是正・改革する。最後にイエス・キリストが遣わされて、神の祝福は全人類に対するものであったことが明確となり、約束が成就される、という構造である。

したがって、この唯一神信仰においては、実は、アブラハムが「教祖」でも、モーセやイエス・キリストが「教祖」でもない。しいて言えば、神が堕落した人類を救い、祝福しようとされたその自己啓示の御意思がすべての始まりであり、終わりである、ということになる。

この《主》と《僕》の関係を基に、次にもう少し神とその創造の御業について考えてみたい。

⑵神は永遠の昔から唯一人います神であるから、当然のことであるが、神は「創造者なる神」であり、宇宙の方は後から創られた「被造物」である、ということになる。この「創造の信仰」の確立は、「善き創造」という信仰の確立でもあった。なぜなら、神はこの世界を祝福なさる《救済者》として歴史の中に介入されたのであるから、神はこの世界を元来は「善く」創られたのであり、人間の罪がそれを「悪しきもの」としたことが、告白されるようになるからである。次にこのことを明らかにしたい。

ヤーウェ信仰がそれまでより明確な形をとって現われたのは、紀元前七、六世紀の前後である。それは、今日旧約学の学徒たちが「崩壊期」と呼ぶ、ある一つのきわめて特異な時期である。[7] 政治的には国が超大国バビロニアによって侵略され、滅ぼされそうになった、「バビロニア捕囚」という、イスラエル国家最大の危急の時である。信仰と生活は地に落ち、国家は崩壊に瀕した。この時に、「神はこの世界を最も善くお造りになった」という「善き創造」への信仰が明確な形を取り、一部の人々の間ではあるが、イスラエルの信仰が著しい形で復興したことは、きわめて興味深い。この世界が「最も善く創られている」という明確な主張は、蓋し、唯一神信仰の中でも特に神の贖いを信ずるイスラエル－キリスト教的な信仰に特有のものである。それが単なるオプティミズムから生まれたものではないことは、時代が崩壊期であったことから、明白であろう。

また、この信仰を正しく継承するために、この時から聖書の正典化が始まった。アブラハムの召命の出来事は紀元前二〇〇〇年ごろであるが、それから千数百年を経て、ようやく一定の神学的・信仰告白的形態を取り始めたわけである。冒頭に、「初めに、神は天地を創造された」（創一・一）に始まる「創世記」と呼ばれる書物が置かれた。その一章の結びの言葉は、「神はお造りになったすべてのものを御覧になった。見よ、それは極めて良かった」（三一節）となっている。「極めて良かった」とは、「最も善く造られていた」という意味である。

(3)それゆえ実は、創世記一章に書かれている天地創造の記事は、この宇宙がどのようにして生まれたかという、古代宗教にほぼ共通して見られる古代神話（バビロニアの「天地創造神話」や日本の「記紀二書」等々）でもなければ、古代人にとっての「科学」でもない。そのような誤解を受けやすいが、本質的には全く異なるジャンル、すなわち、「信仰告白」というジャンルに属する。ただ、後代の「信仰箇条」（［ラ］credo）のような、哲学的命題の羅列という表現形式は取らず、「物語る」という文学形式を取っているだけである。したがって、この世界が六日間で出来たというようなことは何らその主張ではない。むしろ、次のような信仰が告白されている。

①この宇宙（世界）にはそれを端的に凌駕・超越している永遠者がおられ、宇宙はこの全知全能の創造者なる神によって《無から》創られた。

②神はこの世界を御言葉によって創られた（「神は『～あれ』と言われた。すると～があった」が毎日

繰り返されている）。「御言葉によって」とは、これから造られるものが何であり、何のためであるかを神は十分に認識し、意志してお造りになった、という意味である。

③神はこの世界を最も善く、御自身の目的に適ってお造りになった（「神は見て良しとされた」が毎日繰り返されており、最後に「極めて良かった」［創一・三一］と表明されている）。

④神は創られたものに判断（または、審判）を下しながら造られた（「神は～と～とを分けられた」が毎日繰り返されている）。最後に「極めて良かった」（同）と判断された。

⑤人間は被造世界の中心また目的として造られている。また、「神の形」として造られている（創一・二七参照）。

等々、幾つかの、唯一神信仰にとってきわめて独特でかつ枢要な信仰が表明されている。この中で、恐らくこの記事の中心であり、最大の眼目であるものは、②の「言葉による創造」と③の「善き創造」と⑤の「人間の創造」の記事であろう。特に⑤の中で、イスラエルの人々は「人間とはどのような存在者であると理解しているか」ということを告白している（本書第Ⅱ章にて詳述する）。

⑷ここでわれわれは、「創造」自体がどのような事柄であるかを概念的にもう少ししっかり捉えておきたい。多神教や無神論的な世界観との違いをより明確にしておくためである。ここでは、哲学的な用語を用いることをお許し願いたい。

(a)まず、「創造する」とはどのようなことなのであろうか。それは、神が「御言葉」をもってお創りになったのであり(3)の②参照)、創られたものに御自身の「判断」まで下された行為であるから(同④参照)、完全に神御自身の目的に適って自由な意志と決意に基づいて行われた行為である、と考えられなければならない。言い換えるならば、神と被造物は「作者」とその「作品」という関係である。「わたしたちは神の作品であって、良い行いをするように、キリスト・イエスにあって造られたのである。神は、わたしたちが、良い行いをして日を過ごすようにと、あらかじめ備えて下さったのである」(エフェ二・一〇、口語訳)、とあるとおりである。したがって、神はただ一人の「永遠者」であり、「必然的存在者」であるが、われわれ宇宙の方は、神によってある時点から何らかの目的をもって創られたという意味で、「有限的存在者」かつ「偶然的存在者」であり、いかなる意味でも決して神ではない、ということになる。それゆえ、宇宙は神の御本質の一部がだらだらと自然発生的に「流出した」、というようなことではない。例えば、日本の『古事記』の神々のように、最初の「天の真中の神」からぞろぞろと孫・玄孫が生まれて来、遂に全宇宙が誕生した、という考え方は否定される。同様に、神が「本体」であり、他のすべてのものはその「現象」である、という関係でもない。日本人はこれらの考え方に非常に陥りやすい。例えば、西田幾多郎が考えたような、万有在神論([独]Panentheismus)がそうである。彼は、「神とは宇宙であり、宇宙は神である」、「神と宇宙との関係は藝術家とその作品との如き関係ではなく、本体と現象との関係である」[8]と言い、神とは「宇宙の根底たる一大人格」[9]である、と考えた。この考え方は、神も宇宙も共に縁起(因果)の「法」(ダールマ)の下にあると考える仏教的な考え方とも近親性を有する。これらの考え方では、被造物は神の一部となり、被造物が神を必要とするように、神も被造物を必要としていることになるか、少なくとも、神と被造物とは対等となり、神が人間の《主》であるということが理不尽なこととなってしまうかである。それゆえ、これらの考え方と聖書の唯一神観とは全く異質であり、両者は水と油の如く相容れない、と考えなければならない。われわれはこれら諸々の哲学思想や宗教思想に陥らずに、「唯一のまことの神がいますこと」と、「その神が宇宙万物を創られたこと」という考え方・信仰を確立するために、神を「永遠者」、「必然的存在者」、「無からの創造者」（ゆえに、全知全能である）と呼ばなければならないわけである。

(b)ただし、創造があるとき偶発的に起こったということは、必ずしも、それが神の御本質に反する出来事である、ということではない。それは神の至高の自由意志において起こった、と考えられる。なぜなら、全知全能なる神はまた「愛」であり（ヨハ三・一六、一ヨハ四・一六）、愛はその本性上、自らの意志と決意で、言葉を用い、自由に外側に出て何かを創造し、それを祝福する力を持っていると考えられるからである。

(c)次にもう少し考えてみなければならない事柄は、創造が《無からの創造》である、ということについてである。つまり、もし被造物が神と同様、永遠の昔から存在していた何らかの材料（質料）から――たといそれが「混沌」（創一・二）を形成する無形の微粒子か素粒子のようなものであったとしても――作られたものであったとしたら、神の創造はこの原材料が持っている性質や一定の力から影響を被ることとなり、創造者の純粋な御計画と御意志が貫徹されなくなってしまうからである。それは、創造が「善き創造」であることを危ういものとしてしまう。実際、聖書では「創造する」を意味するヘブライ語「バーラー」は、特にP典（祭司典）においては、常に神のみを主語とし、神の創造行為に限って用いられている。これに対して、ある材料から「作る」という場合には、別の動詞（「ヤーツァル」や「アーサー」等）が用いられる。「無からの創造」という神学は、決してヘブライ思想のヘレニズム化（ハルナック）や哲学化などではないのである。

反対に、現代物理学の「ビッグバン説」は、むしろ聖書の傍証をしていると考えてよい。

(d)ついでに述べれば、アウグスティヌスが最初に言い[10]、すべての神学者が同意しているところであるが、神は被造物の存在様式である「時間」をも《無から》創造された、と考えることが至当となる。なぜなら、次節で述べるようなさまざまな限定や欠点を持つ「時間」という存在の在り方は、神にはふさわしくないからである。したがって、被造物の存在様式である「時間」は、神のみが存在しておられたときには、存在していなかったと考えるのが至当である。この点は次節で詳しく述べる。

第2節　三位一体と受肉の教理

次にわたしが本章で読者の水先案内をしておかなければならない作業は、「唯一神信仰」が信ずる「唯一のまことの神」御自身に関するより詳しい説明である。と言っても、本書は神学の教科書ではないから、いわゆる「神論」を展開するつもりは毛頭ない。ただ、これからの展開に必要な範囲に限って、事柄をきちんと述べておかなければならない。すなわち、「唯一のまことの神」が「永遠者」であり、その存在が「三位一体」であることと、御子イエス・キリストの秘義としての「キリスト論」の命題についてである。特に、神が永遠に生き給うお方であるということは、本書の主題が人間の「死」と深く関わる事柄であるのできちんと述べたい。

(1)神が永遠の昔から永遠の将来にわたって存在し給う、ということについて最初に述べたい。

初めに、ここでわれわれが陥りやすい盲点を指摘しておく必要がある。それは、われわれの観念ではただ不断に前に進むものと考えられている「時間」というものを、最初から大きな枠組みのように想定してはならない、ということである。われわれは、《時間という神さま》を絶対的なものと考えてはならない。そうしてしまうと、単にわれわれ被造物の不完全な「時間」という概念をそのまま神にあてがい、神には「無限の」長さの、被造物には「有限の」長さの時間をあてがうことになり、神にはふさわしくないからである。そこからは、不死である神に対する嫉妬や羨望の念が生じるだけである。「永遠」とは、「無限に長い時間」ではない。

そのような過ちに陥らないためにも、われわれは最初に、いったい、被造物の分際でしかないわれわれに、どうして、永遠の神について考えるということが許され、また、できるのか、という問題をきちんと解決しておかなければならない。聖書では、「神を見た者は必ず死ぬ」(出三三・二〇)と言われている。「神は、祝福に満ちた唯一の主権者、王の王、主の主、唯一の不死の存在、近寄りがたい光の中に住まわれる方、だれ一人見たことがなく、見ることのできない方です」(一テモ六・一五―一六)と言われている。それゆえ、神について考える時に、われわれは神学が二〇〇〇年間かけてその方法論として確立してきた、「類比(アナロギア)論」の手助けを借りなければならないのである。

そのご説明をしたい。

第一に、神について考えたり語ったりすることは、神の「啓示」に基づいて初めて可能である。それは、当然のことながら、すべて「霊的な認識」や「霊的な語り」である。「霊的な認識」とは、啓示者である神がその理解のただ一人の《主》となること、言い換えるならば、神が被啓示者の認識領域の中に介入し、神御自身であられる《御霊》を注いでわれわれの認識を主導される、ということである。これに応ずるためには、人間は神に正しい認識を祈り求め、神を賛美・頌栄する中で、初めて携わりうる。ここで生まれてくるものが、「類比論（アナロギア）的な認識」である。

二〇世紀最大の神学者と言われるカール・バルト（Karl Barth, 一八八六―一九六八）は、その著『教会教義学』の「神論」の中で、[11]人間がどの程度まで神の存在や本質や御業を認識することができるかを詳細に検討し、結論として、われわれの神に関するすべての概念や観念はすべて不十分でかつ不適切である、と述べている。ただし、神はその救いの御業において御自分の御名を啓示され、また、御自分がどのようなお方であるかをさまざまな歴史的な救済行為を通して啓示された。その報告が聖書に頻出している。つまり、神は人間に理解可能な「主語」（御名）と「述語」（御業）をもって、御自身を啓示された。ゆえに、われわれ人間が御霊を祈り求めつつ、神を自分の《救い主》として心から感謝・賛美・頌栄するという行為において知ろうと欲するとき、神はわれわれ人間の言葉や概念に一定の真実性をお与えになる、と述べている。[12]その際に使用される神学的認識の方法が、《アナロギア》（類比論）という方法なのである。

「類比の方法」は、一般の学問的推論の方法である大前提と小前提から――純粋に理性の主導性において――結論を導き出す、いわゆる「論理」（ロギア）の方法とは異なる。また、「弁証法」（ディアロギア）が、「正‐反‐合」という二人の人の対話のモデルによって認識を深めてゆく方法であるのとも異なる。「アナロギア」は――ギリシア語の「アナ」には、「上へ」という意味があるので――ただ一本の「啓示」という綱を頼りに、理性が神を認識する「上（アナ）への論理（ロギア）」である、と言ってよい。

例えば、「神は存在する」と言う場合の神の「存在」の概念を正しく理解しようとする場合、神が「ある」と被造物が「ある」とは全く同じではないが、別物でもなく、「類比的」である。なぜなら、神が被造物を「存在」せしめたからである。それゆえ、被造物が「ある」という概念内容は神に対してはいったん否定されるが（「否定の方法」）、その上で、神の「存在」は被造物が「存在」する原因として「ある」のだから、神は何らかの意味で被造物が「ある」のと類似的に「ある」、と理解される（「原因の方法」）。最後に、神が「ある」とは被造物が「ある」ことよりもはるかに卓越した仕方で「ある」はずであるから、われわれは深い畏れと共に、神によって創り変えられ、満たされた神御自身についてのイメージや想念を抱くことが許される（「卓越の方法」）。この「創り変え」や「満たし」は神の御霊の御業なのであるから、人間に信仰がなければ何事も起こらない。彼は神に祈ることによって、初めて、「神はある」と神について――第二人称で祈るだけでなく、畏れ多くも第三人称で語ることが――できるのである。これが「類比の方法」である。

(2)次に早速、神の「永遠性」について考えてみたい。

われわれが知っているのは「時間」の概念だけである。そこから神の「永遠」の概念を考えるためには、まずわれわれの「時間」の概念の中からその被造性ゆえに付きまとっている一切の「限定づけられた、不完全な性格」をすべて否定しなければならない（「否定の方法」）。では、被造的存在者に絶えず付きまとっている「不完全で否定的なもの」とは、どのようなものなのか。

人間がよく知っており、人間を支配し、人間にとって最も深い悩みと悲しみの原因である時間の中の「不完全で否定的なもの」とは、第一に、自分がいつか必ず死ぬ、ということと、第二に、愛する人ともいつか必ず死別しなければならない、ということから知っている時間の「不完全性」、つまり「有限性」である。仏教がこれを「諸行無常」と「会者定離」の二つの言葉で言い表しているのはもっともなことである。形ある者・物（諸行）は必ず滅び、愛する者とはいつか離別の時が来る。恐らく人間ならば、誰しもが考えていることであろう。「死」も「死別」も、いずれも、時間が有限であることに起因する。つまり時間には、「現在」が不可逆的に「過ぎゆく」有限なものであり、全体としても（外延的にも）「始まり」と「終わり」を持つ「有限な」ものであるという、この二つの根本性格を有する。

そうであるならば、神の永遠性については、時間の「過ぎゆく」性質と外延的にも「有限である」性質という二つの「否定的なもの」が、共に否定されなければならない。すなわち「永遠」は、第一に、「過ぎゆかない」。なぜなら、神には《未達》のものが全くないゆえに、より完全なものとなるためにこれから何かをしなければならないという意味での内的必然も外的強制もないから、現在が「過ぎゆく」必要は全くないからである。言い換えるならば、三位一体なる神は——これは後に、三位一体についての説明が出てきた時点（本節の⑷参照）でようやく確認できることであるが、——その愛の対象を御自身の中に完全に所有しておられる。すなわち、御父は御子を、御子は御父を、御霊において永遠に知り、かつ深く愛し、完全に所有しておられる（そのように、われわれは御霊から教えられる）。神の内的生命の中に呪うべきものは何一つなく、存在の目的は常に達成されているので、神は常に既に完全な「浄福」の生を享受しておられる、と考えられるのである。そして、第二に、神の存在様式には外からそれを脅かしたり限界づけたりするような外的な「限定づけ」はない。

⑶ここから先は、「卓越の方法」により——したがって、なおいっそう「信仰」を必要とする——、次のような積極的な言い方が許されるであろう。

①第一に、神の「永遠」とは、純粋に持続する「今」、「永遠の今」である。

それは、われわれの現在時間としての「過ぎゆく今」ではなく、「過ぎゆかない今」、「留まる今」である。別の言い方をすれば、神は「今」、すべての時間を同時的に所有しておられる。つまり、神においては過去や将来は「ない」のではなく、神は常に、あらゆる「過去」も「現在」も「将来」も、「常なる『今』」として所有しておられる。というのも、神は何の運動も変化もしない固形物のように、不変・不動・不可動の存在者なのではない。そう決めてかかることは、われわれが神にある枠をはめてしまうことになる。むしろ反対に、神は最も自由闊達で、最高度に生命の躍動にあふれ、最も喜びに満たされた永遠の浄福そのものであり、「今おられ、かつておられ、やがて来られる方」（黙一・八）である。ゆえに、神の「今」は、永遠の昔から既に完成し、満たされた「今」であったし、永遠の将来にわたって同じように完成し、満たされるであろう「今」である。以上をまとめて、ボエティウスの言葉を借りて言えば、神の「永遠」とは、「生命の無限にして全体的かつ完全な所有」[13]である。

以上が、「神の永遠性」という場合に、その「過ぎゆかない」という御性質についてである。

②第二に、神の存在は時間の全体、すなわち、外延的時間としても、「無限」であって「有限」ではない。

これも、①と同様の方法で確認できるので、ここでは論証は省きたい。要するに、神は何か他のものによって限界づけられたり、何かあるものをさらに創造し、それによって御自分が充足されたりしなければならない必要性など全くないお方である。聖書にも、「わたしこそ主、わたしの前に神は造られず／わたしの後にも存在しない」（イザ四三・一〇）、と証しされているとおりである。

このことはまた、もし神が御自身の外部に別の被造物（宇宙）をお創りになったとしても、それによって御自身が有限となってしまう、ということもないことを意味する。むしろその場合には、被造物は神によって限界づけられるが、神は被造物を愛において包みつつ、依然として無限者である、と考えなければならないであろう。なぜなら、初めは無限であったものが、何かを創ると創った者も創られた者も共に有限となってしまったとすれば、それは初めから有限であったのであり、真に無限（ヘーゲルの言う「真無限」）であったのではないのである。

以上が、われわれが「神の永遠性」という場合に、「有限ではない」という御性質についてである。

③第三に、このように見ると、被造物の「時間」は神によって《無から》創造され、神の「永遠」によって前からも後ろからも囲まれている、ということになるであろう。すなわち、もし、神の傍らに被造物がいて、被造物には「過去」と「現在」と「将来」がばらばらに分離しているとしても、神はそのどの時間をも「常に今」として所有し、どの時間にも被造物と共に在ることが――もし望み給うならば――おできになり、過去と現在と将来の間を自由自在に行き来することがおできになる。

イメージ的に言うならば、われわれ被造物や人間は、時間という川の流れに萍《うきくさ》のように流されているものである。川は常に上流から下流へと一方向に流れ、決して止まったり逆戻りしたりはしない。人間はその中で、「現在」という時間しか与えられていない。これに対して、神は岸辺に立っておられ、陸《おか》の上を上流にも下流にも自由に歩くことがおできになる。したがって神は、いかなる制限も受けず、常に被造物と「共に」いますことがおできになる。この「永遠者」なる神に対して、われわれ被造物は、ちょうど乳飲み子が揺りかごの中で安らうように、神の永遠の中で安らっている、という関係にあるのである。

このことは、われわれの「死」の理解に決定的に重要な次のことをも意味している（第Ⅲ章第2節第1項参照）。われわれが御子の受肉について触れる時点（本節⑷参照）で、確かめることができる。すなわち、神にはいつでも、ちょうど岸辺に立つ者がいつでも川の中に飛び込んで溺れた人間を救うことができるように、時間の中に入り、時間の僕《しもべ》となることがおできになる。なぜなら、神には「限界」とか「制限」というものは何もなく、自由で全能のお方だからである。実際、三位一体の神は

「御子」を遣わされ、御子はこの被造世界に「受肉」された。同様に、「御霊」も「御父」と「御子」とから遣わされ、信仰者の心の中に「内住」される。

神の永遠性についての考察は、ここまでとしたい。

(4)最後に、神とはどのようなお方であるかという本章の主題との関連において、神が「三位一体」であられることと、キリストが「神人両性一人格」であられるという、いわゆる「キリスト論」の命題について述べたい。もちろん、神の三位一体性及びキリストの「神人両性一人格」については、もしきちんとしたことを述べようとするならば、各々優に一冊の書物となってしまう。そのような紙幅はわれわれにはない。ただ、この二つの教義については、本書でこれからあたかも自明の真理のように用いられるので、ここで簡単に触れておきたい。

①キリスト教信仰にとって、何と言っても最大の教義は、「神が人となられた」というキリスト論の教義である。実際、これは他のどの宗教にも存在しない。では、それはどのような教義なのであろうか。

この教義は、神が神であられることを少しも放棄なさらないまま、「神性」とは異なる「人性」を摂受なさり、われわれと同じ一人の「人間」となられた(「受肉」した)、ということを主張している。すなわち、十字架にかかって死なれたナザレのイエスが、(その復活によって明らかとなったように)「ただの人」でも、「最高の被造物」でもなくて、正真正銘の神である、と主張している。この教義によって、初めて、教会の基本的で中核的な信仰（福音）が確保される。すなわち、「神は、その独り子をお与えになったほどに、世を愛された。独り子を信じる者が一人も滅びないで、永遠の命を得るためである」（ヨハ三・一六）という福音信仰である。「永遠の生命」の贈与とは、神がアブラハムに約束された全人類への「祝福」の成就（一八頁以下参照）に他ならないのである。

キリスト教は四世紀に入るとローマ帝国の承認を獲得し、やがて国教化される。その際に、神学が懸命に力を注いだのは、右の「福音」の教義的な明確化であった。特に、旧約以来確立されていた「唯一のまことの神」が真の《贖い主》となられたということ、すなわち、旧約で預言されていたとおりに「メシア」（ヘブライ語で「油注がれた者」の意。そのギリシア語訳が「キリスト」である）として受肉されたことが、説明されなければならない。その明確化のために成立したものが、「三位一体」の教義と「キリスト論」の教義である。具体的に言えば、前者は三二五年に「ニカイア信条」[14]という形で、後者は四五一年に「カルケドン信条」[15]という形で成立した。

これらはちょうど、ユークリッド幾何学に五つの公理があり、幾つかの「無定義言葉」と共に「公理系」を形成しているのと同じように、キリスト教においては、まさしく「公理系」を形成している。それだから、何かから証明することはできないが、説明することはできる。

②「キリスト論」の教義は、「三位一体」の教義を追うようにして成立した。わたしが考えるに、「三位一体」の教義は「キリスト論」の教義を確立させるための地盤を形成している、と思われる。神について、「唯一神信仰」が崩れないため、しかも、キリストの受肉を説明することができるためである。それゆえ、前者がほぼ確立してから、後者が成立したわけである。

その説明は、概念的に理解しようとするならば大哲学者でも難しいが、前述の「アナロギア」（類比論）によって分かろうとするならば、本当は子どもでも分かるぐらいやさしいものである。まず、キリストは神から遣わされた神（「御子」）である、と聖書は告げている。また、そうでなければ「福音」が成り立たない。次に、そのキリストが「アッバ、父よ」（マコ一四・三六）と祈り、十字架の死に至るまで従順を貫かれた相手がおられる。そのお方はキリストを死から甦らせた神（「御父」）である。だからキリスト御自身ではない。最後に、御父と御子の相互の愛と完全な一致（一体性）のゆえに、「聖霊」の存在が認められなければならない。しかも、三人の神さまがおられるというのではなく、「聖霊」が「御父と御子の絆」となって、「御父」と「御子」と「聖霊」は完全に同質にして一体であり、不可分である、ということである。三位一体の教義は、《神はその御本質を完全に同じくしながら、存在様式を異にする三つの位格（ペルソナ）[16]の深い交わりと一体性において存立しておられる》、と述べられる。

以上はあくまでも「霊的な認識」であるから、簡単にイメージを描いて理解しようとされても困る。むしろ、三位一体の教義は、右のような意味において「神」や「キリスト」に関する「霊的な理解」が可能であるような地平をわれわれに切り拓いてくれていると同時に、われわれの理解の《限界》をも教えているということが、併せて注意されなければならないであろう。言い換えるならば、「神とはどのようなお方か」ということを人間が完全に理解し、把捉しうる、ということは絶対にありえない、と教えている。それゆえそれは、「限界概念」なのである。つまり、もしわれわれが神のことを少しでも知りたいと心から願うなら、少なくとも、神は父・子・聖霊なる三つの存在様式を持つ一人のお方として考えられなければならない、と主張しているのである。「神については、ただ御霊の助けによって、全く違った風に理解しなければならない」、と言っているのである。

実際、このような理解を構築してゆく中で、教会はキリスト養子説や仮現説、様態説や勢力説等々を自ずと退け、三神論も同様に退けることができた。そこで結局のところ堅持された認識は、「神は、その独り子をお与えになったほどに、世を愛された。独り子を信じる者が一人も滅びないで、永遠の命を得るためである」（ヨハ三・一六）という原初の「福音」だったのである。二〇〇〇年の教会は、このような意味で、三位一体とキリストの神性を告白する「世界信条（基本信条）」の上に築かれている。

③では、「キリスト論」の教義の方は、何を言っているのか。それは、今から二〇〇〇年前にユダヤのベツレヘムでお生まれになったイエス・キリストにおいて、唯一のまことの神は、少しも神であられることを放棄なさらないまま、人間性を摂受なさり、われわれと同じ一人の人間（肉）となられた、と主張している。ゆえに、イエス・キリストは神にして同時に人、創造者にして被造物なのである。

その簡略な表現として、一般的には、イエス・キリストは「まことに神にして、まことに人」である、との「カルケドン信条」の文言が用いられる。神が肉を摂って人となられたという出来事そのものは、まさしく神の奥義なのであるから、信仰なしには誰も理解することができない。ただし、この教義には何一つ「背理」や「矛盾」がないことは、ここで指摘し、確認しておきたい。というのも、既に述べたように、神には「限界」とか「不可能」というものはないからである。ゆえに、この教義は理性にとって「理解不能」なものではない。むしろ、御霊により、信仰によって理解可能である。ただし、どんなに神学の奥義を究めた大神学者であっても、これを告白し、これについて語るときには、堅信礼を受けるために礼拝堂でひざまずく少年少女とあまり変わりはない。われわれは皆、福音書記者ヨハネも使徒パウロもアウグスティヌスも、ルターやカルヴァンやバルトも、ただ神のいます聖殿の高き御座を仰ぎ見るだけで、御座に坐しておられるお方まで直視することはできないのである。[17]

④少し話が元に戻るが、三位一体の教義は、右のような抑制的働きによって、神についての霊的認識が可能であるような地平を確保してくれている、と述べた。では、それは積極的な新しい認識は、何一つ生み出していないのであろうか。そうではない。この教義によって、神の御本質についての重要な認識が幾つか確立される。第一に、神は決して孤独ではなく、御自身において三位の完全な交わり（［ラ］communio）の中に充足し、満たされておられる。したがって、御父が御子を御霊において知りかつ愛し、御子も同様に御父を知りかつ愛し、御霊は御父と御子を結ぶ「愛と平和の絆」である、というイメージを抱くことが、人間には許されるようになる。それゆえ、神は寂しいから人間をお創りになったのではない。御自身の生命そのものが最も豊かな「愛」であり、それゆえに、至高の自由において外にあふれ出、創造・和解・完成までの一連の御業をなさるのである。これは、「愛の宗教」であるキリスト教の本質を理解する上できわめて重要である。神はそれゆえに、神々や偶像や何もできない木偶の棒ではなく、「永遠の生命」を持ち、「生きて働く」お方である、と認識される。

この認識に基づいて、われわれは神の御本質について、K・バルトと共に、神とは「自由において愛するお方」である、と正当に表明することが許されるであろう。

なぜならば、神の御本質が「愛」であるという認識は、キリスト信者ならば誰でもが持っているからである。また、神が完全に「自由」であられるということも、われわれ信仰者の根本的な体験に属するからである。それは、神がわれわれを愛することが、何らかの強制によるものではないことからも、また、その愛がわれわれにいささかの束縛や強制をも強いず、むしろ反対に、真に完全な「自由」を与える（ヨハ八・三二）というキリスト者の根本的な体験からも、十分に認識される。「自由を得させるために、キリストはわたしたちを解放して下さったのである。だから、堅く立って、二度と奴隷のくびきにつながれてはならない」（ガラ五・一、口語訳）、とあるとおりである。この「自由」の理念こそは、キリスト教が最も高い「価値」を置くものである。ここから「人権」の思想が確立される。一般にキリスト教国が「自由」と「人権」を重んずる国々であることは、このような三位一体なる神の認識に基づいているのである。

第Ⅱ章　人間とはどのような存在者か

われわれはいよいよ、われわれにとって最も身近な存在である、「人間とは何か」の考察に入りたい。これは、本書のテーマである「キリスト教の死生観」や「幸福観」を考える上で、当然、その基礎づけとなるものである。それゆえ本章は、第Ⅲ章で人間の「現実」について考察するための、単なる「予備的考察」ではない。むしろ、人間の「本質」が神の「永遠の生命」に与るべく、その「契約」の相手として造られている、という最も基本的な、本書の背骨に関わる認識を明らかにするという課題を有する。その上に立って、第Ⅲ章では、現実に罪を犯した人間がどのような命運をたどるかという問題、すなわち、「現実」の人間について考え、その幸福が何であるかを考察するという段取りとなっている。

本章でわれわれは、人間の「生」をその「死」から、「死」をその「生」から考えたい。人間は、「小宇宙」（ミクロコスモス）とさえ呼ばれるほど、究め尽くしがたい謎と神秘に満ちた存在である。その「体」だけを考えても、生物学的・医学的に見てまことに精妙な不思議に満ちている。ましてや、その内奥にある「魂」の本質や諸機能に至っては、それこそあらゆる学問が総がかりとなってもなかなか究め尽くしがたい。

さて、本章における最も重要な課題であり、わたしが最も苦心したのは、なぜ、また、どのような意味において、有限な存在として創られている人間が、神の永遠性に《与《あずか》り》(per-take)、自らも「永遠の生命」を享受しうるのか、という問題の解明である。それゆえ、本章の叙述の最大の山場は、人間の造作に関する考察（第2節）、及び、人間の時間性と記憶に関する考察（第3節）である。第2節では、この人間という生き物が「その体の魂」として造作されていることが、「体」の方面から考察される。第3節ではその上に立って、さらに「魂」の方面から、人間が時間の中に創られているというその存在性格の特性について考察される。その際に、「記憶」に関する考察（第3節第2項）が、本書で著者が最も苦心し、その意味においては、「ヒュウレーカ（我見出せり）！」の喜びを見出した部分である。

第1節では、これらの考察の大前提として、「人間」が神によって設定された《浄福》に与るために、神との《交わり》（契約）の相手として創られていることが考察される。最後の第4節では、人間が「自由において愛するお方」であられる神の御本質に似せて、自らも《交わり》の中で生きるように造られているという、その本質、すなわち、「共同人間性」について考察される。これは、人間の幸福を考える上で欠かすことのできない部分である。

なお、神による創造に関する場合には「創る」の字を用い、人間の造作に関心が注がれている場合には「造る」の字を用いる。

早速読者と共に考察に入りたい。

第1節　神との交わりの相手として創られている人間

聖書によれば、天地創造の究極の《目的》は、神と人間との「交わり」が成就・完成し、神の栄光が現れることである。したがって、神は天地創造の第六日目に、御自身の「像」（［ラ］imago）に似せて（創一・二六参照）人間をお創りになった、と書いてある。その目的は、「神が人と共に住み、人は神の民となる」（黙二一・三）ために他ならない。ちなみに、この「神はその民の神となり、民はその神の民となる」という聖句は、旧・新約聖書を貫く究極的な目的の成就として頻出する言葉であり、注目に値する。(1)

それゆえ、われわれは安んじて、創造の中心は人間であること、そして、彼は神との契約の相手として創られていて、本性的に神に似せて造られている、と述べることができる。つまり、創造の究極の目的は、神と人間との《永遠の交わり》である。また、神は人間がこの神の愛を（言葉を介して）理解し、神に応答して神を愛することができるような存在としてお造りになった。すなわち、「感情」と「知性」と「自由意志」を持ち、「言葉」を介して神の御心を「認識」し、自分の「意志」に基づいて「行動」しうる「主体」としてお造りになった。その究極の目的は、神御自身の《永遠の生命》に与らせる（per-take, すなわち、人間がそれに分与させられ、それを分有せしめられる）ためであり（ヨハ三・一六参照）、それ以上でもなければ、それ以下でもない、と述べることができる。この神と人間との「交わり」を契約という。

聖書のもっぱらの関心事は、この宇宙の存在《目的》が神と人間との契約（交わり）の成就にある、ということである。それゆえ、聖書はこの宇宙の「中心」が人間である、と主張している。宇宙の中心である「人間」に対して、「天」と「地」はその周辺ということになる。「天」とその諸々の星辰も、「地」と諸々の生き物を含めた森羅万象も、「中心」に対する「周辺」である。

　宇宙物理学の知見を弁えている今日の人々から見れば、このような聖書の「人間中心主義」はかなり奇妙に見えるかもしれない。人間が生息している「地球」は宇宙に幾千万とある銀河系の中のその一つの中の、歴史も決して古くはない太陽系の中の小さな惑星に過ぎない。それはいつか滅びるであろうし、宇宙自身も、最後にはエントロピーに関する熱力学の第二法則に従って無限に膨張して限りなく絶対零度に近づくか、もしくは、凝縮して「熱死」（[独] Wärmtod）を遂げるかもしれない。また例えば、この地球に住む生命体の他にも生命体がいるかどうかや、われわれが知っている宇宙の他になお幾つもの宇宙があるかどうかといった疑問が無数にある。

　しかしわれわれは、決して宇宙物理学を軽んずるわけではないが、これらの問題は不問に付したい。それは、物理学を含め、自然科学はいずれも、目に見えない《物自体》に関する思考の一切を排除し、誰もが近づきうる《現象》のみを対象にするという、一定の仮定（仮説）の上に成り立っているからである。社会科学も同様である。厳密科学である自然科学や、それを理想とする社会科学がその上に立っている諸前提（仮説）については、現代の科学哲学が丁寧に解明してくれている。もちろん、神学もまた無前提ではない。「聖書が証ししているイエス・キリストは神の啓示である」という学問的前提を立てて考察を進めている。その聖書についても一定の解釈学が備わっている。このように、学問がいずれも一定の《前提》や《仮説》の上に成り立っているということは、特に、自然科学や時には社会科学までがまるで無前提で絶対無謬であるかのように錯覚している近・現代の「世俗主義」という時代精神の悪影響から少しでも自由でありたいと願うならば、常に意識していなければならない。ともあれ、われわれは「人間」について考えようとしているのであるから、本書では宇宙物理学が描く宇宙消滅の物語には関与しない。

むしろわれわれは、この神秘に満ちた「人間」なるものについて、他の「人間」に関するさまざまな異なった前提に立つ学問——例えば、考古学や生物学や心理学や人類学や社会学など——と「対話」し、「人間」というこのきわめて神秘に満ちた対象をそれらの学問と「共観」することは、有意義であると考えている。

(1)われわれはこの「大宇宙」と呼ばれるものと「小宇宙」と呼ばれる人間及びそれらの歴史のすべての謎を——と言っても、解き明かせるものに限るが——神と人間との間に結ばれる「契約」というたった一つの中心概念をもって解き明かそうとしているのであるから、何よりもまず、この「契約」なる聖書独特の概念について述べるところから始めたい。その後に、人間が神との契約の相手としてどのように造作されているかの考察へと進みたい。

(半）遊牧民族であったヘブライ人にとっては、日本とは異なり、地域共同体としての「村」の存在性は薄く、むしろ、人間同士の「契約」が社会の基本構造を成す。この点が、われわれ日本人には非常に理解しにくい。[2] 日本は昔から農耕民族であり、その「社会」は「村（ムラ）」を社会構造の基本としてきた。「村」では祭政一致的な経済的・社会的・文化的生活圏が形成され、祖霊神（氏神さま）が祭られてきた。これに反して、ヘブライ社会は「契約」によって「社会」が成立する。「契約」（〔ヘ〕ベリート）とは、個人と個人や部族や神、または部族（族長）と部族や神などの間に締結される、厳かな約束のことである。契約がいったん締結されると、当事者同士の一方が苦境に陥ったら他方はどんなに遠くにいてもすぐに駆けつけて助けるという関係、いわゆる「社会」が成立する。また、重要な契約の場合には、牛などの犠牲の動物が真っ二つに切り裂かれ、その間を契約の当事者同士が通過するという儀式が行われる。もしこの契約が破られた場合には、破った者は犠牲の動物のように二つに切り裂かれて殺されても仕方がない、という趣旨である（エレ三四・一八参照）。

日本のように「村」を中心とする社会では、「同じ生活の場」である「村」という、「場所の論理」が重視される。そこから断たれるのが「村八分」である。人間の思惟構造はすべてそこから規定される。ヘブライ社会のように「契約」を中心とする社会では、「言葉」が重要となる（「言葉の論理」の社会）。「契約」は「言葉」で交わされ、「言葉」は「儀式」や「しるし」によって裏書きされるから、「言葉」に対する「責任」が生じることが、きわめて重要である。また、言葉によって交わされた契約に対する「誠実」（〔ヘ〕エメス）が「義」（〔ヘ〕ツェダーカー）であり、「違反」が「罪」（〔ヘ〕ハッタート）である。

もう一つ注目すべき事柄は、「契約」の考え方の中には「罪の贖い」という考え方が存在しうることである。契約の儀式の中で《血》が流されると述べたが、この《血》が古くから「命の座」として、特別に神聖視されてきた（創九・五、レビ一七・一一参照）。契約は人の「命」に関わる事柄であるから、「血」が流されるわけであるが、そこから「罪の贖い」の思想が生まれたわけである。それは、「罪」によって直ちに「死刑」や「村八分」とされるのではなく、別の者（動物または人間）が身代わりに流す「血」が、「罪の贖い」をすることができることによる。「生き物の命は血の中にある……血はその中の命によって贖いをする」（同一七・一一）、という考え方である。この考え方は、日本人には最初は分かりにくいが、きわめて重要である（第Ⅲ章第1節参照）。

(2)それでは、聖書が証しする神と人間との間の「契約」とはどのようなものであり、それにはどのような特長があるのであろうか。

この問題は、聖書になぜ神の戒めである「律法」が存在し、聖書の信仰がどのような意味で「倫理」を要求するものであるかを知る上で重要であるので、やや詳しく述べたい。

旧約聖書が全巻を通して述べている神学的確信によれば、契約は神からイスラエルに対して無条件に提供されたものである、ということである。またその意味で、神が《主》である。この契約は、神がイスラエルをエジプトの奴隷状態から解放し（贖い出し）、一方的に《贖い主》となって救助と交わりの恩恵を与えたことによって成立した。したがってそれは、基本的には、神のみが責任を負う「片務契約」であり、したがって「恵みの契約」であった。例えば、神とアブラハムとの間に交わされた最初の契約の締結儀式では、切り裂かれた動物の間を通り過ぎたのは神の現臨と栄光のしるしである「燃える炉」と「松明」だけであり（創一五・一七参照）、アブラハムは通り過ぎていない。(3) この契約がアブラハムの子孫にもそのまま受け継がれる。そのための手段として、「割礼」が要求された（同一七・九以下参照）。（なお、割礼は古い契約の《しるし》であり、新約ではイエスが制定された「洗礼」に替わった〔コロ二・一一―一二参照〕）。例えば、神がアブラハムの子孫であるヤコブにベテルの荒野で夢に現れたときにも、神は「わたしは、あなたの父祖アブラハムの神、イサクの神、主である。……あなたの子孫は大地の砂粒のように多くなり、……地上の氏族はすべて、あなたとあなたの子孫によって祝福に入る。見よ、わたしはあなたと共にいる。あなたがどこへ行っても、わたしはあなたを守り、必ずこの土地に連れ帰る……」（創二八・一三―一五）と約束しておられる。ここでは神の要求は語られておらず、ただ無条件の救いだけが語られている。もちろん、アブラハムの場合で考えれば、「わたしは全能の神である。あなたはわたしに従って歩み、全き者となりなさい」（同一七・一）が倫理的要求であると言えばそのとおりであるが、しかしこれは、契約において守るべき「双務条件」として示されてはいない。つまり、神が「あなたはわたしのものである」と言われる恵みの契約に対して、「それだから、あなたはわたしのものとして生きよ」と言っておられるに過ぎない。

　これに対して、モーセを介してシナイ山で締結された「シナイ契約」では、イスラエルの方にも神への応答と服従の忠誠があからさまに求められている（出一九・五参照）。イスラエルがもし神との契約を破った場合には、死を含めた呪いの災厄に遭わなければならない、ということが「シナイ契約」の中には含まれている。すなわち、こちらは「双務契約」であり、ここに「律法」が登場するのである。つまり、「片務契約」の中には一見「福音」だけしか含まれず、「双務契約」の方には、「福音」から「律法」が生まれるが、これをどのように解釈すればよいのであろうか。答えはやはり、ただ今述べたこと、すなわち、神が「あなたはわたしのものである」と言われる恵みの契約の中には、「それだから、あなたはわたしのものとして生きよ」という神からの「当為」（[独] Sollen,「あなたはそうあるべきである」ということ、すなわち、「罪を犯してはならない」）が当然含まれている、と考えればよいであろう。神の民は神のものであるから、世俗的であってはならない。「あなたがたの神、主なるわたしは、聖であるから、あなたがたも聖でなければならない」（レビ一九・二、口語訳）が、福音から律法が生まれる聖書の最も基本的な思惟方法なのである。つまり、神は民が神のものであると言われたのであるから、それは恵みの「存在」の世界であり、「当為」の世界ではまだない。しかしそこに神の御意志が厳然として存在するのであるから、神は民が「神のもの」として神に愛されて生きることを望まれる。したがって、恵みの「存在」は、それが恵みの「存在」であるゆえに、恵みの「当為」（Sollen）を含む。しかしながら、それは「恵み」の「当為」であるゆえに、恵みの「許諾」（[独] Dürfen,「あなたはそうしてよろしい」ということ、すなわち、「あなたはわたしのものとして生きてよろしい」、「あなたは罪を犯さないで生きてよろしい」）や恵みの「将成」または「約束」（[独] Werden,「あなたはきっとそう成るだろう」ということ、すなわち、「あなたは罪を犯さなくなるだろう」）を含み、また、その意味に解されなければならない。この意味において、「恵みの契約」は基本的には「片務契約」であるが、同時にそれに基づき、神がイスラエルからの自由と責任に基づく応答を要求し、尊重するという趣旨を含む「双務契約」となる、と解されよう。ゆえに、「福音」から「律法」が生ずる。「律法」は後から「付け加えられた」（ガラ三・一九）ものであるが、「律法」もまた、「福音」の重要な構成要素となる、と言うことができる。聖書の福音は無律法主義でもなければ、律法主義でもない。また、律法に付きまとう「刑罰」（［独］Strafe）も、神からの契約破棄ではなく、むしろ、律法が神の「促し」や「勧告」であるとするならば、その反対の、神からの「警告」や「禁令」である、と解されよう。

後に、大変な混乱が生じ、主イエス（例えば、マタイによる福音書二三章等参照）や使徒パウロ（例えばガラテヤの信徒への手紙等参照）が渾身の力で戦わなければならなくなったいわゆる「律法主義」、すなわち、律法を行うことによって神の前に「義」を勝ち取ろうとする考え方は、いつの時代にも後を絶たない人間の大いなる過ちである。福音の中に言い表されている神の救いの恵みは、ただ「信仰」によってのみ与えられる。しかし、その「信仰」から必ず良い行いが生まれ、神の「律法」がこの上なく慕わしいものとして愛され（詩一一九編等参照）、キリスト者の正しい倫理生活が確立されるのである（ロマ三・三一参照）。

以上、福音と律法の問題は本来はもっと複雑な様相を呈し、詳述されるべき問題であるが、われわれはただ今はそのいとまがないので、最も基本となるべき事柄だけを述べた。

さて、右の契約思想からも、人間（イスラエル）の側には罪を犯しうる「自由」があることが明瞭である。また、この《罪を犯す自由》のゆえに、イスラエルが神への忠誠を果たしえない契約違反（罪）の事態が歴史上で次々と起こってくることも理解される。言うまでもなく、これは大問題である。遂には、もはや神の契約のパートナーとはなりえないほどの深刻な状況にまで至る。紀元前五八七年のエルサレム崩壊とそれに続く「バビロニア捕囚」がそれである。われわれが先に述べた「崩壊期」

（二三頁参照）とはまさしくこの時期であった。ここにきて、契約は再び「片務契約」の本性を取り戻し、ヤーウェのイスラエルに対する愛は、一方的でかつ無条件に恩恵的なものとなる。エレミヤが語った「新しい契約」の預言がそれである（エレ三一・三一―三四参照）。イスラエルの罪にもかかわらず、神がイスラエルを絶対に見捨てないという意味で、「古い契約」は破棄されず、かえって更新され、「新しい契約」が結ばれる日が来る、という預言である。この預言が成就するのが、イエス・キリストの《血》による「新しい契約」（マタ二六・二七参照）であり、それを詳述しているものが新約聖書である。

以上のことを総括すると、次のようになる。神はこの宇宙万物（天と地と人間）を、人間との《交わり》のために創られた。御自身の「永遠の生命」に与らせるためである。そのために、人類の中から最初にアブラハムを選び、その子孫であるイスラエルの民を全人類の代表として選んで彼らを祝福し、《契約》を結ばれた。その目的は、イスラエルの中からメシア（キリスト）・イエスを生まれさせ、全人類との「新しい契約」を結ぶためである。この契約は、イエス・キリストが十字架上で流した「血」によって締結された。その際また、契約の対象はユダヤ人だけでなく、全人類であることが明確となった（ロマ三・二九等参照）。その最終的な成就がイエス・キリストの再臨による「神の国」の到来である、ということである。旧・新約聖書の全体は、そのような、神の祝福と同時に神の自己啓示の全体を証しし、記録している契約の文書である。

(3)本項を閉じるに当たり、最後に、「人間」全般に関わる重要な問題を考察しておきたい。それは、創造の目的が契約であることにちなんで、神との契約のパートナーとして創られている人間（の魂）が、神に応答しうる「自由」と「責任」を与えられて造られている、ということについてである。実際にはその責任を果たせず、かえって「原罪」を負う者となってしまうのであるが。

言うまでもなく、人間は神のロボットではない。人間は「自由において愛するお方」である神との契約の相手として、神に似せて造られたのであるから、「主体性」と「自由意志」を持つ者として造られているということが、きわめて重要な事柄となってくる。そして、「主体性」と「自由」を持っているとは、彼が「責任能力」を持っている、ということに他ならない。契約思想においては、自由は責任を伴う。これは裏を返せば、人間が「契約違反」であるところの「罪を犯しうる」（［ラ］posse peccare:［英］can sin）存在として造られている、ということである。

創世記三章の始祖の堕落の物語は、無垢であったが「罪を犯しえた」人間が、どのようにして現実に罪を犯したかを述べている。いわゆる「原罪」についての記事である。ここで誤解が生じてしまっては後々まで大変困るので、少しく述べておきたい。

ちなみに、この物語の主人公は「アダム」とあるが、「アダム」はヘブライ語で「人間」という意味である。したがって、この物語は始祖の物語として描かれているようであるが、それよりもむしろ、われわれ「人間（アダム）」一人ひとりが現に罪を犯した、という物語であることの方に、重点を置いて読まなければならない。わたしが言いたいのは、「原罪」とは、始祖の罪が何らかの理不尽な仕方でその子孫であるわれわれ一人ひとりに「遺伝」する、といったことではない、ということである。「原罪」は「遺伝罪」（［独］Erbsünde）ではない。これをアウグスティヌスのように「遺伝」という自然的なプロセスとして考えると、生命の再生産（「生殖」）は神の御意志を介さない自然的な過程であると考えてしまう世俗的な考え方同様、非神学的なものとなってしまう。そうなると、「責任性」の概念は吹っ飛んでしまう。わたしはやはり、「罪を犯しうる」人間一人ひとりのうち、誰か一人が罪を犯せば、実際にその罪性がきわめて容易に、ある種の必然性と凄まじい勢いをもってドミノ式に伝播してゆき、その結果、現にすべての人が罪を犯すことになった、と理解したい。そしてそれは、罪を犯す人間自身の責任なのである。聖書に「一人の人によって罪が世に入り、罪によって死が入り込んだように、死はすべての人に及んだのです」（ロマ五・一二）、とあるのは、この意味に理解したい。

この物語は、人間が「善悪の知識の木」の実を食べて神のようになろうと欲するならば、必ず死ぬであろう、という神の禁令（創二・一七参照）から始まっている。「善悪の知識の木（引用者注、林檎ではない）から食べてはいけない」とは、善と悪の基準は神にのみあるのであるから、人間は何が善であり、何が悪であるかを常に神との生きた交わりの中で、神に聴き従わなければならない、との趣旨である。この禁令は、内容的にもきわめて妥当なものである。なぜなら、神は園の《主》であられ、創造の目的を定め、かつ、歴史の主宰者であられるのであるから、禁令を定める権利と責任がある。もしも神ではなく、一人ひとりに「善」や「正義」の基準が置かれてしまえば、人間の数だけ「善」や「正義」が生まれ、園はもはや楽園ではなく、己を神と心得る者同士がどこまでも闘い合う「万人の万人に対する闘争」（ホッブス）の場となる。ゆえに、契約の目的である神の国の成就を目指されたお方は、神の国の《法》をお定めになる権利と義務を有する。

しかし、人間は食べれば神のようになるというサタンの誘惑（創三・五）に負けてしまった。神の恵みは完全で、何一つ不足はなかったにもかかわらず、その完全な恵みの真っただ中で理不尽な罪が犯され、「この世」が生じた。つまり、「善く創られた」世界が、人間の「罪」によって「悪くなった」、というのが聖書の根本主張である。

では、「蛇」とは何者であろうか。もちろん、決して神が仕向けた誘惑者ではない。なぜなら、もしそうであるならば、神が「罪の創始者」ということになり、罪の責任は神にあることになってしまう。そうなれば、キリストの十字架は贖罪ではなく、謝罪となってしまう。聖書はそのようには証していない。「蛇」とは、人間一人ひとりの心の中にある罪への「可能性」、「傾き」である。人間は神のロボットではなく、誰の心の中にも罪への傾向性はある。そして、この傾きは、いったん一人の人が罪を犯すと著しいものとなる。その性質が非常に恐ろしい勢いで伝播し、誰も阻止しえなくなるので、あたかも人間の外部から強力な誘惑者（サタン）が彼に襲いかかって打ち負かしたかのように表象されることもやむをえない、と思われるのである。サタンは人間よりも強く、賢い。ゆえに、人間は常に自らの愚かさを警戒し——あなたがたは「サタンの、いわゆる『深み』を知らない」（黙二・二四、口語訳）と注意されている——、「主よ、試みに遭わせ給うな」と謙虚に神に祈らなければならない存在なのである。

ともあれ、人間は罪を犯してしまった。すると、自分たちが裸であることが分かる（創三・七参照）。「裸である」とは、ユダヤ人にとっては最も恥ずべきこと、すなわち、罪に対して守られていないことを意味する。

この物語はこの世に「罪」と「悪」が存在することに関して、実に多くのことを説明している。思うにこの物語は、「唯一神信仰」のうちでも特に罪の贖いを重視するユダヤ‐キリスト教的世界観の本質的な部分を形成している。まず、「罪」や「悪」が存在する「責任」は、いかなる意味においても神にはなく、人間にあると語っている。次に、人間（アダム）の堕罪によって、それまで被造世界のどこにも存在していなかった「死」という「悪」が存在するようになった（創二・一七、三・一九、ロマ五・一二参照）、と語っている。事実、アダムの堕罪に続いて直ちに起こった出来事は、カインの無惨な「兄弟殺し」である（創四・一以下参照）。このようにして、地上に「罪と悪」がパンデミックのように全世界に伝播・蔓延する事態となった、と語っている。そのようにして生まれた世界が、いわゆる「生・老・病・死」の四苦の世界である。聖書は「四苦」の根本に「罪」を見ている（一七三頁以下参照）。

創られた原初の状態では、人間はまだ罪を犯していない。「罪を犯すことが可能である」（posse peccare; can sin）状態である。これに対して、既に罪を犯した人間は、もはや罪を犯すことしかできない。これは「罪を犯さざるをえない」（non posse non peccare; cannot but sin）状態、すなわち、キリストを信ずる以前のすべての人間の、「原罪」を負うた状態である。次に、キリストを信じ、聖霊を与えられた人間は、「罪を犯さないことができる」（posse non peccare; can not sin）状態となる。終わりの日においては、「罪を犯しえない」（non posse peccare; cannot sin）状態となる。語呂合わせのようであるが、神学的に考えれば、きわめて深い意味を持つ。なぜなら、ここに人類が罪を犯し、キリストによって贖われ、最後に救われるという「救いの歴史（救済史）」の概念が生まれるからである。また、神は全被造世界を相手とされるので、「世界」や「グローバル」や「世界史」という概念が成立する。被造物の中心である人間は、キリストの贖いによって契約の完成に向かって歩むようになるので、「歴史」という概念が成立するわけである。以上が、「原罪」の説明である。

なお、この「自由」と「責任」の問題は、特に、日本人の非キリスト者が最初に躓きやすいものの一つであるので、コメントを付しておきたい。例えば、「罪の責任は『善悪』を定めた神にある」とか、「サタンを創り、人間に『自由』なるものを与えた神にある」のように、罪を犯した責任を人間自身が引き受けようとしない発想法があるからである。注意すべきは、それが直ちに、醜い責任転嫁や罪のなすり合いを生むことである（創三・一二以下参照）。われわれがテレビなどでよく拝見している光景である。人類堕落の物語で躓く人は、実は、神の園の《法》も神の天地創造もまだ承認していない。そして、躓きの本当の理由は、その人が依然として唯一神教ではなく、無神論か、神よりも宇宙や人間の方が先に存在していると考える多神教の世界観でものを考えているからである。実際、日本のような「村」社会では、「言葉」ではなく、「同じ生活の場」が社会成立の基盤であるので、すべての人がその下で平等である《法》の観念が薄く、「生活の場」が維持される「場所の論理」が最優先事項となる。「責任」の観念は本来的な意味では存在しない。「個」よりも「全体」が重要となるので、責任はその中で考えられ、責任のなすり合いや転嫁、「トカゲのしっぽ切り」等々が生ずるわけである。「責任」や「贖い」という考え方は、契約思想と不可分であり、特に日本人には分かりにくいので、注意しなければならない。

しかし、イエス・キリストの贖罪がある以上、重要であるのはもはや「犯人探し」や「責任の押し付け合い」ではない。むしろ、罪を犯した人間が真摯に己の罪を悔い改め、隣人を愛し、神と人とのために生きるようになること、すなわち、「神の国と神の義のために」（マタ六・三三参照）働く人となることである。

第2節　「その体の魂」として造られている人間

第1節でわれわれは、人間が神の契約の相手として、自由意志を持つ「自由なる主体」でなければならないことを確認した。事実人間は、「責任」を負いうる「自由なる主体」として造られている。そこでいよいよわれわれは、本章における最も中心的な課題と取り組まなければならない。それは、実際に有限であり、死すべき存在として造られている人間が、どのような意味において、神の契約の相手としてその永遠性に与りうる存在として造作されていると言えるのか、という問題についての考察である。これは本書全体の基礎または背骨を形成するような重要な主題である。

われわれはこの問題の解決を、本節と第3節とで行いたい。すなわち、われわれは本節で「人間」を主としてその外側から見——人間を外側から見た場合に、これをわれわれは「体」と呼ぶ——、第3節で、それを内側から見——人間を内側から見た場合に、これをわれわれは、「魂」と呼ぶ[4]——、この主題と取り組みたい。

このように、人間を「体」と「魂」の両面から見る見方を読者と共有するために、わたしはまず、この深い謎と神秘に満ちた《人間》なる存在者についてこのような見方・考え方をすることが許され、また、それが十分な合理性と必然性を有するということについて、初めに読者の了解と許可を得ておかなければならない。そのようにして、読者と共に、「その体の魂」である人間が、神の永遠性に与りうる存在として造作されていることを論証するためである。

本節では初めに、われわれが人間の造作に関して避けたいと考えている見方が二つあることを述べたい。その一つは、ギリシア的な「霊肉二元論」（または、「霊魂不滅論」）であり、もう一つは、現代の唯物論的な人間観である。この二つの人間観は、いずれも形而上学的な独断に基づいているので、避けなければならないと考える。特に、われわれ日本人はアニミズム的思考に深くなじんでおり、「魂」とか「霊」とか「霊魂」という言葉を割と無造作に使っていて、右の両者の間で常に宙ぶらりんの状態にあるので、ここの議論がますます必要とされる。

初めに、ギリシア的な「霊肉二元論」についてご説明したい。

ギリシア的な「霊肉二元論」では、人間の「肉体」の内部に、それとは別個の実体である「霊魂」が宿っている、と考える。この考え方によれば、「人間」の不可見的な内奥にある「霊魂」は、「肉体」という「牢獄」に「閉じ込められて」いる不死なる実体であり、可死的な「肉体」が死ねばそこから解放されて自由になる、と主張される。しかし、これは明らかに形而上学である。誰も「霊魂」なるものを見た者はおらず、その存在は――プラトンは懸命に彼の「想起説」や「イデア論」の中で証明しようとしたが――もともと証明されえないものだからである。また、それでは人間が「有限な」存在であるという聖書の考え方とも完全に矛盾してしまう。われわれは既に、人間は本質的に神と等しい「永遠者」ではなく、可死的で、「時間」の中を生きている有限的存在者であることを確認した（三三頁以下参照）。

同様にわれわれの見方は、唯物論的な独断からも自由でありたい。唯物論的人間観は、人間をただ「体」としてだけ考え、それは分子と分子の結合した物質——一定の空間を占有し、自然科学の諸法則に完全に従うもの——からのみ成り立っている、と考える。しかしながら、われわれ人間が自分の全体を完全に把握しうると考えることは、ただの傲慢に過ぎない。われわれは、人間の見えざる側面——主体として、物を考え、意志する側面——を、「魂」と呼ぼうとしている。この「魂」という言い方には、人間があらゆる物質の法則から「自由なる主体」でありうる、という見方を残している。もちろん、人間が果たして本当に「自由」であり、「責任性」を負うことができる「自由なる主体」であるかどうかは、外から見ただけでは誰にも分からない。その人自身にさえ分からない。それは、日常性においてただ仮言的にそうであるとされているに過ぎない。本当は人間も（唯物論者が言うように）完全に物質の諸法則に支配されていて、その意味では「魂」もただの物質でしかないのか、それは確かめようがないのである。つまり、本来から言えば、人間が「自由なる主体」であるということは、後で述べるように、ただ信仰においてのみ知られうる事柄である。すなわち、カントが言っているように[5]、人間の「体」は生物学的な《現象》として自由にどこからも見えるが、「魂」の方は目に見えない《物自体》であるから、「魂」が本当に自由であるのか、それともそうではないのかは、ただ神だけが御存じなのである。

　われわれは、この二つの見方がいずれも形而上学的な独断を先行させた人間観であると見て、これらを避けたいと考えている。人間は、一般に誰もが考えているところによれば、他の動物と同じように、外から見れば「体」であるが、内側には「魂」と呼ばれるもの、すなわち、「意識」とか「自己意識」とか「精神」とか「人格」とか呼ばれるものを持ち、「体」からさまざまな情報を受け取ってそれを動かす「主体」である。聖書の見方もこれにはなはだ近い。聖書は人間を「魂と体」として捉えている。すなわち、人間は「外から」見れば「体」である。また、「内なる人」（二コリ四・一六）という言葉もあるように、「内から」見れば――つまり、人間の内側に焦点を当てた言い方をすれば――、外からは見えない「魂」である。この見方は、実は、いかなる形而上学も交えない、最も常識的で、あらゆる人間学的先入見から自由な見方なのである。なぜならそれは、人間とはその全体が誰にも見えないその内側、すなわち「魂」という「主体」であると同時に、全体が誰にも見える「体」である、と言っているだけだからである。人間は「その体の魂」、または「魂的な体」である、と言ってよい。

もちろん、聖書は人間の魂が神の御言葉の許に立つ「自由なる主体」である、と主張している。しかし、それは信仰を持ち出した場合にのみ、初めて言えることであって、われわれは現在（本節）の段階では、ただ、この神秘に満ちた「人間」なるものを、ただ単に、「その体の魂」または「魂的な体」である、と見なしただけである。

したがって、ここ（本節）までの段階では、われわれはまだ信仰を持ち出して「魂」の「自由」や「責任性」を主張していない。単に右のように、人間を「外から」と「内から」とで見る二つの見方に分けただけであるから、何一つ形而上学的な独断をしていない。その上で、われわれは次の第3節で、聖書の証言に従い、キリスト教信仰を持ち込む。なぜなら、聖書は人間について、その存在の内奥にまで届き、その存在全体を相手にしている「神の御言葉」が語られている、と言い、人間はこの

「神の御言葉」に《自由に》応答する「魂」である、と言っているからである。

それでは、聖書が言っている「霊」とは、何を指しているのであろうか。聖書によれば、「霊」とは、「魂と体」として既に全体であるところの人間に「命を与える神の力」として、人間が生きている間だけ、神から彼に貸与されたものである、と理解されている。すなわち、それは「生命の原理」である。「主なる神は、土（アダマ）の塵で人（アダム）を形づくり、その鼻に命の息を吹き入れられた。人はこうして生きる者となった」（創二・七。エゼ三七・一〇参照）、とあるのが、生命に関する聖書の基本テキストである。この「息」（［ヘ］ネフェシュ）が、聖書では「霊」（［ヘ］ルーアハ、［ギ］プネウマ）と同義に使われている。「霊」が弱まれば人間も弱まり、彼が死ねば「霊」は神に帰る（創六・三、ヨブ三四・一四等参照）。

ただし、この「創造者なる神の霊」は、人間が生きている間は彼に貸与されているので、しばしば「われわれの霊」という風に呼ばれることもある（例えば、ロマ八・一六等参照）。ついでに言えば、この「創造者なる神の霊」と、人間に信仰を与え、「新しい命」を与える新約聖書における「聖霊」とは、区別されなければならない。後者は「御霊」とも呼ばれ、決して「われわれの霊」と呼ばれることはない（同ロマ八・一六参照）。ペンテコステの時のように（使二・一以下参照）、全く新しく《上から》注がれ、彼の中に宿るものである。

以上のようなわけで、われわれは本節では、人間を「体」の方から見、次節でようやく、彼を「魂」の方から見ようとしている。「外なる人」としては、人間は「体」であり、さまざまな外的条件によって規定され、物質の諸法則（物理・化学の法則や他の生物学的・生理学的諸法則、及び、心理学的・集団心理学的諸法則）に支配される「有機的組織体」である。その意味では彼は因果の連鎖の中にはめ込まれている。その肉体には「カラマーゾフの血」（ドストエフスキー）が流れていて、彼を突き動かしているものは「リビドー」（フロイト）であり、「権力への意志」（ニーチェ）であるのかもしれない。ともかく、われわれはここでは、人間を一つの「生命体」として見ようとしている生物学的な見方と全く同じところに立っている。なぜなら、生物学は人間という「生き物」の「物自体」——これをわれわれは「魂」と呼んだ——が何であるかという聖域にまでは、決して踏み込まない学問だからである。

(1)われわれはしばらく、生物学と歩みを共にし、「人間」というものを、他の生物と同じく一つの「生き物」として観察して、その「人間《ヒト》」をして「人間《ヒト》」たらしめているものとは何であるかについて、考えてみたい。

まず、一般的な「生き物」の定義としては、多分、「自らと同種のものを自発的に反復再生しうる化学的・有機的組織体」という定義で十分であろう。「自らと同種の組織体を自発的に反復再生する」能力があるか否かによって、「物質」と「生命」とは区別される（この際、モネラ界の一部などのグレイゾーンについては考慮しない）。「生命」ともなれば、単に高度の有機物がゲル状に固まったものでもなければ、そこから幾種類もの蛋白質が形成され、さらにそれが数種のアミノ酸に分解ないしはそれらを合成しうる酵素を備えていて、内部で物質交換ができる、というだけでもない。「生命」の起源そのものが、深い「神秘」に満ちていることは、誰でもよく知っているが、最も不思議であるのは、その自発性に他ならない。

(a)まず、生き物は《自己》(self) というものをどのようにして持つに至ったのであろうか。「生物」と言うからには、個体と周囲の環境とが明確に区別されるために、細胞膜や皮膚のようなものによってその個体の「外側」と「内側」とが明確に区別されていなければならない。つまり、生命体とはある境界で区切られた「開放系」とその「環境」から成っている。この「境界」が細胞にとっては細胞膜であり、「生き物」にとってはその皮膚である。もしそれらのものがなければ、外側の害毒はたちまち内側全体にまで浸透し、致命的な打撃を被ってしまうであろう。個体に外側と内側とがあって、初めて「自己」(self) というものがありうる。このようにして、「生物」において、自らの外的環境との関係で「その体の魂」であるところの「意識」――または、「自己意識」――を持つ生物体が生まれる。

(b)次に、内部での物質交換が《自発的に》起こり、それぞれの個体は周囲の世界との同化と異化を《自発的に》繰り返す「代謝」をして自らを形成し、最後には老化と死へのプロセスをたどるが、この《自発性》が説明しにくい。

(c)最後に、最も説明困難であると思われるのが、自らと同種のものを分裂なり生殖なりして、《自発的に》反復再生産しうる遺伝子(DNA)の機能を持ち、増殖・進化し、種を保存してゆくことである。

すなわち、「個体性」と「代謝」と「生殖」のすべての機能において、「神秘」という言葉を避けることができない。生物学にとって、最も神秘に満ちていて説明困難な事柄はこの《自発性》である。これに対して、われわれ神学の立場としては、「生命」という以上、それは何らかの意味で「自由において愛されるお方」である生ける神の生命に与っているのであり、その創造者なる神の《霊》が働かれる、と説明する（創二・七参照）。

(2)次にわれわれは、生き物の《自発性》を実際に管理している「内なる人」（魂）に注目したい。生物学的には、「自らのうちに、自らの外的環境についての適切な感知能力を持ち、また、それに適切に適応する能力を行使しうる自発的な働き」のことを「意識」と呼ぶようであるが、われわれはこれを「魂」と呼んだ。既にアリストテレスは「植物的魂」という言葉を使っている。われわれは既に述べたように、モネラ界や原生生物界、菌界のことは考察の対象から外し、もっぱら植物界と動物界から人間《ヒト》という生き物が進化してくる段階をたどる考察を試みたい。まず、単純に観察してみたい。

生物はその「魂」または「意識」のレベルの違いによって、生態が異なってくる。つまり、自己意識のレベルが高ければ高いほど、その生き物はより鮮明かつ明確に「自己」というものを意識し、より高度の「自由」や「自発性」を持って行動しているように見受けられる。特に人間の場合には、「その体の魂」、または「魂的な体」として、神の御言葉を聴いて行う「主体」であり、それだけ高度の「自己意識」と「責任意識」を持っているように思われる。そのことは、他の生き物との次のような比較から観察される。

例えば植物について考えてみると、植物はたいていの場合、一〇ないしはそれ以上の項目（温度、湿度、土壌を構成する栄養素、音、光、臭い、空気の流れ、気圧、磁気、電流、他との接触感覚等々）に関してそれらの生態学的環境を「体」で感知し、快・不快に応じて自らそれに適応する能力がある。ある程度まで運動の能力を備えた植物もある。一応これを「第一レベルの意識」と呼ぶならば、それ（植物）は既に無生物とは異なり、外部環境に対して相対的に「自由」な「自己」というものを持っている。アリストテレスはこれを「植物的魂」と呼んだわけである。

次に、これが動物ともなれば、運動や行動という適応能力の飛躍的な進歩が見られる。それだけ多く「自己」を持っているとも言える。つまり、その動物の「体」によって自ら（「魂」）が感知した事柄に対して、自ら（「体」）をより自由に、かつ高度に適応させる能力が備わっている。したがって、動物的意識に関しては、明らかに、「動物的魂」という言い方が成り立つ。一応、ここまでをわれわれは「第二レベルの意識」と呼ぶ。

次に、自分自身をある集団や社会の構成員として他の同種の個体との相互関係を認知し、調整し、適応する能力というものが、特に霊長類やその他の動物（蜂や蟻など）には観察される。つまり、これらの生き物には、その生態学的環境の中に「社会」がある（ちなみに、アリストテレスは人間を優れた意味で「社会的動物」「ゾーオン・ポリティコン」と呼んだ）。また、社会の中で自分の考え方とは違う「他者」の考え方を意識し、認知し、対応もしている。その意味で、「自己」自身については多少なりともより強く意識しているはずである。その中で互いに「群れ」というものを形成し、「群れ」と「群れ」が戦う習性があるのも社会的動物の特性である。われわれはこれを「第三レベルの意識」と呼ぶ。ただし、その自由度は「第二レベルの意識」と比較しても、必ずしもまだそれほど高くなったとは言えないのかもしれない。つまり、社会全体や自分とは異なる他者の存在を意識している各々の個体が、その中で「自己意識」というものをどれだけ多く持っているかは定かではないし、その自由さも全体の中の部分という程度に過ぎないのかもしれないようにも見える。しかし、われわれは以下の理由により、このレベルの意識を特別の段階として位置づける理由を持っていると考える。

二つほど、興味深い例を挙げたい。なぜネアンデルタール人は絶滅したのかという人類学上の割とよく知られている謎に関して、ＮＨＫ総合テレビで『ＮＨＫスペシャル　人類の誕生』と題して放映されていた。[6]「ホモ・サピエンス」と呼ばれる現代人は、人類学の知見によれば、原始の自然的状態においては、一五〇人ぐらいまでの社会を形成しうるとされる。つまり、それぐらいまでなら、「ホモ・サピエンス」（学名Homo sapiens sapiens）にはまとまった社会を築く「魂」の能力がある、ということである。大人数の社会であればそれだけ文化の伝達速度も速く、「狩り」にも有利であろう。それに対して、同じ人類の中の「ネアンデルタール人」はせいぜい二―三家族で生活をしていたとされる。後者はおよそ四万年前に絶滅したとされるが、しばらくは「ホモ・サピエンス」と共存していて、大脳の大きさからすれば「ネアンデルタール人」の方が幾分大きいぐらいで、知能の差はあまりなさそうである。体格はネアンデルタール人の方がはるかに優っている。両者が争った痕跡はほとんど見受けられない。だとしたら、恐らくは気候など、何らかの環境の劇変で食物が足りなくなったとき、より大きな集団を形成しえた「ホモ・サピエンス」の方が「狩り」に有利であり、新しい石器を作った時の文化の伝達速度も速かったから、生存に有利であったであろう、という推測がなされうる。そうであるならば、大脳（魂）が世界や社会に向かって開かれている（[独] weltoffen）程度の差による社会形成能力の相違が生存に影響しているのではないであろうか、と推測したい。この問題にはまだ定説がないとのことであるが、わたしは、より大きな集団を形成しうるということが生存や生産にとってきわめて大きな意義を持つことのゆえに、そのように考える。つまり、これは「文明」の形成により有利である、と見なされうる。

もう一つの例を挙げると、「ホモ・サピエンス」はゴリラなどの霊長類とは違い、自己を抑制してその場の雰囲気に同調させる「社交の能力」に優れている。類人猿は、いったん自分の集団を離れるとなかなか戻れないし、一日のうちに複数の集団を渡り歩くなどという芸当はとてもできない。ある集団に参加するためには仲間と心身や振る舞い、身だしなみ（時には一定の制服や礼服）までを同調させ、一定のマナーを習得する必要があるが、それができないからである。人間はそれとは違い、共に集い、くつろぎと儀式的な作法・雰囲気を共に兼ね備えた礼拝や祭り、コンサートやスポーツ観戦、ダンスや踊りやパーティーを楽しみ、さまざまな「文化」を形成する。日本人ならば誰でも、地域の祭りに参加する楽しさを体でよく知っている。人間は「社交する人間」（ホモ・ソシアビリス、山崎正和）なのである。教会の秩序ある神讃美と御言葉による礼拝が深い喜びをもたらすのも、このことと深く関係する。[7] 特にこの後者の例は、人間の（「文明」ならぬ）「文化」の形成力の基礎にあるものの一つであると思うので、前者（人間がより大きな集団を形成する能力）と後者（人間が社交する能力）とを合せて、特別に「第三レベルの意識」とランクづけしたいのである。

(3)それでは、これらに対して、人間（ホモ・サピエンス）という被造物には――そして、人間という被造物に限って――これらに加えて、さらにどのような能力が賦与されているのであろうか。われわれがここで捜し求めているものは、いったいどのような能力が、人間をして真に人間たらしめ、神の契約の相手たるにふさわしい存在者たらしめているのか、という問いに対する答えである。

ここでわれわれは、「人間学」の領野で画期的な研究を成し遂げた、スイスの生物学者ポルトマンの研究結果を顧みておきたい。[8] 彼は、「人間」なる生き物を生物学、解剖学、胎生学等の立場から研究し、ヒトの大脳皮質、特に前頭葉の異常な肥大現象、言語領の飛びぬけた広さ、不完全なままでの「生理学的早産」――「人間」は成人するまで両親によって養育されるが、その期間が十数年と異常に長い[9]――、出生時における身体の異常なプロポーション、成長における思春期の特殊な位置と役割、等々の多くの興味ある生物学的データを分析・提示し、他の動物と比較して、人間を「世界に開かれた（weltoffen）存在」、と特徴づけた。[10] このポルトマンの「世界開放性」（Weltoffenheit）というきわめて魅力ある概念は、その後多くの「人間」に興味を抱く神学者、哲学者、人類学者たちによって評価されてきた。

しかしわれわれは、ここからさらに前進して、例えばドイツの神学者W・パネンベルクがしたように、[11] この概念を「神開放性」（Gottoffenheit）という概念にまで拡大することは差し控えたい。ポルトマンが明らかにした事柄は、人間の魂にとっての「環境」とは、決して彼の生息する森や平野、村や町だけでなく、文字通り「全世界」であり、否、それ以上に、「天と地」を含む全被造世界である、ということだけである。そこからもし神の存在を推論しようとするなら、それはこの概念に負いきれない負荷を負わせることになる。

それゆえわれわれは、この「世界開放性」という人間学的概念は大いに歓迎するが、そこから出てきた人間の魂に特有の能力は、単に、その優れた「言語能力」と、先に(2)で考察した、この能力と深く関連するところの、人間の文明・文化を形成する「社会形成能力」とに限定して考えたい。この「言語能力」は誰もがよく知っていて、それについては古来多くの考察がなされてきた。アリストテレスも人間を「言葉を持つ動物」(ゾーオン・ロゴン・エコン)と定義している。他の霊長類やイルカ、その他の動物と比べても、人間は比較にならないほど進化している。彼はこの能力によって大きなコミュニケーション能力を獲得し、「狩り」を有利にすることができたので、食物連鎖の頂点に立つことができた。「言語能力」は、概念的に考えただけでも、(a)この《世界》――その中に、人間の内面の意識や心の世界までをも含めて考えたい――を表象し、記号化し、それが表象する対象の構造や変化の可能性やその範囲について考察し、かくして世界を支配する能力である(創一・二八参照)。(b)また、それらの意義を考えたり、総合したりする能力である。(c)また、その発音を「文字」に換えて保存し、場所と世代を超えて他の仲間たちに伝達して、歴史と現在のような文明・文化社会を築くことができる能力である。(d)最後に、神学的に考えても意義が深い。人間は「言語」によって神との交わりへの装備を備えられた。「言葉」は「契約」の締結を可能にする。また、それによって聖書独特の《罪》や《死》や《代理》や《甦り》という出来事を理解しうる。これだけのことを考えれば、この能力が「人間をして人間たらしめている」もののうち、最たるものの一つであるということは、全く疑いがない。

⑷しかしわれわれは、この「言語能力」だけでは、まだ、人間が神の契約のパートナーとしての十分な装備を賦与された、とは考えない。われわれはここで、人間の「魂」にはその他に、それと比肩しうる、または、それよりももっと重要な、「長期記憶能力」（［ラ］reminiscentia）[12]が賦与されていることに、注目したい。もちろん、この「長期記憶能力」は「言語能力」と密接に関連して働き、互いに他を必要としている。なぜなら、「言語」は「記憶」なしには形成されえないし、「記憶」も「言語」がないと恐らく不可能であろう。しかしわれわれは、言語能力よりも長期記憶能力の方が、人間の魂を「人間」としてより際立たせているのではないか、とさえ考えているのである。われわれが本章で特に強調したい事柄は、人間がこの「長期記憶能力」を賦与されていることによって、完全な「時間意識」を持つように造作されていることが、その「人間の人間たるゆえん」の最たるものであり、それによって彼は、「責任性」を持ち、神との契約の相手となる「人格性」を持つに至っていることである。彼が「自由」であることと、この「責任性」とは不可分である。

まず、現象学的に観察してみよう。

同じ霊長類でもチンパンジーなどは、ある種の記憶力――特に、瞬間的記憶力――に関しては、人間以上の能力を持っていることが報告されている。人間はせいぜい七桁の数字や文字（アルファベットや仮名）しか記憶することができないが――だから、電話番号は七桁である――、チンパンジーでは九桁の記憶が可能であると報告され、学界でも認められている。

このことは、何を意味するのであろうか。もう一つ、やはり人間に関してのみ観察される事実がある。すなわち、人間以外の霊長類は、たとい瞬間的記憶力が人間より優れた動物であっても、「時間意識」というものは持たないか、仮に持っているとしても、きわめて希薄であることが観察される。他の生き物はただ「現在時間」においてのみ生きていて、「過去時間」をほとんど持っていないように見受けられるからである。例えば、チンパンジーや他の霊長類には、過去の非常につらい記憶がフラッシュ・バックのように襲うことに悩まされることは明らかに少なく、「あすのことを思いわずらう」（マタ六・二五、口語訳）ことをしたり、自分がいつか必ず死ぬという「死の意識」に苦しめられたりすることは、ほとんど見受けられない。人間の方は、長期記憶能力や時間意識を持つがゆえに、自分の過去の体験を時系列で並べて記憶していて、これらのことに悩まされるのである。

この長期記憶能力を持つことから、人間にはその著しい特長として、「時間」というものを明確に意識する「時間意識」が備わっていることが直ちに認識される。この時間意識を備えていることを、われわれは「第四レベルの意識」と名づけたい。というのも、どの生物学者や動物学者も証言しているとおり、これは人間（ホモ・サピエンス）の「意識」（魂）のみが所有している非常に特殊で高度な能力だからである。人間はこのゆえに、過去の体験を時系列に並べて互いの関係を考える《歴史》というものを所有している。また、自然や人間の心理や歴史を観察してそこから一定の法則を抽出し、《学問》を営むことができる。そもそも人間に、「音楽」という「時間芸術」が可能であるのも、時間意識があるからではなかろうか。音楽がなぜ人間にあれほど深い「慰め」を提供しうるのか、それは神の恵みであると言うより他に全く説明がつかないのであるが、それももし、人間が短期の記憶力しか持っていなかったとしたら考えられない事柄であろう。

右のことから、神学的に言って、何よりも重要な次の二つのことが、導き出されうる。すなわち、

(a)人間は長期記憶能力を持ち、時間意識を構築しうるゆえに、自分に与えられた時間の有限性を実際に認識しており、「自分自身の死」を意識している。

(b)人間は長期記憶能力を持っているゆえに、自分の中で《責任》の意識や《罪》(負債)の意識を持ちうるように造られている。

この中の、(a)については次の第3節で改めて考察される。本節で特に(b)の方に注意したい。すなわち、人間は「長期記憶能力」を持つがゆえに、自分の過去というものを持ち、責任意識を持つことができる。また、ただ言葉をしゃべるロボットとも違うし、単に「長期記憶装置」を持っていることとも違って、明確に「自己意識」を持つことができるように造られているのである。そしてこれは、人間が「自由」を持っていることを予想させる。なぜなら、「自由」と「責任」は切っても切れない関係にあるからである。それゆえに、「長期記憶能力」こそは、まさしく「人間」が「自由」であり、「人格」を持ち、「人間」であることのゆえんである、とわれわれは予想するのである。

もしも、責任意識がないならば、《自己》という意識はきわめて不完全なものとなり、動物のそれとは単に量的な差があるだけとなろう。「歴史」の概念も生まれえない。つまり、人間が「自己」(「わたし」)と呼ぶものの中には、彼自身の過去の歴史全体が含まれている、と考えられるのである。このことは、一時的な記憶喪失者が自分のルーツを熱心に探り、そうでないと自分の人格が成り立たな

い、と考えることの理由である。それゆえにわれわれは、人間に固有の《人格》（ペルソナ）――すなわち、「わたし」がまさに「わたし自身」であり、「あなた」や「彼」や「彼女」や「それ」ではないということ――とは、彼自身の過去の記憶の全体によって構成されるところのものである、と予想する（詳細な考察は第3節参照）。より厳密に言えば、「彼自身」とは、彼の過去の記憶全体と、それに彼の現在における（その感性や認識や意志の）一定の傾向性や特質（いわゆる「彼らしさ」）が加わったものである、と言えよう。もし過去の記憶を全く持たない人間がいたとしたら、彼の人格もまた、その所在が分からなくなってしまう。そうなれば、自分がしたことの記憶もないから、自分が誰にどれだけの恩恵を受け、どれだけの負い目を負っているかが分からなくなり、感謝も謝罪もできなくなる。「心神耗弱」とは別の意味で、その人には責任能力がないから、裁くこともできなくなる。つまり、「罪の意識」は無くなる。神との「契約」も結びえないことになるのである。言い換えるならば、「彼らしさ」は、本当は「彼自身」の中心ではないのである。

要するに、人間は長期記憶能力のゆえに、《罪》や《死》や《代理》という言語を理解することができる。それゆえ、人間がもしも真の意味で「自由なる主体」であるとするなら、それは、彼が「長期記憶能力」を具備されて造られている、ということの中にその秘密がなければならないと思われるのである。

ちなみに、二〇一七年度のノーベル文学賞は、日系イギリス人のカズオ・イシグロ氏に与えられた。象徴的であると思われるのは、その授賞が、この不確定性の時代に、彼が人間の「記憶」に焦点を当てた作品を意識的に多く書いている、との評価に基づいて行われたことである[13]。人間の記憶の中には、好ましい部分や好ましくない部分、できるだけ早く消去し、忘れてしまいたいと願う部分などがある。しかし、それらを忘れて、あるいは、それらの助けなしに、人間は真理を認識し、自己の人格を形成することができるはずはないし、個人同士の「交わり」や「社会」や「世界」を形成することもできるはずがない。個人同士の交わりにおいても、互いに感謝し、謝罪し合うことが必要である。ことに、民族や国家の記憶、自分たちが生きた時代のみならず、生きていなかった時代の記憶も、世界歴史の記憶も、国家が尊厳ある国家として認められるためには必要不可欠である。ある民族と他の民族との間に時代に関する記憶の不一致や齟齬や歴史観の相違があると、真の和解や必要な謝罪が起こらなくなる。なぜならば、人間の「自己」や「人格」は、過去の記憶やそれに対する責任意識がベースになって構築されていて、人間は終わりの日に、彼の記憶と共に、神の裁きの前に立つであろうという聖書の真理は、誰も覆すことができないからである。

以上の考察から、われわれは次のような結論が導き出されうる、と考える。すなわち、人間を「物自体」として見た場合、彼の「魂」が「自由」を持っているという事柄は――前にも述べたとおり、それは誰にも証明ができず、ただ信じられうる事柄でしかないのであるが(14)、このことは――人間が「長期記憶能力」を賦与されているという、われわれが人間を単に「現象」として外側から観察した場合でも容易にその兆候を看取しうる事柄によって、外的に保証されている、と（ただし、繰り返しになるが、この能力は、同様に人間を人間として著しく際立たせている能力、すなわち、彼の「世界開放性」に基づく「社会形成能力」及び「言語能力」と相共に働くことによって、初めて機能しうる）。そして重要なことは、このことが、われわれがキリスト教的な贖罪論や終末論を構築する場合において、さらには、キリスト教的な死生観や幸福論を考える上において、きわめて重要な事柄となる、ということである。

第3節　有限な存在者として造られている人間

前節の叙述によって、われわれは「人間の魂が人間の魂であること」の最大の特長として、彼が「長期記憶能力」を賦与されていることを見出した。この能力によって、彼は「責任」を持ち、「主体」であることができるように造作されている。また、時間意識を構成し、自分に与えられた時間の有限性を認識し、「自分の死」を自覚できるように造作されている。本節では、その上に立って、人間を彼の「魂」の方から考察したい。

われわれは、人間の存在様式が神の「永遠」ではなくて被造物の「時間」であり、時間が有限であるという事実に関しては、既に承知している。ここでは事実問題ではなく、その神学的な意義（または、合目的性）について考察したい。すなわち、①その有限性の意義について、さらに、②特に過去時間と記憶との関係について、考察したい。

1　時間の有限性について

考察に入るに先立って一言述べておきたい。これから読者と共に歩もうとしている道程は、人間の「有限性」を明確にしようとする道程である。それはある意味で、人間の《小ささ》を明確にすることに他ならない。そしてそのようなことは、必ずしも誰にとっても愉快であるとは限らない。しかし、これは聖書が説く「福音」に基づいた事柄なのであるから、決して人間の《不幸》や《不利益》を意味するものではないはずなのである。むしろ反対に、時間の中での人間の存在が、神の大きな永遠によって包まれ、それと《境》を接しているがゆえに――というよりも、人間の時間を限界づけておれるお方が「無」ではなくて永遠者なる神御自身であり、かつ、神が人間と直接《境》を接していてくださるがゆえに――神と人間とが《交わり》を持つことができる可能性がある、ということなのである。それゆえそれは、人間にとっては測り知れない《良いこと》、《幸い》なこと、喜ばしいことのはずである。そのことをこれから闡明《せんめい》したい。人間の時間は、神の永遠によって、「前からも後ろからも」（詩一三九・五）囲まれている。「主は近い」（フィリ四・五、口語訳）とあるとおりである。または、K・バルトがよく使う表象によれば、時間の中にある人間は、ちょうど神の永遠という揺り籠の中に安らう幼子のようなものなのである。このことは言うまでもなく、われらの父なる神により、御子イエス・キリストとその御霊の恩寵によって、神が人間と共に居てくださるからに他ならない。もう少し砕けた表現をすれば――いささか個人的な例で恐縮ではあるが、イメージは事柄を理解する上で時に大きな助けとなるので述べる――わたしは今朝、愛する三歳の孫と別れるときに、孫が折り紙を――と言っても、単に小さな舟であったが――折ってくれたので、彼女と一緒に狭い階段の一番下の段にぴったり並んで座り、こう言った。「またお正月にね。それまでおりこうさんにね」、と。孫はわたしの顔を見て深く頷いた。われわれと神とは、そのように、直接《境》を接している。それゆえに、人間が有限な存在者であるということは、キリスト教的に考えれば、宇宙という空虚な空間の中に裸で放り出されているということではない。むしろ、恵み深い神御自身によって囲まれており、いつか必ず神にまみえまつる《希望》を与えられているということを意味する。ゆえにそれは、「悪しきこと」ではなく、むしろ――キリストの御恩寵のゆえに――無限に「善きこと」であり、《浄福》への《約束》なのである。

われわれはこれから、この時間の有限性がうちに含むその意義について、《約束》と《希望》について、その創造論的な枠組みを明確にしたい。そして、改めて第Ⅲ章で、その終末論的な概説を試みたい。

なお、ついでに述べれば、人間が「有限者」であるということは、単に時間に関してだけ言えるのではない。空間に関しても同様である。彼は決して神のような遍在性を有せず、「無限」ではない。彼が体験するすべての体験も、出会う人々も、為す業や仕事も、すべて有限である。彼はどこかの国のどこかの場所に生まれ、(かなり多くの人は)そこで一生を過ごす。したがって、彼が住まず、行かなかった別の国の別の場所というものは、地球上に無数に存在する。同様に、彼はその生涯時間の間、神から与えられたさまざまな人々と出会い、さまざまな人間関係を結ぶことが許される。しかし同時に、出会えなかった無数の人々、出会っても結ぼうとして結べなかった無数の関係、あるいは、結ばれたが壊れてしまった関係等々が、同様に、就けなかった職業、やり遂げられなかった事業などが幾らでもある。

ちなみに、ある人が自分と同姓同名の人々に呼びかけて「一般社団法人田中宏和の会」なるものを立ち上げた。しょっちゅう集まっては語り合っているとのことである。全く異なった人生を歩む自分の分身に会ったような錯覚が楽しめて、たちまち旧知の友のように親しくなるとのことである。このように、人間は人生という無限に素晴らしいものの中で、体験しうるものはほんのわずかのみで、いつか必ず死ぬのである。

われわれは、この有限性が、人生にいつか「安息」と「憩い」と「慰めの時」があり、「神との永遠の交わり」が与えられることへの約束と希望を秘めていること、前者のゆえに後者があることを、明らかにしたい。

(1)時間の有限性の認識は、自分自身の死の自覚と不可分である。そしてそれは、恐らく、唯一神教（ユダヤ教、キリスト教、イスラーム教[15]）の立場に立つときに、ますます鮮明なものとなるであろう。また、その立場からのみ、初めてその十分な理由、すなわち、その意義や合目的性、善性が説明されうる。特にその中でも、キリストの贖罪のゆえに現実的な「永遠の生命」を説きうるキリスト教のみが、真に納得のゆく答えを与えうる、と考えられる。本書の使命の一つは、そのことを明らかにすることである。

思うに、人間の知性が向かい、満たされたいと願う方向性として、昔から「ギリシア的（または、ヘレニズム的）知性」と「ヘブライ的知性」について語られてきた。ギリシア人が求める「知恵（叡智）」（[ギ]ソフィア）とは、物事の「原理」、「ことわり」（[ギ]ロゴス）を究めることである。中世を別とすれば、ルネサンスから多分一八世紀ごろまで、大学の基本理念とは、「実践知」よりも「理論知」を求めることであったと言えよう。しかしこの願望は、ある意味では、若者の発想法とも言える。というのも、人は若いときには、自分がいつか死ぬなどということはつゆ考えず、時間は無限にあるかのように錯覚しているからである。

これに対して、ヘブライ的知性は必ず「死」というものを自覚している。ヘブライ人が言う「知恵」や「賢さ」は、「主を畏れることは知恵の初めである」（箴一・七）という大命題のもとに語られる。すなわち、真の知恵とは、人間の生と死を支配なさる全能者なる神を畏れかしこみ、人生の最終目的が神との交わりであることを弁えて「死」と「命」とを正しく弁別し、「命」を選んで右にも左にも逸れないこととされる。それは、自分が土の塵によって造られた「肉」（［ヘ］バーサール）であり、いずれは必ず死すべき被造物であることを自覚することと深く結びついている（コヘ一二・一参照）。そのようにして初めて、人間は《主》を畏れるようになり、命を選ぶようになる（ただし、「畏れる」は「恐れる」とは全く意味が違うことに注意）。

「実践知」の特長は、世界を目的論的に理解し、時間を不可逆的に理解することである。つまり、あらゆる時間は「ただ一度限り」であって、繰り返しや反復や「永劫回帰」はない。これは思うに、唯一のまことの神を認める場合には、その神が《主》であるから、各瞬間において神に対する人間の責任や態度や決断が問われ、どのような業績を上げたかという「創造価値」よりもむしろ、神と隣人に対してどのような態度を持したかという「態度価値」が常に問題とされるからである。

これに対して、ギリシア、インド、日本などのような、多神教的または無神論的な世界観を持つ国々の間では、もちろん一概に言えるわけではないが、時間は無限の直線や永劫回帰や輪廻といった表象でイメージされやすい。Ａという事柄とＢという事柄の因果関係、または、ＡからＢへの変化、または、A地点からB地点への運動を考える場合にも、逆方向への考察や「やり直し」は頭の中ではいくらでも可能である。ゆえに、時間は可逆的で、反復可能であってよい。要するに、人間が《主》であると考えられている場合には、自分の満足や成果（創造価値）以上の、人生の客観的・絶対的目的などというものは存在しない。人間が《主》なのであるから、責任を取る相手もいない。「責任」が本当の意味で問題とはならないから、人間は本当に自由であるのか、それとも、すべては因果の法則に従っているだけなのか、それも問題ではない。自分が達成した成果もいずれ失われるが、それも問題ではない。問題であるのは、自分が満足でき、成果を獲得して幸福となれるかどうかだけである。人生とは深い意味での「遊び」であり、人間の本質は「遊ぶ人」（ホモ・ルーデンス、ホイジンガー）である。「死」の問題も、それが自分の「意識」の処理範囲内にあると思うことができるならば、例えば、「生きているときには死は存在せず、死ぬときには死ぬ当人はもう存在しなくなるのだから、死はその人のところには存在しない」と考えられるならば、それでよい。仏教では、そのようにして「仏」の境地に達することが、信仰の極致（「涅槃」）とされている。(16) ただし人間は、本来、永遠の神との契約の相手として造られているので、「人間は皆いつか存在しなくなる」ということに、一生寺院にこもって修行してもなかなか納得できないだけである。

それに対して、ヘブライ的知性の場合には、Aという事柄の次にBという事柄が現実に起こるということが常に意識の中で考えられているわけであるから、Aを選ぶかどうかは重要であり、「やり直し」や「起こらなかったこととする」ことはできない。「時間」は「ただ一度限り」であると考えることが現実的な考え方となる。

もちろん、人間にとっては「理論知」も「実践知」も必要である。しかし、どちらが人間にとってより重要であるかと言えば、やはり、人間は人格であり、何のために生きているかという問いを避けることができないので、後者がより重んじられなければならないであろう。

⑵それでは、時間の長さが有限であることの意義は、どこにあるのであろうか。

われわれは、被造世界全体の時間の長さが有限であり、かつ、一方向に流れて遡行せず、いつか必ず終わりの時が来るということの合目的性については、既に確認した（第Ⅰ章第2節参照）。被造物は目的をもって造られているから、その目的が達成されれば終わりが来る。もし時間が無限であれば、被造物は神と同格となってしまうから、それが有限であることは合目的的である。

本書でこれから考察したい事柄は、むしろ、個人の人生時間の有限性についてである。それは次の二つの意味において有限であり、その有限性が重い意味を有する。

第一に、彼が自由に自分のものとして処分しうる「現在時間」は有限であり、瞬時にして過ぎゆく。逆戻りはしない。また、「過去時間」はもはや彼の手中にはなく、「将来時間」はまだ来ていない。この《事実》の《意義》は何であろうか。

第二に、彼に与えられている全体時間も、有限である。彼はいつか生まれ、いつか死ぬ。それゆえに、彼が生まれるより以前には、宇宙のどこにも存在していなかった時（「父母未生《みしょう》以前」『正法眼蔵』）があったし、彼の死後もそのような時が来る。特に誰にとっても問題であるのは、彼は《昔は存在していたが、今は存在していない》、という時が必ず来るように見えることである。

このうち、右の「第一の問題」は必ずしも解決困難ではない。なぜなら、まず、「現在時間」が「過ぎゆく」ことについて、大きな不都合や不満を感ずることはあまりないと思われるからである。時間とは、本質論的に言えば、人間が「契約」の成就のために、神とその御言葉に対して何らかの責任ある決断をするために与えられている。その意味において、それは「永遠の生命」への招きの時間であり、呼び覚ましの時間であり、機会提供の時間である。その中で、彼がただ「現在時間」しか現実に自分のものとして使用できず、それが常に過ぎゆく時間であるということは、何ら不都合ではない。なぜなら、それがたとい《瞬間》というゼロ・ベクトルのようなものであったとしても、彼が神の御言葉に対して決断するためには、必要にして十分なものが与えられているはずだからである。決断の内容が何であったにせよ、それが完了すると共にその「現在時間」は過ぎ去り、次の「現在時間」が与えられる。彼の「現在時間」であったものを、彼はいつまでも所有する必要はない。それは変更不可能なものとして、今や神の御手の中にあり、その御記憶の中にある。神が御心に適うよう、人間が犯した過ちは修正し、傷は癒してくださるであろう。それゆえ人間は、いつかその存在目的が完全に成就するのであるならば、「現在時間」が有限であり、過ぎゆくこと自体には、不都合さや「永遠の不満」なるものはないはずである。

人間が「時間よ、止まれ！」（ゲーテ『ファウスト』）と切実に思うことは、あまりないのである。普通の人間にとって問題であるのは、時間が過ぎ去ることではなく、夕暮れがあまりにも早く来てしまうことである。そして、無限に素晴らしいと感じた「現在時間」（彼が「時間よ、止まれ！」と叫びたかった時間）はいったん飛び去れば、もはや決して味わいえなくなるかもしれない、ということである。

したがって、われわれ人間にとって真に深刻でかつ実存的な問題とは、自分の「過去時間」が永遠に失われるかもしれないということ、すなわち、自分が《昔は存在していたが、いずれ存在しなくなる時が来る》という《事実》にある。そこには果たしてどのような、われわれが心から十分に、つまり、実存的に十分に納得しうる《意義》があるのであろうか。次にこの問題を正面から考えたい。

2　時間と記憶について

われわれはこの問題を、少し形を変えて問い直してみたい。すなわち、人間にとって、彼がしかじかに汗水たらして生きていた日々は、本当に、もはやこの世のどこにも存在せず、「時間の墓場」と呼ばれる「過去」へと失われてしまったのであろうか。それとも、何らかの意味で、なおどこかに存在し、そして、いつか再び彼のものとして帰ってくるのであろうか。そのような問題として問い直してみたい。もし人間が死ぬときには、彼の全生涯が彼の手から完全に取り去られてしまうということであるなら、彼が地上に生きていた——しかも、神に愛され、神を愛し、また、懸命に隣人を愛しようと彼なりに努力してきた——その「一生」というものは、いったいどのような意味を持っていたのだろうか。それは、彼が彼なりに幸福であったから意味があった、ということだけで、済まされる問題であろうか。もちろん、そうではないと思われる。むしろ、われわれが信ずる福音から考えるならば、何らかのそれ以上の意味を持たなければならない。彼の幸・不幸も、この《意味》自体から考えられなければならないと思われる。

われわれが本書で共に考え、かつ、確認したいと考えている事柄は、次の二つの事柄である。

第一に、人間の過去時間とそこで生きていた彼の「人生」は、「記憶」という形ではなお存在している、ということである。それも、彼自身の記憶とか、彼の友人たちの中でのそれという形においてだけではない。それらのものは不完全でかつあいまいであるし、彼も彼の友人たちもいずれは死んでしまえばなくなる。しかし、彼の契約の相手である神の中では、「神の記憶」という形で、永遠に残るはずである。

第二にわれわれが確認したい事柄とは、やがて終わりの日に、彼がかつて存在していた彼の全生涯の記憶に、彼自身が与るであろう、ということである。神の記憶はもちろん、神の記憶でしかない。しかし、われわれの信仰によれば、これにわれわれ自身が与りうる。これは言うまでもなく、「使徒信条」の中の「我は聖霊を信ず」の条項の中で告白されている、「罪の赦し、身体の甦り、永遠の生命《いのち》」というキリスト教信仰の内容に他ならない。この第二の事柄は、本書の第Ⅲ章で主題的に取り扱われる。


⑴右の第一の事柄について説明したい。

われわれが前節で人間の「魂」には「長期記憶能力」があることを丁寧に考察したのは、人間が生きた「過去時間」に関する「記憶」が、彼の人間としての「人格」全体の最重要部分を構成する、ということを論証したかったからである。実際、彼が死んで棺桶の蓋が閉じられた瞬間から以降は、彼の「彼自身」としての全人格存在は、彼に関する全記憶に他ならないということになる。であるから、彼の記憶がこの世界のどこかに存在している限り、彼はその中で存在している、とは言える。この考え方は、蓋し、世界共通のものである（東洋の稲作社会で祖先崇拝が重んじられるのはそのためである）。しかし、それらはいずれも、死んだ人の友人や、彼を愛していた人々が死んだらなくなる、と考えられる。

しかし、キリスト教信仰においては、人間は神の愛の対象とされているので、神が彼の魂のことを永遠に御記憶の中に留め置いてくださるのであれば、その限り、彼は神の中で生き続けている。われわれの議論は現代のサイバネティックスのような、神を抜きにし、唯物論に立脚した議論ではない。実際、神は死んだ者の神ではなく、生きている者の神であるゆえに、アブラハム、イサク、ヤコブは生きている、と主イエスは言われた（マコ一二・二六以下参照）。神は人の子らを永遠の昔より愛し、父母を通してこの世に生まれさせ、生きるに必要な衣・食・住その他すべての善きものを与え、心身を守り、その一生を導かれた。たとい人の目には隠れたことであっても、神は良いことも悪いこともすべてを御覧になっておられた。その神の御記憶の中では、人の子らはリアルに、永遠に生きているのである。それだからこそ、われわれはこの神の前で良く生きたい、と願うようになるのであろう。このことは、例えば、認知症にかかって次第に自分の記憶を失ってゆく人の場合にも、当てはまる。彼は自分の記憶は失ってゆくとしても、その全人格は、彼を愛された神の中で永遠に失われない。その意味は、彼がかつて存在していた一生は、一片のかけらさえ失われることなく、完全に保持されている、ということである。このわれわれの考え方は、唯一のまことの神が存在し、このお方が人間の造り主であり、彼を愛し、罪から贖う彼の主であるというキリスト教信仰においては完全に妥当する。

(2) このことにわたしの目を開いてくれたのは、古代教会の神学者アウグスティヌスの『告白録』であるので、しばらく、アウグスティヌスをたどりながら、もう少しこのことについて詳しく述べてみたい(17)。

『告白録』は言うまでもなく、アウグスティヌスの主著の一つである。この書物の中で、彼は哲学的な自己省察によっては自己を知ることはできない、という彼自身の回心に至るまでの体験を述べて、悪徳と不潔にまみれた自己を離れ（ab se)、神に向かい（ad Deum)、神の前で（coram Deo）行う自己省察へと導かれている。それは神との「会話」であり「祈り」であるゆえ、『告白録』と題されている。

アウグスティヌスは「魂」についての考察を重ねた結果、それが時間に対して有する三つの働き方を識別した。「過去についての現在とは記憶（memoria）です、／現在についての現在とは直視（contuitus）です、／未来についての現在とは期待（expectatio）です(18)」、と。すなわち、人間は「現在時間」しか所有していないにもかかわらず、しかも、それは延長を持たないゼロ・ベクトルであるにもかかわらず、「過去時間」にも、「未来時間」にも、前者には記憶という形で、後者には期待という形で、繋がりを持っている、と分析している。

アウグスティヌスの思索が何と言っても卓抜しているのは、彼が特に「記憶」を特別に重視して、その中に自己本来の所在を認識している点である。次のように言っている。「わたしはわたしが／記憶しているものであり、／精神としてのわたしです(19)」、と。この、「メモリア（記憶）が精神であり、自己自身であり、自己自身とは、このメモリアのことである」との思想[20]は、わたしはアウグスティヌスの実に奥の深い神学思想であると考えている。わたしが(1)で述べたことは彼のここのところから学んだ。ここからさらにアウグスティヌスは、記憶の力や記憶の仕方[21]、学芸に関する記憶[22]、数の記憶[23]、感情の記憶[24]、記憶と忘却の関係[25]、記憶と想起の関係から始めて[26]、最後には記憶と幸福[27]、記憶と神に至る[28]まで、詳細な思索を展開している。中でも特に重要であると思われるのは、人間は記憶という「広大な広間[29]」では、過去の自分と出会うことができ、幼い時の罪をも想起することができる、と指摘していることである[30]。だから、記憶なしに、罪の認識は生じない。つまり、記憶の中では、われわれは――あたかも神が永遠という広間の中で自由に将来や過去との間を行き来できるように――記憶という広間の中を「現在時間」から「過去時間」へ、「過去時間」から「現在時間」へと自由に行き来でき、――記憶さえ完全であれば――今までの自分の全体と出会うこともできるのである。

その際に、一方の神はわたし自身に関する完全な記憶を所有しておられるのに対し、他方の「わたし」は、不完全な記憶しか保持していない。そしてそのことをわたし自身も認識している、とアウグスティヌスは言う。そしてこう言う。「あなたの目の前で、／わたしはわたしにとり／問い（quaestio）となりました。／そしてまさにこれが／わたしの病です[31]」、と。少し敷衍して解説するならば、記憶の中に見出される自分は、神の御臨在の前では――したがって、ここからが、もはや自然的な自己意識ではなく、まさに《神の前で》祈る者の自己意識となる――、常に迷いと混迷の中にあり、過ちうる存在である。「神に逆らう者に罪が語りかけるのが／わたしの心の奥に聞こえる」（詩三六・二）。わたしの意識は外へとまた内へと諸処に千々に分散し、意思も感情も認識も分裂している。そして何よりも、アウグスティヌスによれば、わたしは「頽落した人間」――すなわち、本来自分が居るべき場所から堕ちた人間――なのである。ゆえにわたしは「惨め[32]」で、「貧しく／乏しい者[33]」であり、「病」を負い、「死すべき体[34]」である。それゆえ、わたしは「あなたの許に達するために、／記憶の力を超え（る）」[35]ことを神に強く懇願し、祈らざるをえない。言い換えるならば、人間の自己存在とは、それ自体では千々に分裂した、神の前では「恥ずべき」(pudendum)、死すべき存在であり、それを超え出てゆきたいと切に願うのである。

では、アウグスティヌスはどのようにして自分を《超えてゆく》ことができるのであろうか。もちろんそれは、直観によっても、省察によっても意志によってもできない。この自己超越は、彼自身の魂の力ではできない。そこで彼は言う。「(わたしが) わたしを離れ (ab me)、あなたにおいて (in te)」あなた（神）を求めるとき、「あなたはわたしに信仰を与えてくださいました。／あなたのみ子の人性を通して、／あなたの宣教者の職務を通して、／あなたはわたしに信仰を吹き込んでくださいました[36]」、と。ここでようやく、アウグスティヌスの中で、彼に啓示された彼自身の全体に関する神の記憶・判断・判決の《受容》、すなわち、「罪の赦し」の考え方[37]が登場する。アウグスティヌスはここで、彼の三二歳の時のミラノの庭園における有名な回心の出来事を想起している、と考えても差し支えないであろう。

以上から分かってくる事柄は、人間が神を求めて祈るとき、人間が神に近づくのではなく、神が人間に近づき、人間の心の中にある記憶――その中にはもちろん、多くの罪の記憶も含まれる――を照明し、神御自身の認識を彼に提供する、という全体構造となっていることである。ここでようやく、われわれはパネンベルクの「神開放性」(Gottoffenheit) という概念を肯定しうる。[38] 重要であるのは、このアウグスティヌスに関する神の認識と記憶の中に、彼に関する完全な記憶と共に、彼の罪の赦しに関する神の認識と決断があり、それが彼に提示(啓示)されるのである。彼はこの神の認識と決断を受け入れ、受容する。すなわち、神の赦しを信ずるのである。あくまでも重要であるのは、恩寵の先行性のゆえに、この啓示は神から彼に与えられるものであって、彼が自分で獲得するものではない、ということである。

そうすると、全体はこうなるであろう。すなわち、どの人にとっても、その人がその事実を信じ始めるよりもずっと前から、キリストが彼と共に生きておられ、各瞬間において彼に変わらない「先行の恩寵」をもって——このことは、後に説明される(第Ⅲ章第1節第3項参照)が、ただ今は一応、「先行の恩寵」という言葉からご理解いただきたい——臨んでおられた限りにおいて(ルカ二四・一三以下のエマオの弟子たち——彼らが気づくよりずっと先に、イエスは彼らと共に歩み、恵みをもって語っておられた——を参照)、彼自身の生全体に関する彼自身の認識と記憶とは別個に、キリストがお持ちになっている彼の生全体に関する認識と記憶が厳存する、ということになる。前者は支離滅裂であり、まことに「何にもまして、とらえ難く病んで」(エレ一七・九)おり、高慢と恥辱と悲惨に満ち、「死」を意識している。それに対し、後者(キリストの彼に関する認識と記憶)の中には、キリストの恩寵を受け、キリストにおいて罪の赦し、すなわち、義と聖と贖いとを受け(一コリ一・三〇参照)、さらには栄光を受けた(ロマ八・三〇参照)真の、つまり、本来の彼の誕生から死に至るまでの彼の《真相》の完全な記憶がある。それは、彼の此岸の生の栄光化された姿である、といってよい。K・バルトが何度も好んでその『教会教義学』の中で引用した聖句によれば、「キリストと共に神の内に隠されて」(コロ三・三)いて、「キリストが現れるとき、……キリストと共に栄光に包まれて現れる」(同四節)彼自身の《真の》、《本来の姿》なのである。だからアウグスティヌスは、あのミラノの庭園で隣家のわらべが歌う手まり歌の中に、「夜はふけ、日が近づいている。……あなたがたは、主イエス・キリストを着なさい」(ロマ一三・一二、一四、口語訳)という聖句を読むようにという強い神からの促しを受けたとき、それを読んでそのまま回心したのである。

かくして、啓示によって一人の信仰者が生まれる。そこで彼に啓示された神認識と自己認識は、もちろん、彼が生きている間に、完全な形で啓示され尽くすわけではない。その啓示はおぼろげ(一コリ一三・一二参照)であるゆえに、彼は依然として、神の前での「問い」(quaestio)であり続ける。しかし、彼は既に神の「答え」を信ずる信仰者であり、「古い人を脱ぎ捨て、心の底から新たにされて、神にかたどって造られた新しい人を身に着け」(エフェ四・二二―二四)たいと切に願うようになったのである。

人間はもちろん、生きていて神を信じている間でも、この神の記憶に与りうる。そして、もしも「使徒信条」が告白しているとおり、「身体の甦り、罪の赦し、永遠の生命」が本当にあるとするならば――われわれはその論証を第Ⅲ章で行う所存である――、地上における人間の生涯の記憶はすべて鮮明に、そして、すべて遺漏なく完全な形で、神によって再び彼に与えられる。アウグスティヌスが言ったとおり、終わりの日にわれわれは「呼び出され、まみえまつり、讃美するであろう」。

第4節　人間の本質としての共同人間性

以上でわれわれは、「人間」という被造物が神との契約のために創られていること、そのために言語能力と長期記憶能力を賦与されていること、そして、「時間」の中で有限な存在者として造られていることについての考察を、すべて終了することができた。以上は人間の存在に関する考察である。そこでいよいよ、彼の本質または本性についての考察に移りたい。それは、「神に似せて」（創一・二六参照）造られた人間は、何らかの意味において、やはり《自由において愛する存在》として生きている、ということである。すなわち、彼は神と同じく、「交わり」の中で、「愛」において生きる存在者なのである。というのも、神は創造の最後に、いわばその冠として、「我々にかたどり、我々に似せて、人を造ろう」（同）と言われた、とあるからである。そして聖書は、人間がそのような存在者であることを、非常に重視しているのである。それゆえ、人間の「共同人間性」に関する考察がここでなされなければならない。言うまでもなく、人間がそのように造られて存在している以上、人間の幸福もまた、この共同人間性の成就と深く関わっている、と予想されよう。

(1)ただし、われわれはこの主題に関する考察を始めるに当たり、考察の方法について、若干の工夫をしなければならない。というのも、人間がただ神に似せて造られているというだけで、神の御本質から人間の本質を類比論的に論証することはできない相談だからである。なぜならば、われわれは神の御本質について、あまり詳しくは知らないからである。もし、あまりよく知らないものから自分ではよく知っていると思い込んでいるものを類比論的に知ろうとすれば、当然そこに恣意的なものが際限もなく入り込み、議論はきわめて粗雑なものとなってしまう。

特にわれわれは、われわれの結論として出てくる人間理解が、「互いに仕え合って生きる」というものである点において——したがって、後に明らかにするように、単に「愛し合って生きる」といった事柄とはかなり違う——、きわめてユニークな、優れてキリスト教的・福音的な人間理解となることを期待している。その幸福観も、キリスト教的なものとなることを期待している。およそ人間が「社会的動物」（ゾーオン・ポリティコン）であるといったレベルの事柄であるだけなら、それを否定する思想は、無神論系のものであれ、仏教系のものであれ、イスラーム教系のものであれ、あるいはドイツ観念論から出たものであれ、現代ヒューマニズム思想のそれであれ、世の中には存在しない。しかし、「互いに仕え合う」という概念は、実は、聖書的・キリスト教的な根拠に基づいてのみ、初めて人間を理解する上で真に《本質構成的・根源的な事柄》として認識されうる。他の思想圏では全く見られないというわけではないが、決して本質構成的・根源的な事柄としては認識されてはいない。それゆえ、方法論については、あらかじめ十分に吟味しておく必要がある。

例えばわれわれは、人間の本性に関する理解として、われわれの考え方とは素性の異なるものとして、次の二つを例示することができる。

その一つは、日本的な人間理解である。

例えば、哲学者でありキリスト者である森有正は、約三〇年に及ぶ異国フランスでの生活体験を基にして、キリスト教国フランスと日本との間に、人間と人間との関係についてのあまりにも異なる考え方が存在することを指摘している。彼はそのことに自分でも驚愕し、当初は短期の留学計画であったにもかかわらず、とうとう三〇年にも及んでしまったほどである。それゆえ有正の問題提起は、日本人の幸福観を考える上でも重要である。

有正によれば、日本人には真の意味での一人称単数である「わたし」というものの尊厳がなかなか確立されず、すべての「わたしは」は、実は「あなたのあなた」、すなわち、二人称の「あなた」にとっての「あなた」(二人称)として規定されて、初めて「わたし」となる、という「二項方式」である、という。(39)

曰く、日本人にとって、「わたし」とは、真に自由であるところの自己の心の深い底から立ち上がってきた尊厳ある「わたし」ではなく、「あなた」という二人称の意志や感情や都合によって相当に規定されてしまった「わたし」でしかない。しかしその「あなた」も、実は真の「わたし」というものを持っていない。それゆえ、日本人の人間関係においては、初めに「あなた」という二人称の人格がある。「あなた」は人格であるから、あらゆる手段に対する目的として尊重されるべきものである。次に、「あなたのあなた」というもう一人の二人称の人格がある。これは単純な一人称の「わたし」のようでいて、実はそうではない。むしろ日本人は、一人称の「わたし」になることを最後まで怖がり――というのも、「わたし」とは、事柄(この場合は、両者の交わり)の《責任》を取らなければならない存在だからである――、互いに「わたし」となることを譲り合う。「あなたのあなた」はやはり「あなた」であり、主体ではなくて客体であり、手段ではなくて目的である。したがって、そこには目的だけがあり、手段（仕える者）が居ない。

　このような「あなた」と「あなたのあなた」という二つの二人称によって成り立つ「甘えの構造」は、確かに快適なものではあるが、決して人間的（ヒューマン）なものではない、と有正は言う。つまり、「わたしは在る」と言って真に主体的に隣人――ひいては、社会――の責任を引き受けるような人格が出てこないで、互いに隠れん坊ばかりし合う「わたしはいないよ」に終始するのである。「そこに入ってしまうと脱けるのがいやになってしまうのです。……それが一番居心地がいいからです[40]」、と有正は言う。

　以上の有正の指摘は、恐らく正鵠《せいこく》を射たものであろう。なお、このことと、日本人にとって「個人」よりも「全体」（国家や社会や会社や家）の方が優先するという日本社会独特の前近代性とは、必ずしも同じものではないが、どうやら互いに深く関連し合っているようである。「個人」と「個人」の関係がヒューマンなものとなりにくいことと、「個人」よりも「全体」が優先する（または、全体の「我」が個人の「我」を抑える）こととは、恐らく前者が後者の根本原因であろうとは思われるが、互いに因となり果となって日本人の「幸福度」を著しく低くし、日本社会を「住みにくい」ものとしているように思われる[41]。それは、「人間」という字は「人」の「間」と書くという日本人の言いぐさの中にもよく表われている。例えば、「空気を読む」、「出る杭は打たれる」、「長い物には巻かれろ」、「物言えば唇寒し」等々の言葉によって象徴される日本社会特有の現象は、全体が個に優先しなければならないという前近代的な至上命令が社会を支配しているからである。このような発想法の場合には、「わたしとあなた」の論理よりも「わたしとわたしたち」、「個人」よりも「全体」や「全体という場所」の論理の方が優先する。その結果、日本では「わたし」の主体性がなかなか確立されない。行きたい学校に（貧乏ではないのに）行けず、好きな職業に就けず、好きな人と結婚ができない。つまり、個人の「選択の自由」やそれを許容する「社会的寛容度」が著しく低い。自分で人生の重要な選択をしたことが、選んだ事柄への動機づけとなり、幸福度を大きく高めることは誰が考えても明らかであるのに、それができないのである。このようにして、日本社会の「生きづらさ」が生まれ、先進諸国の中での「自殺率」の異常な高さを生んでいると思われる[42]。結果として、不幸な人間関係を結ぶことしかできずに終わる。

第二の例は、ヨーロッパにおけるイデアリスムス（理想主義、ゲーテ、ライプニッツ、フィヒテ、シェリング等々）や今日の世俗化したヒューマニズム（人本主義）の根底に流れている人間観である。これは、「わたし」という主体がなかなか確立されない日本的な人間関係とはあたかも対蹠的な位置にある。最初から「わたし」があるのであるが、日本的な例と同様、中心に「キリストを媒介として互いに仕え合う関係」がないままで終わる。理想主義の場合には、「わたし」というものが初めから単独に存在していて、輝きに満ちた《主》なのである。彼は自分が「わたし」となるために、必ずしも「あなた」を必要とはしない。単に「わたし」の人格の向上のためにのみ、「あなた」を必要としている。このような「わたし」は、ときに（例えばゲーテのように）ある種の輝きを持つことがありうるので、最初から道徳性の欠如として非難したり、狭量や利己心として低く評価したりすることは見当違いである。しかし、その最も根底においては、「あなた」は最初から《主》である「わたし」の《僕《しもべ》》なのであり、決して「目的」となることのない「手段」なのである。逆に言えば、「わたし」は

「あなた」という、「わたし」が仕え、奉仕すべき相手を持っていない。したがってまた、「わたし」は最終的には何ら「あなた」の責任を取ろうとはせず、ヒトラーの「イッヒ、イッヒ」と同じで、ただ自己主張するだけである。結局、「わたし」と「あなた」の間には幸福な人間関係は結ばれない。「わたし」は全く孤独であり、ただ一人全宇宙と対峙していて、二人とも孤独で、不幸なのである。

ヨーロッパのイデアリスムスと世俗化したヒューマニズムの根底に流れているこのような思想的潮流は、ニーチェにおいて見事に非人間的なものとしてその本質を露呈している。彼は《僕》となることを最後まで嫌った。ちなみに、ニーチェはショーペンハウエル同様、人間嫌いであり、女性を蔑視した。彼の熱心な信奉者が、他ならぬヒトラーだったことも興味深い。

われわれはこのタイプの人間関係を、ここに詳述しない。それは日本人にはあまり見られないものだからである。ただ、以下に述べるキリスト教的・福音的な人間関係と対立し、日本的な人間関係とは対蹠的な意味で、同じくその中心点を否定することの上に成り立っているので、言及しておいたまでである。

(2)われわれは、人間の本質をさまざまな人間的な《現象》から考察したり、何らかの人間についての哲学的洞察から分析したりする方法を採りたくはない。むしろ、聖書に従って、人間が「神にかたどり、神に似せて」創られた（創一・二六参照）というキリスト教的な人間理解に立ちたい。では、どのような論じ方をしたらよいのであろうか。ここでわれわれは、K・バルトの「キリスト論的な方法」[43]を採用したいと考える。

というのも、聖書にはイエス・キリストについて、「見よ、これこそ真の人間だ」（ヨハ一九・五参照）という理解が語られている。また、神は人間を創造するに当たって、キリストを「第一の者」（コロ一・一八）として、彼にかたどってお創りになった、と語られている。つまり、人間を正しく理解するためには、人間を、創造の初めに創られた「第一のアダム」（創世記二―三章参照）やそのさまざまな《人間的現象》からではなく、「第二のアダム」、「最後の人（アダム）」、「来るべきアダム」（一コリ一五・四五、四七、ロマ五・一二―二一参照）となられたイエス・キリストから理解することが、正しいと考えられるのである。なぜなら、キリストこそは、すべての人間が終わりの日にその似姿となるところの、彼の目的因であり、形相因だからである。われわれすべての人間は、遂に彼に似た者となる（フィリ三・二一、一ヨハ三・二参照）。その意味では、イエス・キリストは「希望」であるが、それは、単に彼がすべての人間の「理想像」や「努力目標」である、という意味ではない。むしろ、彼こそは罪を犯さなかった本来の人間の「原像」であり、人間は本質論的には皆、彼にかたどって造られた彼の「似像」である、という意味である。[44]

それでは、バルトによれば、人間イエスとわれわれ一般の人間との間には、どのような関係があるのであろうか。次のような関係がある。すなわち、

①「イエス・キリスト」と「すべての人間一人ひとり」との間には、「わたし」と「あなた」の関係がある。

②それに基づいて、すべての人間一人ひとりの間にも、①と類似の「わたし」と「あなた」という

関係が生まれる。

という関係である。

ただしこの場合、①の関係においては、イエス・キリストが無条件に選び主かつ救い主であり、すべての人間は彼に選ばれ、救われて初めて人間として《存在》するようになったのであるから（詳しくは、第Ⅲ章第1節第3項参照）、イエス・キリストが絶対的な意味で最初から存在している「わたし」であるのに対して、他のすべての人間は、イエス・キリストという「あなた」との関係を自分で選べるのではなく、彼に選んでいただいて、初めてこの世にキリストの愛の対象として存在する「あなた」となったということが、重要である。つまりその関係は、「わたしは、イエス・キリストがわたしとの関係を結んで『あなた』と呼んでくださったことに基づいて、（わたしとして）ある」、という関係である。これに対して、②の相互関係は、「あなたがあることに基づいて、わたしはある」と同様、「わたしがあることに基づいて、あなたはある」という平等な関係であり、誰一人として、絶対的な先行性・優位性は持たない。

この点に留意して、次に、バルトのキリスト論的方法に基づく人間の共同人間性に関する叙述をもう少しご紹介したい。

(3)初めに、①の命題は、何を意味しているのであろうか。

バルトによれば、まず、イエスの人間性（ヒューマニティ）は、神御自身が「人間性」をお摂りになったということ、すなわち、受肉の出来事に基づく。受肉とは、イエス御自身が仕える対象である「人間仲間たち」を持ち、彼らに「仕えた」、という出来事である。すなわち、イエスはただお一人ではおられず、われわれ人間を「あなた」と呼んでくださった。「人の子は仕えられるためではなく仕えるために、また、多くの人の身代金として自分の命を献げるために来たのである」（マコ一〇・四五）という原初的なイエスの出来事・事態が起こったのである。そこに、イエス・キリストこそが「まことに人」と呼ばれうる資格があり、人間性の原像であるゆえんがあるのである。

このイエスの人間性に基づいて、すべての人間の人間性（ヒューマニティ）がある。そこで主張されるのが、命題②「あなたがあることに基づいて、わたしはある」である。次にこの命題を説明したい。

そもそも、「わたしはある」という命題は、何を意味しているのであろうか。これは決して、魂と体を備えた人間がぽつんと独りそこにある、という意味ではない。バルトは、これがまず、人間イエスの告白そのものであることを強調する。「この命題は、他の各々の人間の口における、それと同様のものではないにしても、それに対応し、類似した告白として、人間的な、決して非人間的ではない内容を持つような解釈を、われわれに許し、また命じている(45)」、と。つまり、「わたし」は、他の「わたし」と同じ空間に住んでおり、「わたしのような何ものか」がいることを見出し、自分をおずおずと彼の前で「わたし」と告白することによって、この「わたしのような何ものか」と自分とをあえて《区別》し、同時に、その者との《関わり》を創る。この「わたしのような何ものか」はその時から「あなた」となる。もし「わたし」がそうしなかったなら、この「わたしのような何ものか」は依然として「彼」や「彼女」であり、本質的に言って、「それ」のままである。[46]

ここでコメントを入れると、さしづめ、前述の森有正が指摘した日本的な人間関係（「わたし」とは「あなたのあなた」に過ぎない、という関係）においては、命題①を欠くゆえに、ここでバルトが言う《区別》がいつまでも起こらず、「わたし」が立ち現れない関係である、と言えよう。両者はべとべととした癒着関係のままであるゆえ、いつまでも「わたしはある」が立ち上がらない。これとは対蹠的に、ヨーロッパにおけるイデアリスムス（理想主義）や「ヒューマニズム」（人本主義）の考え方もやはり①を欠き、いきなり②から出発しているゆえに、キリスト教的なものの借りものであるに過ぎない。そこでは右の《関わり》がいつまでも起こらず、「わたし」が立ち現れない。なぜならそこでは、「わたし」は本質的な意味では、「あなた」に「仕える者」とは全くなっていないからである。

以上から明らかなように、命題①が元となって、「わたし」は常に「あなた」との出会いにおいて安心して「あなた」に呼びかけ、あなたに仕えうる「わたし」となるのであり、「わたしは、あなたが在る限りにおいて、初めて在る」という関係が、相互の間に成り立つ。すなわち、もう一つの、「あなたは、わたしが在る限りにおいて、初めて在る」という関係もまた成り立ちうるようになる（言うまでもないことであるが、この時点で誰かがキリスト教信仰を持っていなければならない、といったことはない）。バルトは、命題①に立ち、圧倒的な仕方で優位性を持つものは、ただイエスの「わたしはある」という独一無比の《告白》だけである、と強調するのである。

実際、人間イエスは、人間一人ひとりの困窮に目を留め、その人に仕え、彼を愛してその罪過の責任を引き受けられた。その背後には、実は、神による《隣人の発見》とも言うべき驚くべき出来事がある。すなわち、「出エジプト」の最初に、「イスラエルの人々は、その苦役の務のゆえにうめき、また叫んだが、その苦役のゆえの叫びは神に届いた。神は彼らのうめきを聞き、神はアブラハム、イサク、ヤコブとの契約を覚え、神はイスラエルの人々を顧み、神は彼らをしろしめされた」（出二・二三―二五、口語訳）と記されている。これは、神がイスラエルの民の《呻きを聞かれた》という「隣人の発見」の出来事である。それに基づいて出エジプトが起こった。このような神の「共同人間性」が、神が人となり、馬小屋の飼い葉桶の中にお生まれになったという受肉の出来事において、全世界的な、また、世界史的なものとなった。人間イエスもまた、「飼う者のない羊のような」民衆を《ご覧になって――つまり、「発見して」――》、「深く憐れまれた」（マコ六・三四、口語訳）、と記されている。この「深く憐れむ」という言葉は、聖書に全部で一二回出てくるが、そのうちの一〇回はすべてイエスのみを主語として使われている。残りの二回（ルカ一五・二〇［父］、一〇・三三［サマリア人］）も、意味上は神ないしイエスのことを言っている。それは、貧しく虐げられた人間の状況がイエスの魂を直撃し、深く揺さぶり、天より降らせた、という出来事・事柄を表現するために、福音書の記者たちがイエスにのみ使っている動詞である。ゆえに、「深く憐れまれた」ことと、イエスによる《隣人の発見》とは同じである。また、十字架の最期に、「わたしは、かわく」（ヨハ一九・二八、口語訳）と叫ばれて、われわれの魂を求められた。つまり彼は、彼の隣人である古きアダムとしてのわれわれ一人ひとりを《発見》され、一人ひとりの悲惨と滅びとを引き受け、この「第一のアダム」の仲間となり、彼に仕えることによって、「最後のアダム」、「来るべきアダム」となられたのである。この救いの出来事において、彼は最も神らしくあられ、それゆえに、最も人間らしく振舞われたのである。

　ここに、われわれと共に生き、われわれに仕えられたイエス・キリストの強烈無比の「わたしは在る」（［ギ］エゴー・エイミィ、出三・一四、ヨハ八・五八、一八・五、六、八等）という出来事・事柄が厳存する。この「わたしは在る」が最も強力に語られたのは、イエスが逮捕される瞬間であった（ヨハ一八・五、六、八参照）。ここでイエスは、御自分はどんなことがあっても逃げ隠れせず、人類の罪の責任を負って十字架につくのだ、という最強の「わたしは在る」を主張されたのである。

　かくしてわれわれは、キリスト教的な人間観や幸福観について述べるときには、必然的に、人間の「共同人間性」について語らなければならない、という結論にたどり着く。それは《隣人の発見》に始まり、隣人の《呼び声》を《聞く》ことによって起こる。それは同時に、「わたしがある」ことの発見でもあり、上記の「わたし」と「わたしのような何ものか」との「区別」と「関わり」が始まることでもある。人間は誰でも、「わたし」と「あなた」との出会いの中で生きているのである。

(4)引き続きバルトの論考をご紹介したい。バルトは真に充実した《出会い》における「共同人間性」には、次の四つの基本的な要素があると言って、「共同人間性の基本的な図式」を描いている[47]。それは、(a)互いに見つめ合うこと、(b)互いに語り合い、聴き合うこと、(c)互いに助け合うこと、(d)以上を喜んですること、の四つである。

(a)人間の「わたしは、あなたが在る限りにおいて、初めて在る」という基本的な相互関係は、バルトによれば、まず、「そこにおいて一人の人が他の人の目の中を見る」[48]ことにおいて成り立つ。なぜなら、「目は心の窓である」と言われるように、人間は互いに心の中まで開き合い、見つめ合いたいと願うことによって、互いに心を開き合い、ヒューマンとなりうる。「わたし」と「あなた」とが互いに見つめ合い、一瞥を与え合う「瞬間」（［独］Augenblick）なしに、その先にはなかなか進まない。この関係は、日本でも重視されている（「面接」や「見合い」など）。われわれが人を「美しい」と思い、「懐かしい」と思う心根の深さは、まことにこの「瞬間」が人間にとっていかに大きな意味を持っているかを物語っている。ちなみに、互いに二対の目が合うのは、人間同士以外では、人間と馬、人間と犬だけとも言われている。

(b)人間同士の出会いは、「互いに語り合い、聴き合う」ことの中に重要な基礎を持つ。なぜなら、もちろん「目は口ほどにものを言い」とは言われるものの、ただ見つめ合うだけでは、人間はまだ相手の「外なる人」を見ているだけで、相手を自分の尺度でしか理解していない。心の奥深くまで理解しているとは言えない。だから、「まさにここにおいて、言葉が登場しなければならない。口と耳との人間的な使用が起こらなければならない」[49]、とバルトは言う。したがってこの場合、人間が「語る」という作業は、決して自己主張や単なる感想や意見の陳述のためにするのではない。「語る」ことは自己の内面の吐露または告白であり、それなくしては、相手が真に「あなたのわたし」として、つまり、真に「わたし」として「あなたの助けをする」ことができない。ゆえに、語ることは相手に「仕えること」なのである。同じことは「聴く」という作業についても言える。カウンセリングにおいて、「聴く」奉仕がきわめて重要であり、ただそれだけで自分が孤独ではなく、「自分のような何ものか」が傍らにいてくれるという非常に大きな助けや慰めとなることはよく知られている。だから、「聴く」ということは、相手の意見を我慢して聞くとか、不平不満や愚痴を聞いてあげるといったことではない。相手が自分に向かって発する「呼び声」を正確に聴き取り、それによって「わたし」が正しく「あなたのわたし」となり、「わたし」として「あなたの助けとなる」ために――つまり、「わたし」が真に「わたしはある（ここにわたしがおります）」と告白し、そのようにして、「あなた」が立つことができるために――、必要なのである。それゆえ、カウンセリングでしばしば発見される事柄なのであるが、クライアントは、ただ自分が話したことをそのまま返してもらえるだけで、既に幾分なりとも安心するという。自分には聴き手がいる、自分は隣人として発見されている、と実感するからであろう。

（c）以上の二つのことが起こるならば、ようやくそこに「わたしたち」が成立し、二人で一緒に生きるべき生が蕾を開き始める。なぜなら、他者のための連帯的存在としてのイエスの最も中心的な意義は、主が僕となり、仕え、命を献げたということに他ならないからである（マコ一〇・四五参照）。

（d）バルトが「共同人間性の最後の、最高の段階[50]」と呼んでいるものは、以上のことを《喜んで》（［独］mit gerne）する、ということにある。「喜んで」の反対は、「いやいや」ではなく、「無関心」である。なぜなら、他者のための存在としてのイエスの行為は、まさに彼の神的・人間的自由において、その魂の最も奥深い根源から湧き出た喜びの行為だったからである。神の御受難（passio）は、積極的行為（actio）だったのである。

この「喜んで」という観点から、改めて人間同士の出会いを振り返ると、それが実は、ただ一度限りのもの、代替不可能なものの《発見》であった、ということに気づく。この《発見》は、今や、相手を（神からの）尊い《贈り物》として感謝して受け取るという「発見」である。それはまた、「わたし」がこの何ものにも代えがたい「あなた」のただ一度限りの――まさに「一期一会」の――現臨の前で、「ただ一度限り」存在する「わたし」自身の「自己」を《発見》することでもある。また、それを感謝し、自分を「幸いな者」と思って《肯定》することである。「われわれはそこで互いに喜ぶことが出来る。一方が他方の存在を喜び、また双方が、共にあることが許されていることを喜ぶことが出来る」[51]、とバルトは述べている。

わたしは以上の共同人間性に関するバルトの分析を、全く聖書に即した福音的なものであり、きわめて妥当性を有するものと考える。

(5)バルトはまた、そこからさらに、神が人間を「男」または「女」として創られ、男女一対の交わりの中に生きるべく創られている、ということについても、かなり詳細に論じている[52]。わたしも、神が人間を「男と女」に創られたことは、実に深い意義のある事柄であると考える。特にわれわれは、人間の「幸福」について考えようとしているのであるから、これを無視することはできない。実際、人間は「男」または「女」として創られていて、それは決して生殖のためだけでなく、それを超えた、共同人間性の最も高い次元を指し示していると思われるからである。聖書には、「神は御自分にかたどって人を創造された。／神にかたどって創造された。／男と女に創造された」（創一・二七）と書かれていて、「神にかたどって創られた」ことと、「男と女に創られた」こととが、一息で語られている。

これらの事柄が、「産めよ、増えよ、地に満ちて地を従わせよ」（同二八節）という人間への「生殖命令」と「統治命令」よりも前に語られていることは、実に意義深い。つまり、人間が「一人の夫」と「一人の妻」として、生涯人生を共に生きることの中に、人間が本質的・根源的な意味において男と女との「出会いと交わりの中に生きる者」として創られていることの意味があるように思われるのである。(53) 実際のところ、男女の出会いと結合は文学の永遠のテーマである。(54) 神は男女の出会いと結合から新しい生命が生まれ、その子を二人で二〇年もかかって成人に育て上げる中で、家庭が形成されてゆくという秩序をお創りになったのである。そのようにして家族が形成され、それが最小単位となって、民族、国家、人類世界を形成してゆく。

男女の結婚による人間の「共同人間性」については、次章の最後でもう一度詳しく言及したいと考えている（二七九頁以下参照）。ゆえに、人間の本性に関する考察は、ここまでとしたい。

第Ⅲ章　キリスト教の死生観

初めに、本章の概要を説明したい。

前章で扱われた主題は、「人間とはそもそもどのような存在として創られ、どのような本質を持っているのか」、というものであった。ここから直ちに人間の幸福とは何であるかを論ずるなら、ある意味では至って簡単である。すなわち、神を求め、神を信じてその御心に従う道を歩めばよい、ということになろう。

しかし、ここできわめて困難な事態が発生したのである。すなわち、現実の人間は、神から契約に生きる自由を与えられておりながら、誰一人としてその道を歩まず、かえって神の御心に背く「罪」を犯し、各々自分の道を突き進んでいった。そして、「罪」と共にこの被造世界に「悪」や「死」が入り込み、人間は皆「死」を免れえない存在となった、と聖書は述べている。「このようなわけで、一人の人によって罪が世に入り、罪によって死が入り込んだように、死はすべての人に及んだのです。すべての人が罪を犯したからです」（ロマ五・一二）、と書いてあるとおりである。

これが「現実の人間」であり、本章の主題である。これによって、いわば神の御計画は重大な障害に遭遇したことになる。言わば人間は、神が造られた園の中で狼藉の限りを尽くしたので、現に歴史の中に人類の「悪」が累積されてきて、人類の永遠の生命への参与もきわめて疑わしくなったわけである。この問題を抜きにして、人間や人間の幸福について論じることは全く意味がない。

しかしながら、イエス・キリストの贖罪によって、現実の人間は再び罪から贖い出され、神の家に帰ることができるようになった。すなわち、本来死すべき人間が、その罪を赦され死の力からも解放され、終わりの日には墓から贖い出されて神の国に入れるようになった。聖書はそこに、まことに厳粛な「御子イエス・キリストの義」と「われわれ人間の罪」との《喜ばしい交換》（ルター）が起こった、と述べている。以上が、聖書の根本的な使信、すなわち、「喜びのおとずれ」の概要である。

このようなわけで、現実の人間をその堕罪と救済の歴史の中で再点検し、改めてその幸福について論ずるのが本章の役目である。

第1節の課題は、人間の堕罪と救済について闡明《せんめい》することである。初めに、キリスト御自身が贖罪をどのように理解しておられたのかが論じられる（第1項参照）。次に、われわれがそれをどのように理解したらよいのかが明らかにされなければならない（第2項参照）。最後に、第2節以下の叙述をより確かなものとするために、御子の贖罪による神と人間との和解が神の永遠の御決意に基づくものであり、人間の罪によって決して覆されえないものであることが述べられる（第3項参照）。

第2節では、初めに個々の人間の「死」の意味が明らかにされる（第1項参照）。次に、キリスト再臨までの世界歴史（いわゆる「中間時」）の意義について考察され（第2項参照）、最後に、終わりの日に起こることどもについて述べられる（第3項参照）。

最後の第3節は、以上の叙述によって人間の「死」及び「死後」の命運が何であるかが明らかとされたのであるから、いよいよ本書の主題を正面から叙述する段となる。すなわち、人間の「生」とは何であり、その生をよりよく生きること、言い換えれば、人間の「幸福」とは何か、に関する叙述である。初めにわれわれは、人間の幸福を論ずるときに、実は「幸福以上の幸福」があることを知らなければならないということについて明確にしたい（第1項参照）。次に、一般に人間が切に求めているもの（幸福）を人間はなぜ獲得しえないのかが考察される（第2項参照）。最後にわれわれは、それではどのように生きれば真の幸いを得られるかについて論じたい（第3項参照）。

第1節　キリストの贖罪について

最初に、人類の罪を贖ったところのキリストの和解（その中心は贖罪）の御業について述べたい。

1　キリストはそれをどのように理解しておられたのか

神学における「和解」とは、一言で言えば、人間がキリストの十字架による贖罪によって罪の赦しを得、神に受け入れられるようになった、ということである。それに基づいて、人間の方も神と和解し、人間同士も和解し合えるようになる。この「和解論」の中でも最も重要で原理的な部分の議論のことを、「贖罪論」と呼ぶ。文字通り、キリストの十字架と復活によって、人間の罪がどのように贖われ、赦されたかを論ずる部分である。神学は古来、「創造論」と「終末論」との間に、神学にとって最も枢要な「和解論」を設け、そこに思索の最大のエネルギーを注いできた。和解について論ずることはもともと大変な作業であり、論述の筋道を誤るととんでもない結果になる。K・バルトは、神学者は他のどこかでなら多少の誤りを犯すことも許されるであろうが、和解論で間違えることは決して許されない、と述べている[(1)]。

ここでは手始めに、そもそも罪とは何であり、本当にそのようなものが存在するのかどうかという議論が、現代人には必要であると思われる。罪のありや無しやという議論である。なぜなら、そもそも罪などは存在しないのであれば、われわれの一切の議論は砂上楼閣であり、そもそも、キリスト教など偽りの宗教である、ということになるからである。

(1)罪の意味やその重大さを考えるためには、それをあまり重視しない贖罪論がどのような意味で不満足に終わるかを考えるのが便宜であろう。すなわち、「罪」の客観的な存在を認めない、いわゆる「主観的贖罪論」（または、「道徳感化説」とも言う）が成り立たないことを明らかにしたい。

もともと聖書は、神が人間を御国にお招きになるために、この世界と人間をお創りになったと述べている。その意味において、聖書によれば、この世界には創造者なる神から与えられた秩序（規範）としての神の《法》なるものが厳存する。すなわち、神が「善」と「悪」を決める立法者であり、契約の主導的な締結者であり、そして、契約史の最終審判者でなければならない。これが、人間は「善悪の知識の木からは取って食べてはならない」（創二・一七参照）、という禁令の意味である（五四頁以下参照）。

この禁令の中には、神のみが裁き主であり、人間には人間を裁く権利はないことが含まれている。

もし仮に人間に善悪の判断基準が置かれたとするならば、人間の数だけ「正義」と「裁判官」が存在し、世界には争いが絶えなくなる。これは悪でしかない。

神の《法》の内容については、後に詳述するが（第3節第3項参照）、「神を愛し、隣人を自分自身のように愛する」という「キリストの律法」（マタ二二・三七以下参照）がそれに他ならない。これは、その文字通りの「法文」が必ずしもすべての人に告知されているわけではないが、その存在は実はすべての人の「良心」に銘記されていてよく知られており（ロマ一・一九―二〇参照）、人が真摯にこれを求めるならばその都度明らかにされる、というのが聖書の立場であり、主張である。というのも、確かに「モーセの律法」のようなものは明示されていなくとも、「律法が与えられる前にも罪は世にあった」（同五・一三）。ただし、「律法がなければ、罪は罪と認められないわけです。しかし、アダムからモーセまでの間にも、アダムの違反と同じような罪を犯さなかった人の上にさえ、死は支配しました」（同一三―一四節）、とパウロは言っている。分かりやすく言えば、罪とは単純に「不法」として定義することはできないが、人間が「善悪の基準」を神にではなく、自分自身の中に置くことが即不従順であり、罪に他ならない、ということである。なぜなら、「彼らは律法の要求がその心にしるされていることを現し、そのことを彼らの良心も共にあかしをして、その判断が互にあるいは訴え、あるいは弁明し合う」（同二・一五、口語訳）からである。だから、それを知っているからと言って、人は自分が立法者や裁判官になれるといった傲慢を許されるわけではなく、常に神に聴かなければならない。また、この意味での罪を犯せば「必ず死んでしまう」（創二・一七）。そして、終わりの日には、それを無視して生きた者は言い逃れができない（ロマ一・二〇、二・一参照）。すなわちそれは、宇宙が創られる際の「創造の秩序」であり、最後に実現する「神の国」の秩序でもある。それゆえ、この神の《法》をわれわれは「永遠法」と呼びたい。それゆえ聖書は、人間の死だけは――他の生物の死とは違い――、己の罪のゆえの死である、と明言しているのである。この問題を神がキリストによって解決なさった、ということを論ずるのが贖罪論である。

右のように考えるいわゆる「伝統的な贖罪論」は、必然的に「客観的贖罪論」（または、「法的贖罪論」とも呼ばれる）となる。すなわち、神の御意志としての《法》に対する違反としての《罪》が客観的に存在し、《罪》によって現にこの世界にたくさんの《悪》と《死》が存在するようになった、と考える。それゆえ、罪を処置することが贖罪である。われわれはこの意味での贖罪論の立場に立つ。

(2)いわゆる「主観的贖罪論」は神の《法》をあまり考慮に入れない。したがって、「罪」の概念を重視しない。現代の世俗的ヒューマニズムは、まさにここから派生しているので、少し丁寧に述べたい。

「主観的贖罪論」を初めて明確に唱えたのは、中世の神学者アベラルドゥス（アベラール）である。さらに一九世紀に入り、そのころ最盛期を迎えていたプロテスタントの「近代自由主義神学」によって大々的に復活させられた。(2)

その要点は、人間の中に言わばその被造的本性の堕落としか言いようのない「罪」の現実存在は認めるが、この罪は法的な観点から見た「不法」でもなく、「不従順」でもなく、「本性の堕落」でしかない、(3)とする。それゆえ、イエスの十字架によってではなく、イエスの御人格に現れた至上の愛に触発されて、人間自身の心の中にも愛の炎が点ぜられ、人々が自ら罪の世界を後にし、神の子として生まれ変わって真の自由に生きる自覚と勇気を持つようになることが、その唯一の解決方法である、と考える。イエスの愛に触発されて自ら新しく生まれ変わった者は、真の自由と愛に目覚め、自分の中のマイナス思考や国家・社会の因縁・因習、国家や教会の権威主義等々のあらゆる旧社会のマイナス思考の桎梏から解放されて「神の子」となり、イエスを「模範」としてこの地上に「神の国」を建設するために励むようになる、と考える。その「神の国」はこの世に建てられるべきものである。来世というものは考えない。

このように、「罪」の存在を一応肯定はするものの、それに対する神の真剣な「怒り」や「刑罰」といった旧約的で野蛮なマイナス概念とされるものや御子の「贖罪死」による解決には反対する。特に原罪説には強く反発する。神と人間との関係は法的視点の下にではなく、むしろ、「父なる神の愛」という大概念の下に、道徳的・教育的視点の下に見られる。「道徳感化説」とも呼ばれるゆえんである。また、イエスの復活も、肉体をもって現実に墓の中から復活したわけではなく、単に、イエスの愛の精神が弟子たちの心の中に甦り、継承された、と考える。人間の死は罪のゆえではなく、一種の自然現象である。

この考え方は、キリスト教からあらゆる「躓き」の要素が取り除かれているので、近・現代人には分かりやすい。ただし、誰もが認めるように、贖罪に関する聖書の考え方とは根本的に異質である。なぜなら、これならば罪の赦しは神の天上での御決断一つで十分に可能だからである。そうすると、パウロの言葉を借りるまでもなく、「キリストの死は無意味になってしま（う）」（ガラ二・二一）。なぜなら、それならば人間は律法の実行によって救われることになるからである（同一六節参照）。この点が、道徳感化説がどうしても伝統的な教会から受け入れられない、文字通り唯一無二の理由である。このような贖罪論は、確かに一九世紀の、人類が歴史の進歩を謳歌した一時期には一世を風靡しえた。しかし、プロテスタント・近代自由主義神学は二〇世紀に入って立て続けに起こった二つの世界大戦によって、その担い手のマインドからいったんはほとんど姿を消した。それは、この神学が持つ人間の本性や歴史に対するあまりにも甘く、楽観主義的な見方のゆえである。

今日この考え方は、特に現代では、教会から出て一般社会において、「ヒューマニズム」（人道主義）という形で広がっている。ただし、かつての近代自由主義神学のような楽観主義は必ずしも取っていない。もちろん、ヒューマニズムの中にも完全に無神論的なものもあれば、「神」や「来世」についてはは判断中止をしているずっと謙虚なものもあり、一概には言えない。それが現実に存在する人間と社会や世界の諸問題――それらは、毎日の新聞を読めば歴然として存在する――に目を向けさせている点は評価できよう。だから、多くの実践的な問題で共に考えたり行動したりすることはできる。

われわれとしては、自由主義神学もヒューマニズムも、現実の人間の罪の問題をキリストが解決してくださったゆえに、人間は感謝と希望をもってそれを神と共に解決できる、とするキリスト教の最大の魅力を、それらが否定することから出発しているので、初めから同意することはできない。完全に無神論的なヒューマニズムだけでなく、神をあからさまには否定しない、謙虚なヒューマニズムも、その点では同様である。

(3)結局、罪の理解が最大の問題となる。人間に罪があるならば、それは神だけが解決しうる。反対に、罪がなければ、キリストの十字架は必要がない。しばらくこの点について考えてみたい。ただし、初めに結論を述べれば、われわれは人間の罪の現実がどれほど深いものであり、その悲惨がどれほど大きなものであるかを認識することからは、出発できない。なぜなら、罪を認めようとはしない人々にとっては、罪は存在しない、という命題が最初にあるからである。だから、どんなに論じても決して埒はあかないのである。われわれはむしろ、罪が罪として認められうる道筋が何であるかを、ここで考えたい。

言うまでもないことであるが、自分の心の中に邪悪な《影》の部分が全く存在しないと考えている人はまず、地球上で一人もいないであろう。誰でも、殊に少しでも《もの》を考える人であるなら、自分が顔では笑顔で受け答えをしながら、心ではナイフがあれば相手の首を掻っ切ってしまいたい、といった暗い思いがよぎることぐらいは知っている。そして、そういう人間の《影》が、世の中の悪の一因であることを認めることにもやぶさかではない。ただ、それをどの「人間なるもの」も皆持っている「人間なるもの」の《未完成性》であるとは考えても、神の御子が十字架にかからなければ救われないとまでは真剣に考えることをしないか、あるいは――年齢を重ねるといつか――和解すべきもう一人の自分と考えて片づけたがるか、いずれかのようである。

人間が自分の罪を自分の罪として認めうるためには、ちょうど、鏡に自分の顔を映して初めてその顔がどの程度のものであるかが分かるように、自分の真の姿を映し出す《鏡》がなければならない。では、何が《鏡》となりうるのであろうか。神の《法》である、と言えばそれまでであるが、悲しいかな、この《法》を人間は自分で操作できるから（後述(4)参照）、終わりの日が来るまでは認めようとはしない。言うまでもないことであるが、いわゆる「国家の法」や「世間の目」は基準とはなりえない。いずれも磨きが劣悪である上に、人間の内部までは映さないから、誤魔化すことは幾らでも可能だからである。

結局、人間は神の御心そのものであるキリストの《十字架の愛》を知って、初めて己の罪の深さを知ることができる、と言わなければならない。つまり、キリストの十字架の愛が、人間が己を知りうる唯一の《鏡》である。というのも、罪の認識とは、罪自体が人格的なものであるゆえに、徹頭徹尾人格的なものだからである。人間は神の愛を知って、初めて、その愛に背いている自分の罪の深さが分かる。要するに、明るい光に照らし出されなければ、闇はいつまでも闇であるが、自分が闇であること自体が分からないという理屈である。

ロシアの作家ドストエフスキーの作品『罪と罰』は、人間には罪があるのかないのか、ということを確かめるための一種の実験小説のようなものである。主人公ラスコーリニコフは真面目で善良な青年であるが、ニーチェの「超人」思想にかぶれた結果、自分が「超人」であるかどうかを確かめるために、欲張りな金貸しの老婆を斧で殺してしまう。自分が良心の重圧に耐ええてそれに打ち勝つならば、自分は何をしても許される「超人」であると自任できる（それゆえ罪など存在しない）、と考えたわけである。なぜなら、ニーチェが言う「超人」とは、《神は存在しない。ゆえに、人間は何をしても許される》、という「超人思想」に自ら耐ええうる人間のことだからである。

ラスコーリニコフが犯した老婆殺しは完全犯罪であった。彼が自分の罪を認めて自白するような弱さ・愚かさを露呈しない限り、刑事ポルフィーリーには攻め落とすことができなかった。だから彼は自首も自白もしなくてよかったのである。ただし、彼は老婆を殺すとき、過って、罪のない、目が大きく澄んでいて、羊のように柔和なその妹まで殺してしまった。これは神の導きのうちにあった。ラスコーリニコフは自首した。

彼が自分の罪を認めたのは、娼婦ソーニャ（彼女は貧しい一家を支えるために娼婦となっていたが、一点の汚れもない乙女で、作品の中ではキリストの化身とされている）と出会ったからである。ただし、この作品の読者ならよく知っているように、彼が本当の意味で自分の罪を認めるのは、ソーニャに「大地に接吻しなさい」と命ぜられてその命令に従ったからではない。彼がそのときソーニャの命令に従ったのは、ただ《神》の厳粛な《法》というものが存在し、自分はそれを犯している、という否定しようのない現実（彼は罪のない妹まで殺した）に直面し、打ちのめされたからに他ならない。それゆえ彼は自首した。が、これはまだキリスト教の言う真の罪の自覚や告白ではない。彼は法廷でも、驚くほど潔く自分の罪を細部まで自白し、自虐的と見えるほど無慈悲に自分の罪を裁いた。が、心には何一つ喜びも平安もなかった。彼はまるで、見えない神の刑罰をじっと耐える苦行僧のようであった。そして、その様子はシベリアに送られても少しも変わらず、彼は青ざめて痩せこけ、「生ける屍」のようであった。が、それは自分の罪を認めたということではなかった。

彼がようやく自分の罪の深さを、しかも、本当に深い喜びをもって認め、涙と共に認識したのは、シベリアの監獄まで付いてきてくれたソーニャがこの自分を真に愛している、と悟った瞬間であった。その時初めて、彼は「わが深き罪よ、ああ、わが祝せられし罪よ！」（O culpa mea, beata culpa mea!）

と悟ったのである。そのことは、この小説の「エピローグ」の最後のところに書いてある。

したがって、人間は救われた喜びを知って、初めて、本来の自分の滅びるべき姿を認めることができる。ルカによる福音書一五章一一節以下の「放蕩息子」もまた、父親の腕に抱かれたときまでは、自分の罪を悟っていなかったはずである。なぜなら、人間が己の罪を自覚できるのは、神との人格的な出会いを経験し、その恩寵の深さを知った場合のみだからである。だからそれは、同時に、人間が自分に無償で与えられた永遠の浄福を知ったときでもある。あるいはむしろ、浄福を知って、罪の深さを知る、という順序をたどるのかもしれない。いずれにしても、赦された無限の喜びを知らない罪の自覚というものはありえない（それはせいぜい、神の永遠の《法》というものを理性が認めただけに過ぎない）。と同時に、罪の自覚によって、赦しの深さも分かる。要するに、これは「神の自分への呼びかけを聴く」という聖霊による出来事なのであるから、神学的に言えば、この両者は相即不離である、としか言えないし、心理学的には、同時に起こるとしか言えない。だからそこには、「罪が増したところには、恵みはなおいっそう満ちあふれました」（ロマ五・二〇）と言えるような、逆説的で不合理とさえ思えるような現実がある。ただし、それは人格的な出来事であるから、そこからは決して、「（われわれは）恵みが増すようにと、罪の中にとどまるべきである」（同六・一）という結論は出てこないのである。

なお、言うまでもないことであるが、このような主イエス・キリストとの遭遇が、終わりの日の裁きの時に、一人ひとりに確実に起こるわけである（第2節第3項参照）。

(4)ここで次の、キリストの贖罪とはどのようなものであるかの叙述に移るに先立って、人間の心理のメカニズムの中に、自分の罪を決して罪として認めさせない、自己愛から来るいわば強固な《隠蔽装置》とも呼ぶべきものが備わっていることを指摘しておきたい。これは一種の自己防衛本能であり、自分の罪に限って――というのは、誰でも他人の罪に対しては、非常に敏感でかつ厳しいから――、それを心の非常に奥深いところに秘匿してしまう装置である。特に行いの正しい人や、「善人」と呼ばれるような人にこの装置が完備していて、罪の自覚を非常に困難にさせているようである。この装置は人間に次のような思考回路を許す。すなわち、なるほど自分には「悪い部分」も存在しはするが、それ以上に「善い部分」があり、実際山ほど「善」を行ってきたのであるから、差し引き計算をすれば必ず「善人」の方に分類され、決して地獄には堕ちないであろう。もし天国というものがあるなら、自分のような人間が真っ先に行けるはずだ、と考えさせる。特にこの思考回路には、自分を他人と比較するという特徴がある。または、世の中の基準で自分を測る。そうすると、他人よりも自分がましな部分を見出すことは容易となる。この《隠蔽装置》とは、人間誰しもが持っている「自己愛」に他ならない。自分を世界の他の誰よりも深く愛し、他の誰に対してよりも自分に寛容で慈しみ深い。それだから、大部分のわれわれは――特に、われわれ日本人の多くは多神教であるから――、自分の罪には一生涯気づかずに終わるのである。

　中世の神学者アンセルムスは、「罪の重さはいかほどか」と問うて、「あなたはまだ、罪が如何に重いものであるかを考えていない」[4]と言っている。では、真実には、罪の重さはいかほどなのか。人間の命が地球よりも重いことはそのとおりであるが、その幾千万の人々の命を贖うために、御独り子の命が十字架上で献げられたのであるから、ざっと計算しても、地球の幾千万倍となる。すべての人間は――自分では決して認めないが、真相は――《神殺し》の下手人なのである。われわれは誰でも、罪のない人間イエスを、ちょうど、いとけない幼子の頭を岩に叩きつけて殺したように、殺したのである。ニーチェは言った。「神は死んだ！　神は死んだままだ！　しかも、われわれが彼を殺したのだ！　この行為の偉大さはわれわれにとって偉大すぎることはないであろうか(5)」、と。

繰り返しになるが、人間が己の罪を己の罪として認識できるのは、神との人格的な出会いを経験し、その恩恵の深さを知った場合のみである。したがって、罪についてどんなにその存否を論じても、埒はあかない。闇は光に照らされなければ、闇であることが分からないからである。キリスト教は、光が照らしたことを証ししている。「われらはあなたの光によって光を見る」（詩三六・九、口語訳）というのが、キリスト教の根本的な立場である。キリスト教は、人間の現実を真に救う光がある、と証ししている。それが、イエス・キリストの十字架の贖罪である。それゆえわれわれは、罪についてよりも、むしろ、聖書が――そして、聖書のみが――証ししている、キリストの贖罪の出来事とはどのようなものであるかを明らかにすることからしか、人間の現実がどのようなものであり、そこからの救いが何であり、人間にとって、真に幸福な生とは何であるかを論ずることは不可能である。次にその議論に入りたい。

(5)読者には既に明白となったと思うが、究極的・本質的に考えれば、人間の「救済」を問題としている宗教は、仏教で言う「生・老・病・死」のうち、人間にとって究極の問題である「死」――自分の死及び他人の死――を問題とする。「死」は除外し、単に「生・老・病」からの救済にだけ限定すれば、今日の世俗化した時代では、その役割はますます哲学や科学や医学や心理カウンセリング、さらには政治その他のものに移行しつつある。ただ、「死」だけは、人間には解決することができない。そして、ユダヤ教とキリスト教のみが、「死」の奥に「罪」の問題があると言っている。人間の一切の問題とその悲惨の唯一の原因――したがって、人間が不幸であること、この世界に悪が絶えず、邪で暗く、希望が持てないことの唯一の原因――は、人間の努力不足等々にあるのではなく、神を捨て、神に背いて自分自身の中に「善悪の基準」を置いたことの中にある、と述べている。われわれはこれまでの考察で、この唯一の根本問題の解決がキリストによって成就した、と証ししているキリスト教について考えてきた（ユダヤ教では、この神から遣わされるメシア［ギリシア語で「キリスト」］がナザレのイエスではなく、まだ来ていない将来に待たれる、と考えている）。そして、この点もきわめて重要であると思われるのであるが、このイエス・キリストは旧・新約聖書にのみ証しされてわれわれに知らされている。それゆえ、われわれはまず、罪と死からの救済に関する旧約聖書の証言を聴き、次に、新約聖書の証言に耳を傾け、特に、キリスト御自身がそれをどのように理解しておられたかについて考えたい。

①初めに旧約聖書の証言から聴きたい。

どの研究者も明言しているように、イスラエル宗教は、セム人一般がそうであるように、きわめて現世的である。それゆえ、「死」の問題は当初は全く問題ではなかった。復活や来世についてあからさまに語っている箇所は、イザヤ書二五章六―九節a、二六章一九節、ダニエル書一二章二節の三か所のみであり、いずれも黙示思想が正典信仰の中で位置を得るようになった後期ユダヤ教時代（前二〇〇年以降）に属する。例えばアブラハムは、ただ「長寿を全うして息を引き取り、満ち足りて死に、先祖の列に加えられた」（創二五・八）とのみ記されていて、もちろん、復活を信じて死んだわけではない。彼にとって、生き物の生命が有限であることは、単純な「所与の事柄」であったであろう。しかしながら、アブラハムが「満ち足りて」（同）死んだという文言は、例えば本居宣長が死について抱いた、「安心なきが安心」[6]といったような諦念ではない。もっと積極的に、一切を神に委ねて「神の秩序に安らかに服する」[7]信仰者の態度であったと想像される。というのも、彼は――宣長とは異なり――唯一のまことの神という、自分の一切を委ねる相手を知っていた。だから彼は、自分にとって当然命よりも大切であったはずの独り子イサクをも、神に委ねることができた。これが「主の山に備えあり」（創二二・一四、口語訳）という信仰である。それゆえ、自分の独り子イサクを神に献げたことについては、「神が人を死者の中から生き返らせることもおできになると信じた」（ヘブ一一・一九）との説明が妥当しよう。ピスガの山頂で「目はかすまず、活力もうせ（ずに）」（申三四・七）たった一人死に赴いたモーセの場合も同様である。このように、唯一神信仰の中では、たとい復活信仰という明確な形をまだ取っていない段階でも、己のすべてを神に委ねて死を死ぬという信仰が可能である。なぜなら、われわれが既に確認したように、生命の原理は神の御霊だからである（六二頁参照）。唯一神信仰においては、神は万物の創造者であり、生命の創造者でもある。そして、復活は生命の再創造に過ぎない。ゆえに、生命は神の愛顧によって貸与されるのである。先祖たちの長寿はその表れである（創世記五章の系図等参照）。神が御霊を貸与しておられる間だけ、生き物は生きる（ヨブ一二・一〇参照）。霊が弱まれば生き物も弱まり、彼が死ねば霊は神に帰る。「もし神が御自分にのみ、御心を留め／その霊と息吹を御自分に集められるなら／生きとし生けるものは直ちに息絶え／人間も塵に返るだろう」（同三四・一四）とあるとおりである。神の霊が生き物から去ることが死である。死人は「陰《よ》府《み》」に降る。陰府は「地の底の穴」、「影に閉ざされた所、暗闇の地」（詩八八・七）であり、「蛆」（ヨブ二四・二〇）や「みみず」（イザ一四・一一）がいる。運動も感覚もなく、生命活動は停止している（コヘ九・一〇参照）。

それゆえわれわれは、後期ユダヤ教時代に黙示思想が入り込むまでは、現世を重んずるイスラエル人にとって、神は天上界（神の住む世界）と地上界（生き物の住む世界）と地下界（死人の赴く世界）のうち、地下界には関与しないと考えられていた、と考えてよい。

②このような、復活のない信仰から復活のある信仰への変化は、言うまでもなく、著しい変化ではある。それは実際にはユダヤ教正典の中に黙示文書が採り入れられたことによって起こった(8)。ただし、それがいかなる意味でも、旧約聖書の最も基本的な「唯一神信仰」の中に異分子が混入したことによるのではないことを、次に明らかにしたい。

ここで重要な役割を果たすのが、死の原因は（生き物がたどる自然的なプロセス・運命ではなく）罪による、という認識である。生命が神の愛顧を受けたから与えられたのであれば、罪を犯せば死ななければならないのは当然である。「こうして、すべての人が罪を犯したので、死が全人類にはいり込んだ」（ロマ五・一二、口語訳）とあるとおりである。罪の「普遍性」は旧約全体に見まがうべくもなく明瞭である。[9] ゆえに、原罪の教理は既に旧約内において実質的に確立していた、と言ってよい。

逆に言えば、死からの救済者はただ神のみである。このことが明確化することによって、「陰府からの救済」が「死の克服」、「復活」を含むことになる。[10] ヤーウェの被造三界（天上界、地上界、地下界）に対する支配は、預言者たちの信仰に既にその萌芽があった。「神は王となられた」という信仰がそれである。ここに、たとい人間が「陰府に身を横たえようとも／見よ、あなたはそこにいます」（詩一三九・八。ヨブ二六・六参照）との信仰が確立する道があった。

次に、空間的な意味での神の御支配だけでなく、時間的な意味でのそれが付け加わる。すなわち、義なる神による全歴史の御支配と審判の信仰である。ここに、「歴史の場における神の審判」、「最後の審判」（ダニ七・九以下参照）、それに伴う「死者の復活」（同一二・二参照）の三者を含む終末思想（同一二・四参照）が加わるなら、すべてが完成する。実際にはそれは、ペルシア思想の影響によって著しく促進された。ペルシア宗教によれば、歴史は善神アフラ・マズダーと悪神アンラ・マンユの闘争の場であり、前者が終極的な勝利を収め、最後の審判のために死者が復活するからである。実際のところ、唯一神信仰においては、永遠者はただ全知全能の唯一神のみであり、宇宙は初めと終わり（＝完成）を持つという目的論的世界観がその身上である。またそれは、ゾロアスター教などの、多神教から進化した拝一神信仰とはカテゴリカルに別物であるから、いかなる宗教混交も起こりえない。むしろここでは、善神による悪神の征服という形ではなく、唯一神御自身による罪の除去、すなわち、「罪の赦し」という出来事が起こるかどうかだけが、問題だったのである。そしてこれは、メシアの到来（イザ九・五参照）と神の国の成就（同一一・六以下参照）という預言者たちの預言が成就する出来事に他ならないのである。

③次に、新約聖書の証言から聞きたい。

新約聖書は、イエス・キリストの出来事によって神と人間との間に「罪の赦しによる救い」（ルカ一・七七。マタ一・二一参照）という最後決定的な出来事が起こった、と証言している。

最初に明確にしておきたいのは、ここで言う「キリストの出来事」とは、キリストの十字架死による代理的贖罪と、彼の死者よりの復活、そして、終末時の再臨の三者のことである。原始教団は、これら三つの出来事によって全人類の全存在（生と死と終わりの日の復活）が完全に規定されてしまう、と理解していた[11]。そしてそれが福音であると理解していたので、非常な確信と力に満ちて宣教していた。

これら三つの中で、明らかに、キリスト教の福音にとってどこまでも全く特異で、他のどこからの影響も全く考えることができないものが、神の御子イエス・キリストの十字架死についての報知である。他の二つの報知は、それとの関連で理解される。すなわち、これらを担った原始教団の考え方によれば、復活は明らかに、イエス・キリストが十字架の死に至るまで父なる神に完全に服従し、父なる神がそれを彼の「義」と認められたという出来事である。「キリストは、神の身分でありながら、神と等しい者であられることに固執しようとは思わず、かえって自分を無にして、僕の身分になり、人間と同じ者になられました。……へりくだって、死に至るまで、それも十字架の死に至るまで（父に）従順でした。このため、神はキリストを高く上げ、あらゆる名にまさる名をお与えになりました」（フィリ二・六―九）とあるとおりである。その意味で、復活から十字架が理解される。キリスト教信仰は、マグダラのマリアを初めとするいわゆる「目撃証人」たちの熱い口伝という形で生まれたと思われる（ヨハ二〇・一一以下等参照）。歴史学的に確認しうるものは、イエスの墓が空であったことまでであるが。

また、再臨の伝承[12]は、復活のそれと共に古いと思われるが、イエス御自身による口承の痕跡も見られる。原始教団にとって、十字架につけられ、復活・昇天されたお方が、約束通り、世の終わりに最終審判者として再臨されるのは当然なのである。

つまり、これら三つの基本的な報知の担い手であり、それによって教団を形成し、熱心に伝道していった原始教団の人々にとって、その中心にはキリストの十字架の出来事そのものがある。それを解明するものが復活であり、十字架と復活（・昇天）の帰結が再臨である、と理解してよい。それゆえ、最も重要なものは、キリストの十字架の出来事である。

④あくまでも重要であるのは、キリスト御自身が十字架をどう理解しておられたかである。新約の記者たちはそれをできうる限り正確に、忠実に伝えた。なぜなら、キリストは神の御独り子であり、その出来事は神的な出来事である、と理解したからである（そうでなかったならば、初代の信者たちは教会を形成しなかったであろうし、新約の記者たちは聖書を全く書かなかったであろう）。だから、それはイエスの自己理解と完全に一致していなければならない、と彼らは考えたに相違ない。

それでは、イエス御自身の自己理解や十字架理解は、どのようなものだったのであろうか。

イエスの自己理解に関しては、イエスが御自分をダニエル書七章一三節の「人の子」の章句から理解しておられたことがまず注目されなければならない[13]。イエスは御自分のことを「人の子」と呼んでおられた[14]。当該ダニエル書の箇所によれば、この「人の子」とは《最終審判者》という意味である。「日の老いたる者」――これは父なる神であると考えられよう――が裁き主として席に着かれ、「巻物」が繰り広げられている最後の審判と思われる場面に、「『人の子』のような者が天の雲に乗り、『日の老いたる者』の前に来て、そのもとに進み」、裁きの全権を譲り受けて審判者となる、との黙示が語られている。彼は「日の老いたる者」から王権を受け、終わりの日に聖徒たちを従えて天から来られ（マコ八・三八並行）、その支配は永遠に続く。イエスはこの「人の子」が御自分のことであると理解されたのである。最高法院の裁判でのイエス御自身の次の証しがその証左である（マコ一四・六二並行）。

「そうです。
あなたたちは、人の子が全能の神の右に座り、
天の雲に囲まれて来るのを見る」。

また、イエスはこの「人の子」概念の中の黙示思想の主要部分（神の歴史審判と最後の審判と死人の復活。ただし、善神と悪神の闘争神話はない）を受け継いでおられる。

もう一つの、われわれが決して見逃してはならないものは、イエスの十字架理解である。イエスは明らかに、御自分の十字架をイザヤ書五二章一三節以下の「苦難の僕」の章句から理解しておられた。つまり、神から「苦難の僕」として遣わされ、「多くの人」の贖いとして、自らをその犠牲の供え物

として死ぬことに、その使命がある、と考えておられた。[15]「わたしの僕は、多くの人が正しい者とされるために／彼らの罪を自ら負った。……彼が自らをなげうち、死んで／罪人のひとりに数えられたからだ。／多くの人の過ちを担い／背いた者のために執り成しをしたのは／この人であった」（イザヤ五三・一一―一二）、と記されている。この「多くの人」は、文法的には「将来に向かって開かれた多数」を表すとされるので、イエスは御自分の死が全人類のための代理の死であり、その死によって、全人類の贖罪（救済）が実質的に成し遂げられる、と考えておられたと言える。ここでわれわれは、きわめて注目すべき、イエスのユニークな十字架理解のまさしく「核」を形成している部分と出会う。それはすなわち、「人の子」と「苦難の僕」の二つを――まさにただ神の御子のみがなしうる独一無比の仕方で――結合されたことである。言うまでもなく、「人の子」の受難は黙示思想の中には全く場所を持ちえない。それはイエスの後にも先にもその萌芽すら存在しない、それ自体として完全に独創的でユニークなものである。ただし、聖書の文脈の上では少しも無理はない。なぜなら、イザヤ書五三章は五二章一三―一五節に直結しており、後者は直前の五二章一―一〇節の「神は王となられた」という、旧約の全信仰の成就であるところの「福音」を受けて述べられているからである。然るにその高挙された僕は、受難する（同五三・一以下参照）！　イエスはこの一連の聖句から、御自分を「多くの人のため」に贖いの供え物として献げるという御父からの定めを、御父から（多分祈りと黙想において）受け取られ、その自己理解の最も深い中核的部分を形成されたと思われるのである。[16]

われわれはイエスの時代に、黙示思想や黙示信仰が一つの大きな問題となっていたことを十分に理解することができる。イエスが当時「人の子」を信ずる信仰者のグループ[17]と何らかの接触を持ち、何らかの影響を受けたであろうことは、否定する必要がない。その詳細は新約学の研究に委ねるより他にないが、われわれはE・ケーゼマンやその示唆を受けた多くの神学者たちが考えているような意味での、「キリスト教神学の出発点は黙示文学にある」とのテーゼは否定したい。というのも、イエスが「神の国」や「人の子」を信奉するグループと接触し、その思想の枠組みの一部分を受け入れたとしても、それは神の御子イエスにとっては全くほんのわずかの触発でしかなかったからである。そう考える理由は、イエスの「神の国」思想の最も本質的な部分も、「人の子」としての自己理解の最も中核的な部分も、全くイエス独自のきわめてユニークなものであり、特別な黙示思想[18]からの影響によるものでは全くないからである。例えば「神の国」については、イエスが当時の「上昇の黙示録[19]」のような特殊な黙示文学の系譜から影響を受けたと見るよりも、イザヤ書九章一節以下や一一章一節以下の「平和の君」（同九・五）や「平和の王」という、旧約本来のものであったと考えた方がよほど分かりやすい。例えば、「狼は小羊とともに宿り／豹は子山羊と共に伏す。子牛は若獅子と共に育ち／小さい子供がそれらを導く」（同一一・六）の印象深い聖句を考えてみるがよい。「人の子」についてもただ今述べたとおりである。

少なくとも、次の二つのことは言えるであろう。

すなわち、イエスは黙示思想を採り入れ、かつ、切り捨てた。イエスにとっては、採り入れも切り捨てもその唯一の基準はあくまでも御自身の十字架理解だったからである。イエスは御自身が「人の子」であり、最後の審判者として来られることを認めたが、その他のほとんどの神話的部分は切り捨てられた。いわゆる千年王国的な伝承やゴグとマゴグの戦いのような伝承はすべて切り捨てられた[20]。

このイエスの最良の理解者は、使徒パウロと第四福音書の著者ヨハネではなかったかと思われる。

他方、ヤムニヤ会議（九〇年）で旧約正典を確定したファリサイ派の人々は、黙示思想の大部分を切り捨てた。なぜなら、彼らは人間が律法を行う意味と余地を残そうとして、紀元前四二八年に捕囚から帰還して正典編纂に携わった学者エズラの伝統に従い、主として申命記の神学を骨組みとし、歴史の存続を見込み、終末思想を切り捨てて正典を編纂したからである。黙示思想においては、人間の運命を決するものはもはや人間ではなくて、終末時における神の裁定だけだからである。かくして生まれたものがユダヤ教である。それはキリスト教の伝統とは異なる線を歩み始めた。パウロがイエス同様（マタ二三章参照）、この線に反対であったことはガラテヤ書から明白である。

つまりわれわれは、旧約聖書と新約聖書を理解し、解釈する一本のきわめて太い線が、他ならぬイエス御自身によって引かれていることに、十分注意しなければならない。この線が、父なる神が御子イエスの十字架を理解なさる線であり、したがって、神にとって――われわれにとってではない――、人間の罪とはそもそも何であり、神がそれをどのように処分なさるか、ということなのである。そのことをはっきりと現したものが、イエスの復活である。また、それが誰の目にも明らかに啓示されるのが、イエスの再臨であると考えることができる。

2　われわれはそれをどのように理解したらよいのか

ちなみに、「贖う」という言葉の原義は、「買い戻す」ということである。日本でも昔、芸者を何百両も払って「身請け」するというしきたりがあった。身請けされた芸者は、嫌な仕事からは自由となり、身請けしてくれた人のものとなる。この「身請け制度」が、聖書の時代にもあった。誰かが奴隷を高価な値を払って自由にし、あるいは自分のものとすることを、「贖う」と言う。キリストが十字架上で血を流すことによって、罪の奴隷であったわれわれを罪の力から救い出したことを、「贖う」と言う。というのも、聖書では「血」は「命」の座とされ、血で人の命を贖うことは、命で命を贖うことだからである。「生き物の命は血の中にある。……わたしが（動物の）血をあなたたちに与えたのは、祭壇の上であなたたちの命の贖いの儀式をするためである。血はその中の命によって贖いをするのである」（レビ一七・一一）と明記されているからである。イエス・キリストは十字架上で御自分の血を流されたことによって、全人類の罪を贖い、われわれを罪の力から贖い出してくださった。

このような、明らかに古代思想の装いをまとっている「キリストの贖い」を、われわれはどのように理解し、受け取ったらよいのであろうか。この関連で、本項ではそれを現代の正統的な教会がどのように受け継ぎ、語っているかについて、神学者K・バルトの「贖罪論」をそのサンプルに選び、概要をご紹介した後、幾つかのコメントを付したい。

(1)バルトは基本的には、宗教改革者たちの線に沿っている。彼らはこれを、「代理」の思想として聖書から継承しているゆえに、宗教改革は「福音の再発見」と言われる。すなわち、御子イエスによる贖罪とは、神の御独り子の「義」と罪びとの「罪」との交換である、と。それによって、神の御子イエスの永遠の生命と、罪びとの死への定めとが交換される。

ちなみに、宗教改革者のマルティン・ルターがこの「聖なる、喜ばしい交換」について述べた、彼の全神学において彼の心臓が最も高鳴ったと言ってもよいぐらいの思いで書かれた次の美しい文章を、（少し長いが）ご紹介したい。神であるキリストが、御自身とわれわれ罪びととの間であたかも結婚指輪を交わすように、彼の完全な「義」とわれわれの深甚な「罪」との交換をしてくれた、と述べた文章である。「それゆえ、感謝と確〔ママ〕い信頼とをもって、甘い、慰めに満ちたこの教えを受け入れよう。この教えこそは、われわれのために呪い（すなわち、神の怒りに価する罪人）となられたキリストが、われわれの罪をご自身の身にまとい、われわれの罪をご自身の肩に負って、『すべての人が犯した罪は、私が犯したのだ』と言われる教えである」[21]。「私の罪やあなたの罪だけではなくて、全世界の罪が、それも過去、現在、未来にわたって、彼（引用者注、キリスト）に襲いかかり、彼を断罪しようとし、そのように断罪する。ところが、最高、最大、唯一の罪であるこの同一人のうちに、永遠で、不敗の義があるのだから、これら二つのものが衝突することになる。最高、最大、唯一の罪と、最高、最大、唯一の義の二つである。……そこで全世界の罪が全力をあげ、狂気となって義に襲いかかる。どうなるか。この義は永遠で、不死で、不敗である。罪もまた非常に強力で、残酷な独裁君主であって、全地を支配し、治め、すべての人を奴隷状態に捕え、服従させている。要するに、罪こそは、全人類を、学識ある者も、聖い者も、力ある者も、知恵ある者も、無学な者も、すべてを呑み込んでいる最大、最強の神なのである。この罪が、キリストに襲いかかり、他のすべてのものと同じように、これを呑み込もうとする。しかし、彼こそは不敗で、永遠の義の人であることがわからないでいる。そこで、この一騎打ちにおいて、罪が敗れ、殺され、義が勝利し、生きるということにならざるをえない。このようにキリストにあって、罪はすべて破られ、殺され、葬られ、義が永遠に勝利者、支配者であり続ける」[22]、と。

ルターが右の文章で、「聖なる交換」と「キリストの勝利」を強調していることに、注目したい。「聖なる交換」とは、互いに自分が持っているあらゆるものを相手に与え、互いに享受し合うことである。キリストは御自身の「(神の) 子たる身分」(ロマ八・一六、口語訳) を罪びとに与えた。その代わり、われわれ罪びとの死すべき命運を引き受けられた。それは、われわれ罪びとがいずれ神を愛し、隣人を愛して精いっぱい生きることができるためである。だからルターは、あの「喜ばしい交換」という出来事は、今から二〇〇〇年前に、ゴルゴタの丘の十字架の上で起こった、文字通り最も偉大なキリストとサタンとの一騎打ちにおけるキリストの勝利であると、そして、「教会は美しく『死といのちは奇しき一騎打ちを戦った』と歌う」[23]、と言っている。

右に述べたルターによる言い表しが、宗教改革者たちの再発見した聖書の贖罪論であり、日本の正統的な教会が受け継いでいるものである。一般に「刑罰代受説的贖罪論」の名で呼ばれる[24]。ルターとカルヴァンとの間で若干の相違があることは当然であるが、彼らはカトリック教会の神人協力説的な贖罪論を誤りとして、神の御子イエス・キリストが人間の受けるべき罪の結果である刑罰死(呪いの死、ガラ三・一三参照) を代受して死んでくださった、そこに神の愛がある、とした。

(2) バルトの贖罪論[25]は、聖書に基づくその厳密化であると言えよう。われわれは、伝統的贖罪論を「刑罰代受的贖罪論」と呼んだので、これを「審判代受的贖罪論」と名づけたい。

宗教改革者が理解したとおり、バルトもまた、イエスが御自分をイザヤ書五三章の「苦難の僕」として理解して十字架におかかりになったことは全く疑わないし、そこから出発する。しかし同時に、バルトが自分の贖罪論を構築するために強調した点の一つは、イエス・キリストが御自分のことを「人の子」と自任されたことである。イエスは御自分を「人の子」として、つまり、「最終審判者」としてこの世に来た、との自己認識を持っておられたと考える。そうすると、バルトの贖罪論によれば、主イエスは十字架で、人間の罪のゆえの「呪いの死」を背負われたが、それだけでなく、そのことによって、罪びとに対する最終審判が、世の終わりにではなく、既に二〇〇〇年前のキリストの十字架において遂行され、完了されたことになる。つまり、罪そのものをも最終的に審判し、罪に勝利し、罪を無力なものとされたことが、強調されることになる。この点が、きわめて重要なのである。

従来の、すなわち、宗教改革以来、伝統的な贖罪論であった「刑罰代受的贖罪論」との相違は明瞭である。すなわち、イエスは単に罪びとの負うべき「刑罰」を身代わりに背負われただけでなく、罪びとが終わりの日に受けるべき《最終審判》による死までをも含んで、罪の決裁をされた、ということになる。なぜなら、十字架とはそもそも、神の永遠の愛が人類の罪を最終的に克服する戦いであった。キリストが最後まで十字架から降りず、父なる神の御意志への完全な服従を貫き通されたことによって、神はわれわれ罪びとに対する激しい怒りをその存在の最も深い所で耐え忍び、御子イエスとわれわれとの「喜ばしい交換」をよしとして、怒りを愛に変え、それと共に、罪の力を完全に封じ込められたからである。これは、神がサタンと罪と死とに完全に、最終的に勝利されたことを意味する。バルトはこの事態を、「審く者が審かれた」、という命題で言い表した。[26]

「成し遂げられた」（ヨハ一九・三〇）は、この贖罪論の聖書における有力な典拠となる。なぜなら、この聖句は二〇〇〇年前のイエス・キリストの死において人類の救い（和解）に関する一切の事柄は完了した（完了形）、と重々しく宣言しているからである。パウロ的な贖罪論・和解論の最も重要なテキストの一つである、コリントの信徒への手紙二の五章一四b―二一節のテキストも、その線で解されうる。

なぜなら、キリストは父なる神から裁きに関する一切の権能を全面的に委譲されたからである。それは、御子の御父に対する「死に至るまでの従順」（フィリ二・八参照）による。ヨハネによる福音書も次のように証ししている。「子は、父のなさることを見なければ、自分からは何事もできない。父がなさることはなんでも、子もその通りにする」（ヨハ五・一九）。ゆえに、「父はだれをも裁かず、裁きは一切子に任せておられる。すべての人が、父を敬うように、子をも敬うようになるためである」（同二二―二三節）。また、「（父は）裁きを行う権能を子にお与えになった。子は人の子だからである」（同二七節）、と。

このようにして、すべての人は二〇〇〇年前に、ゴルゴタの丘で、法的には裁かれ、死んだことになる。それは、人間がそれを信じようが信じまいが、認めようが否もうが、それどころか、知っていようが知るまいが、人間の認識や決断よりも《前に》《既に》、神の中では完全に決済の済んだ事柄となったのである。だから、パウロもまた、明確に、「一人の方がすべての人のために死んでくださった以上、すべての人も死んだことになります」（二コリ五・一四）、と述べている。それは、すべての人がキリストの贖罪を信じて《義》とされ、新しく生まれて神のために生きるためである（同五・

一五、ロマ三・二六参照)。

この考え方によれば、すべての人間の罪とは、裁き主ではないにもかかわらず、自ら裁き主となり、神を裁き、隣人を裁き、自分自身を裁く《高慢》の罪の中にあることになる。すべての人間がすべての罪を犯すわけではない。しかし、他のすべての罪の本質であり根源であるこの「自らを『善悪を知る者』とし」、「裁き主となる」という罪だけは、すべての人間が犯す。それゆえ、イエス・キリストの十字架への道行きにおいて、人間は裁判官の位置から引きずり降ろされ（ルカ一・五一―五二参照)、代わって、神の御独り子イエス・キリストが、神の永遠の法廷において――そうである、あの二〇〇〇年前にエルサレムの都で開かれた裁判こそが、神の唯一の「永遠の法廷」であり、そこで、神の永遠の御子が、われわれへの愛のゆえに、われわれのために裁かれ、処刑されたのである――裁き主でありつつ、自らただ一人の「無罪者」として裁きを受けられ、罪に対する処置（＝罪の威力そのものを滅ぼし、罪を除去すること）を成し遂げられたのである。

バルトは贖罪におけるこの「罪の除去」という契機をきわめて重視し、刑罰の代受が十字架における最も重要な事柄なのではない、と断言している。「そのことは、もちろん真実なのではあるが、しかし、そのことは、イエス・キリストの苦難と死において起こった決定的なことがあって初めて、それから生じるのである。その決定的なことというのは、われわれ罪人の代わりとなり給うた彼が死の中へと赴き、御自身の身において、罪人としてのわれわれに結末を与え、それと共に、罪そのものに結末を与え給うたということである(27)」、と述べている。

(3)右に述べられたバルトの贖罪論の最大の特徴は、何と言っても、終わりの日の「最後の審判」が、先取りされていることである。既に二〇〇〇年前のキリストの十字架において、神の永遠の法廷が開廷され、結審が為され、判決も下されて、罪びとに対する刑も既に執行されてしまった、と言っているのである。

少し分かりやすい説明をしよう。

説教で、イエス・キリストの十字架の愛を説く仕方に、次の二つの方式が考えられうる。第一の方式は、「あなたがもし、イエス・キリストの十字架による罪の赦しを信ずるならば、あなたの罪は赦され、あなたは救われる。だから、この福音を信じなさい」と説く方法。第二の方式は、「あなたの罪はもう既に、キリストの十字架によって完全に赦され、あなたは救われたのであるから、この福音を信じなさい」、と説く方法。第一の方式が従来の「刑罰代受説」の語り方であり、第二のそれがバルト的な「審判代受説」の語り方である。両者の相違点は明白であろう。第二の方式は一つの既定事実を提示し、決断を求める方法であるのに対し、第一のそれはそうではなく、仮定（条件）法の「もし信ずるならば」が付いている。いずれが聖書に適い、福音的なのであろうか。わたしは、聖書が述べている福音は一つの《既定事実》であるから、後者（バルト説）が正しいと考える。しかし、プロテスタント教会の説教壇でも、非常にしばしば前者の語り方を耳にする。贖罪とは、神の限りない愛と慈しみに他ならず、それを信ずることによって、神を離れた人間は再び神に立ち帰ることができる。ではあるが、しかし、そこに「もし」が入ってくると、神の愛は単なる《機会提供》となってしまう。その場合には、受け入れるか否かの返答を、人間は生涯かかって求められていることになる。その意味は、十字架の愛が人間の側の信仰による受容によって初めて成立・有効となる、ということである。もし拒絶すれば無効となる。だから「機会提供」でしかない。人間は洗礼を受けても、後で脱落するかもしれない以上、まだ救われたとは言えない。彼は生きている限り、何度失敗しても繰り返し提供された機会を利用できるが、しかし、最後にその人に本当に信仰があり、生涯礼拝者となり、「良き業」に励んで神の義を受けるに値する「キリスト者」の生涯を歩んだかどうかに神の判定が下されるのは、ようやく終わりの日の裁きの法廷においてである。その場合、信者の意識としては、当然ある未決の部分が生涯「負荷」として残り、死ぬまでの間は、言わば「執行猶予期間」（モラトリウム）と見なされよう。終わりの日に最後の審判によって、信仰者は永遠の生命に入れられ、不信仰者は滅ぼされる、という構図となる。従来の「刑罰代受説」では、このような誤解が起こりやすい（わたしは、「刑罰代受説」では必ずそうなる、と言っているのではない。そのような誤解が起こりやすい、と言っているだけである）。

一つの具体例で考えたい。たまたま本日（二〇二〇年七月二六日）、わたしの手元に一人の筋萎縮性側索硬化症（ＡＬＳ）の患者が二人の医師に頼んで安楽死を遂げた、というニュースが届いた。二人の医師やこの患者の倫理問題はここでは論じない。わたしはむしろ、このような人に対して、福音は何を語りうるであろうか、という問いが自分に突きつけられた思いがしたのである。報道によれば、彼女は普段から「死にたい」と周囲に漏らしていた、とされる。しかし、ここで断じて誤解してはならないことは、この嘱託自死を望んだ患者の真の望みは、まさに「生きたい！」という強い願望ではなかったか、ということである。つまり、安楽死の希望は彼女本来のものではなく、周囲の社会が作り出したものである。なぜなら、重度のＡＬＳのような患者が生きることを、日本社会は許容しないからである（二〇一六年に相模原で起こった、一九人もの障がい者無差別殺傷事件を思い出していただきたい）。その意味において、人間の中の最も弱い人間の一人とされた人が死を願いながら、本当は全身全霊で「生きたい！」という叫びを発している前で、われわれはキリストの十字架の福音をどのように語ることができるかを、われわれは考えたい。というのも、このような人こそ、福音の宛先人だからである。

そこで問う。「《もしあなたが死に至るまで信じるなら》救われる。だから信じなさい」という「刑罰代受説」的な説き方と、「あなたは《既に無条件に》愛されている。だから、信じなさい」という説き方との、本質的な違いはどこにあるのであろうか。先ほどの女性の立場から言えば、次の点こそ最も大きな相違点ではないだろうか。すなわち、前者においては、まだ罪は完全には克服されていない。彼女が死ぬまでの間に、彼女は神の律法を犯し、信仰を捨ててしまう己の弱さを自分では克服できない。だから、信じられない、と考えられよう。それに反して、「審判代受説」においてはこの難点が克服されているから、信じることができる。彼女が本当は生きたいにもかかわらず死を選んだのは、「神など存在しない」と周囲の社会から教え込まれてきたからに過ぎない。つまり、彼女が信じることができる場合とは、人間の罪と死とサタンに対してキリストの十字架の愛が完全に勝利したことが、明らかにされた場合である。

本来、福音とは、神の御子イエス・キリストの十字架上で流された血によって、罪びとと自身が既に「身請け」され、「贖われ」、「買い戻され」て神の恵みの支配下に移し入れられたのであるから、古い人間は既に死んで、新しい人間へと創り換えられ、完全に「贖い主」なるキリストのものとなった、というものである。これが、人間がそれをどう思おうと、既に確定した、神の御前における客観的な真理である。「あなたがたは、キリストと共に復活させられたのです。……あなたがたは死んだのであって、あなたがたの命は、キリストと共に神の内に隠されているのです。あなたがたの命であるキリストが現れるとき、あなたがたも、キリストと共に栄光に包まれて現れるでしょう」（コロ三・一―四）とあるとおりである。したがってこれは、「もしあなたが信ずるならば」という《仮定法》の下にようやく成立するような事柄ではない。ルターの「喜ばしい交換」や「キリストの勝利」（一三三頁以下参照）の趣旨はそのことを言っているのではないか。

ゆえに、サタンは今やキリストの足下に踏みつけられており、完全に「死に体」となった。ゆえに、古い人間は既に死に、新しい人間へと創り換えられ、人類は既にキリストのものとなった（完了形）のである。

⑷この関連で、もう一つ、誰でもが気づく顕著な特徴を挙げたい。

それは、終わりの日の「最後の審判」の性格が変わることである。つまりそれは、そこでようやく本式の裁判が行われるのではない、ということになる。それは単に、すべてが二〇〇〇年前に完了した出来事の中味が全人類に啓示され、それに基づいて、一人ひとりの生涯の罪の清算が行われる場所である、ということになる（本章第2節第3項⑵参照）。したがって、世の中で一般的に理解され、バチカンのシスティーナ礼拝堂に飾られているミケランジェロの「最後の審判図」が示しているような、キリストの裁きによって人類が《二分割》されて、一方は永遠の生命を受け、他方は永遠の火の中に投げ込まれるという審判図は、ふさわしくないことになる(28)。なぜなら、本式の、最終的にして唯一有効な、一人ひとりの命運を決する裁判は、二〇〇〇年前に既に結審し、死刑判決が下され、刑も執行されてしまったからである。それによって、すべての人間は——つまり、イザヤ書五三章一一―一二節で語られている「多くの人」は——例外もなくキリストにおいて有罪とされ（詩一四三・二参照）、永遠の滅びへと棄却され、死んでしまった。そして、キリストの死人の中からの甦りと共に甦って、無罪放免となった（「義」とされた）。

ただし、その「義」はあくまでも、ただ信仰によってのみ認識され、受け止められるべき神からの贈り物であるので、「ただ信仰によってのみ義とされる」（ロマ三・二二参照）、という注記が重視されなければならない。福音をそのまま「信仰」によって受け入れた者は、神によって「義」とされる。その時点で、神との関係が正常となり、交わりが回復される。彼は神の御霊を受け、神を愛し、隣人を愛するようになるであろう。すなわち、罪の支配領域から恵みの支配領域へと捕らえ移され、「罪を犯さないこともできる」（posse non peccare; can not sin）ようになろう。もちろん、福音を受け入れず、拒否した人の場合にも、その拒否によって神の愛や福音が「無効」となるわけではない。むしろ、その拒否そのものが《無効》となる。それはこの世において《無効》であるばかりか、永遠にわたって《無効》である。だから、拒否した人自身は《虚偽》と《虚しさ》の中に留まる。その意味において、彼は既に「死んだ」のである。なぜなら、神との正しい関係（交わり、または、義認・聖化・召命）は失われたままであるから、彼は神を愛し、隣人を愛することができないからである。すなわち、依然として「罪を犯さざるをえない」(non posse non peccare; can not but sin) 状態に留まる。

⑸いったい、「刑罰代受」と「審判代受」とは、どこが違うのであろうか。

宗教改革者たちは「刑罰」が代受され、そこに神の愛がある、と考えた。彼らが注目したのは、神の「怒り」が再び神の「愛」となって、神との交わりが回復された(和解が成し遂げられた)ことである。この場合、われわれが「神の怒り」を正しく理解するためには、人間が腹を立てることから類推して考えてはならはない。人間には本来怒る権利はないのであるから、「怒ること」は一般に当該人物の欠点と見なされる。しかし、神は園の《主(人)》であるから、怒る権利がある。われわれは、神の怒りや悲しみは神の愛の裏側である、と考えなければならない。例えば、スーパーで万引きをしたわが子を見て、子どもを真実に愛している親は激しく怒るが、愛していない場合は怒ることもしないに相違ない。神の怒りと神の愛は同じものの表裏である。神は人間を愛するがゆえに、「罪」が犯されたという出来事を激しく怒り、呪う。しかし神は、無限の怒りを無限の愛ゆえに忍耐し、忍耐に忍耐を重ねて、遂に堪忍袋の緒を切られたのではなく、御子の十字架において、無限の怒りを無限の愛へと転換させられた。このように、怒りを愛に転換させることは、人間にはできない。肉親を殺された者が、その殺した相手を赦すことができるかどうか、考えて見るまでもない。

しかし、神は「罪びと」を呪うのではなく、「罪」を呪う。このことはあくまでも、神の中の感情処理の問題ではない。神は御自分の収まりのつかない怒りをどこかでぶちまけ、復讐心を満足させたかったが、さすがに全人類を無きものにすることは忍びなかったので御子を殺したのだ、といった、神の他罰感情の処理の問題ではないのである。唯一問題であるのは、罪を犯した者は死ななければならないという神の《法》である（創二・一七、ロマ六・二三参照）。言い換えるならば、神と人間との間の「義しい関係」の回復が問題なのである。「罪を犯した者は死ななければならない」ということが、問題であったのである。ゆえに、御子の代理の死が必要であった。

そうすると、「刑罰」(独) Strafe を代受するという考え方は、厳密には、適切であろうか。神の御子は、われわれの「立場」（［独］Stelle）に代わって立たれたのである。それはあくまでも、《法》を犯した《不義者》の《刑》（法のゆえに死ぬこと）の代受であり、《罰》（法を犯したゆえに肉が苦しんで死ぬこと）の代受ではない。ゆえに、イエス・キリストの贖罪の中心は、罪びとが裁かれて死ぬ代わりに、神の御子が死なれたということである。唯一大切な事柄は、罪びとが殺される代わりにキリストが殺され、罪びとは罪赦されてなお生きることを許されたということなのである。

だから例えば、メル・ギブソンが二〇〇四年に作成した映画「パッション」（"The Passion of the Christ"）では、イエス・キリストの最後の一二時間が克明に描かれ、その凄惨さに心臓麻痺を起こして死んだ観客もいたとのことであるが、これは明らかに、プロテスタント教会の信仰ではない。受難節の説教で中心的に語られなければならないものは御子の従順であって（フィリ二・九参照）、その肉体の受苦ではない。受難節の説教でキリストの御苦しみをお涙頂戴式に語るならば、誤解を招きやすい。福音書には、イエスが十字架につけられた時の御苦しみのことは、何も描かれていないのである（マコ一五・二四参照）。

罪びとが今なお生きているのは、神の愛と憐れみにより、キリストの「義」をいただいたから、ということになる。ただし、「罪びと」は本当は死んでしまったので、「罪」はもはやキリストに敗北し、一切の力を奪われた。パウロが次のように言っているとおりである。「わたしは、キリストと共に十字架につけられています。生きているのは、もはやわたしではありません」（ガラ二・一九―二〇）、と。ときどき仏教者などは、このような言葉はパウロのような宗教的天才でさえ、ほんの瞬間的にしか達成できない信仰の極致であるかのように言うようであるが、そうではなく、客観的には、これがすべての人の、目には見えないが、真実な、神の前にある現実なのである。

⑹ここでわれわれが確認したい事柄は、この贖罪の御業は神の単独の御業であり、人間はそこから完全に排除されている、ということである。それはひとえに、人間がやがて、真に自由で責任的な主体として立ち上がり、心から神と隣人を愛することができるようになるためである。このことが、パウロが「神の恵みにより無償で」（ロマ三・二四）と言い、宗教改革者たちが打ち立てたプロテスタント教会の根本教理、「ただ信仰のみによる義認」という教理の中心点に他ならない。

贖罪の御業の主人公は、神お一人であって、人間はそれには加わっていない。パウロのコリントの信徒への手紙二における和解論（五・一六以下）の書き出しは、堂々と次のように言う。「これらはすべて神から出ることであって、神は、キリストを通してわたしたちを御自分と和解させ……」（一八節）、と。なぜなら、贖罪は神と人間との関係の基礎を構築することであって、神の単独の御業だからである。人間はその基盤が整備されたのちに、後から、その和解を「宣べ伝える」御業に加わる、というのが聖書の論理の本筋である。

したがって、この贖罪の恵みを受け取る手段は、いかなる意味でも罪びとなる人間の「善い行い」や「功績」ではありえず、また、その他のどのようなものでもありえない。人間はただこの「無償の恩寵」を「ただ信仰のみによって」受け取り、感謝し、悔い改めるより他にない。なぜならそれは、神の純粋な恵みであるから、ただ感謝して受け取る以外の一切の受け取り方はまさに「失礼」に当たるからである。「信仰」とは、何もせず、ただ受け取る、《純粋な受容》のことである。あるいは、神がわれわれ罪びとを受け入れてくださる《受容》に対する受容、つまり、《受容の受容》である。言い換えるならば、この「贖罪」や「義認」という段階では――というのも、それに人間が応答するという次の段階では、人間は大いに神と共に働くのでなければならないのであるから――、人間が完全に排除されていることが、きわめて肝要である。「約束の場合、神はひとりで事を運ばれたのです」（ガラ三・二〇）と書いてある。贖罪と義認の御業においては、人間が排除されているというところに、プロテスタント教会がそれによって「立ちもし、倒れもする」、「ただ信仰のみによる義認」という根本教理の基礎が置かれている、とバルトは考えたわけである。

中世ローマ・カトリック教会の贖罪論は、この点を欠いていた。そこでももちろん、神の愛は説かれていた。しかしその際、人間は「自由意志」によってそれを受けることも拒むこともできる、とされていた。(30) このように述べた瞬間、贖罪の恩寵は「無償の恩寵」だけでは成立せず、人間の側からの承諾が必要となった。だからそこから先は、完全にカトリック主義的な贖罪論が展開されることとなった。すなわち、贖罪の主役はキリストではなく教会となった。教会は天国の鍵を持ち、サクラメントを通して人間の中に神の恩寵を注入する。かくして、神と人間との協働作業が成立し、人間の中に

「功績」が積み上げられることによって、贖罪が完成される。一般に「神人協力説的贖罪論」と名づけられるものである。（ただし、以上はあくまでも宗教改革時代のカトリック教会を支配していた考え方であり、「第二バチカン公会議」［一九六二―六五年］以降のカトリック教会は全く様変わりしている）。

神人協力説的贖罪論がもっと極端になったものが、前述のプロテスタント自由主義神学における「道徳感化説」である（一一一頁以下参照）。ここでは、教会の代わりに信仰者個人が愛の業を行えばよいこととなった。したがって、それが教会を離れてしまえば、現代のヒューマニズムとなるわけである。

(7)人間はもちろん、このキリストの贖いに生涯をかけて応答しなければならない。そのことは、いささかも軽視されてはならない事柄である。しかし、応答はもはや、自分の罪の贖いのためではない。既にキリストによって完全な贖罪が成就したので、その応答は喜びと感謝に満ちた悔い改めと告げ広め（二コリ五・一九参照）となるはずである。そのためにも、キリストが既に十字架によって罪に完全に《勝利》し、その結果、罪を犯した者が完全に贖い主の許に買い戻され、彼のものとされたことが明確となっていなければ、人間の中に真の自由や神との和解・平和は生まれない。

この問題は、福音からどのような応答（倫理）が出てくるか、という問題である。なぜなら、福音は人間の中に神の「律法」を確立し（ロマ三・三一参照）、「神の国と神の義」（マタ六・三三）を人生の最高目標として求めるようにさせるからである。神への信実な愛と隣人愛、キリスト者と教会の持つべき高いエートス、これらすべてを含んだキリスト者の神への愛と応答は、福音が正しく語られることによって、必ずそこから豊かに生まれるからである。

ここでもう一度、あの自死を選んだALS患者の場合（一三九頁以下参照）を考えてみよう。彼女がもし福音を信じたならば、正しいキリスト者の道を歩んだのではないか、とわたしには思われる。なぜなら、最も弱くせられた人間であっても――否、そのような人こそ――自分の現在の不安も、将来の生も、一切を主イエスに委ねて――死に物狂いでイエスを信じ、神の愛に感謝し、神を喜ぶ被造物としての生を全うするに違いない、と考えるからである。多く赦された者は、多く愛する（ルカ七・四七参照）。福音書の中には、「ナルドの香油」の話がある（マコ一四・三以下並行）。イエスが十字架につけられる三日前、ベタニアで食事の席に着いておられたときである。一人の女性が、三〇〇デナリオンもするナルドの香油が入った石膏の壺をもってイエスに近寄り、壺を割って香油をイエスの頭に注ぎかけた。自分の罪のために十字架におかかりになるイエスへの深い感謝と愛を表したかったからである。それを無駄遣いだと非難した弟子たちもいたが、イエスは彼女の行為を受け入れられ、そして言われた。「はっきり言っておく。世界中どこでも、福音が宣べ伝えられる所では、この人のしたことも記念として語り伝えられるだろう」、と。

「刑罰代受説」や中世のローマ・カトリック主義的な「神人協力的贖罪論」では、なかなかこのような純粋な応答が起こらないとするならば、その原因はたった一つしかない。すなわち、そこでは人間の側に神の救いを拒絶する自由があるかのごとき妄想が、完全には否定されていないからである。実際には、ルターもカルヴァンも、それぞれ違った方法で、このことが起こらないように全面的に抵抗した。すなわち、両者とも人間の側にエラスムス的・中世ローマ・カトリック教会的な「自由意志」（［ラ］liberum arbitrium, 正確に訳せば、「自由選択意志」）を排し、十字架の愛が《仮定法》に終わることを全力を挙げて否定した。それがすなわち――いずれもあまり評判はよくなかったが――ルター派における「原罪説」（または「奴隷意志説」）とカルヴァン派における「予定説」（または「二重予定説」）であった、と考えられる。

ルター派の場合には、教会の礼拝における福音宣教の現場において、御言葉を聴いた者の中に信仰か不信仰かのいずれかが起こる。そしてそれは、永遠の救いか永遠の棄却かのいずれかが起こることである、と言われる。(31) しかし、それはいかなる意味でも、聴いた人間が自分の自由意志で決めることではない。なぜなら、人間は原罪により、罪を犯す「奴隷意志」しか持っていないからである。神の恩寵を受け入れるか否かという局面において全権をふるって働くのは、ただ神の恵みにより一方的に働く（または、働かない）、神の全能の御言葉と御霊のみであり、そこで永遠の選びが執行される。このようなルター派正統主義の考え方は、ルター自身があくまでもローマ・カトリック主義的な「自由意志論」に反対し、自らの「奴隷意志説」が立つか倒れるかによって宗教改革が立つか倒れるかが決まる、とまで真剣に考えたからに他ならない。(32) したがって、神人協力説は実質的には排除されている。

カルヴァン派（改革派）の場合はいっそう明白である。カルヴァン派の信仰においては、審判の恐怖も予定説を信ずることによって免れうる。この教説により、審判は（終わりの日にではなく、十字架上においてでもなく）永遠の昔に既に執行されていたと同じことになり、「神人協力説」には陥らずに済む。

このように、ルターもカルヴァンも、十字架の福音が単なる「機会提供」と見なされてしまうことは極力避けたいと願ったわけである。そしてそれは、評判こそよくなかったが、教義学的な判断としては正しかったと言えよう。なぜならば、これらの補強によって、終末時の審判がまだ行われていないということから生ずるマイナス面が消去されるようになるからである。というのも、彼らの福音主義が強調したかったことは、人間の罪に対して圧倒的に勝利した、十字架の勝利だったからである。この意味において、改善された刑罰代受説は無限に審判代受説に近づいてゆくのではないか、とわたしには思われるのである。

(8)次にわれわれは、誤解が起こらないように、イエス・キリストの十字架の贖いの「効力」がどの《範囲》にまで及ぶのか、ということについては、人間は何事も語りえない、ということを述べておきたい。

これは、キリスト以前に生まれた人々を含み、福音もキリストも知らずに死んだ人々や、福音を聞いても信仰を持つには至らずに死んだ人々や、途中で信仰が曖昧になって教会生活を離れてしまった人々はどうなるのか、といった問題と関係する。それらの人々は、キリスト者となった人々よりもはるかに多いのである。

言うまでもなく、復活のキリストは御心のままに、どのような人にも御自分の「義」を分け与えることがおできになる（マタ二八・一八参照）。しかし、それでは、すべての人が救われるのであろうか。

われわれは、「すべての人はキリストのゆえに救われる」という「万人救済説」を決して支持することはできない[33]。それは人間が神よりも上に立ち、神の専権事項を横取りすることを意味するからである。誰も神の「命の書」（黙三・五。出三二・三二参照）を見たことはないし、イエス・キリストが十字架におかかりになるとき、それは誰と誰のための贖罪死であるかを聞いた人もいない。イエス・キリストはあくまでも、「多くの人の身代金として自分の命を献げるために来た」（マコ一〇・四五）のであり、この「多くの人」の中味は、キリスト御自身しか知らない。それゆえ、右の問いには、「われわれには分からない」、と答えなければならない。ただし、すべての罪びとの上に、キリストの贖いの恵みが十分な《効力》を持つことについて、われわれ人間は、希望を抱くことは、許されている。[34]「神は、すべての人々が救われて真理を知るようになることを望んでおられます。神は唯一であり、神と人との間の仲介者も、人であるキリスト・イエスただおひとりなのです」（一テモ二・四）とあるからである。

それゆえ、われわれは本章の第2節以下で人間の死後やその真の幸いについて論ずることになるが、その際、格別に「キリスト者は」とは言わず、「人間は」という言い方で、「人間一般」について述べることにしたい。そのことが、キリストの十字架の勝利のゆえに、許されていると思うからである。その中で、特に「キリスト者は」と言う場合には、単に「人間一般」の中のサンプルとして語っているに過ぎない、ということになる。

(9)なお、確かに聖書では、「最後の審判」が終わりの日にあるように読める多くの聖句があるので、一言述べたい。また、「第二の死」、「火の池」（黙二〇・一四）の言葉が連想させるような、「地獄」に関連する多くの言葉もある。そして事実、古代から近代に至るまで、教会は最後の審判に関しては主としてこの図式で民衆に語り、伝道してきたかもしれない。事実、聖書の多くの章句は、このような審判図を念頭において読んだ方がイメージしやすいかもしれない。しかし、それらの章句が果たして文字通りの意味で「救い」と「滅び」の《二分割》を語っているのか、それとも、単に義の道を奨励し、不義の道を警告している教育的・勧告的な語り方に過ぎないのか、という点に関しては、多くの場合、熟慮と再考の余地が十分にあると考えられる。

実際のところ、聖書には「普遍救済説」的な言辞と、「限定救済説」的な言辞とが、ちょうどバランスよく並べられている。それは適切なことである、と思われる。なぜなら、聖書の第一の主題はあくまでも神の慈しみと憐れみに満ちた救済なのであって、和解者なるイエス・キリストとその「恵み」を証しすることだからである。この恵みは、人間のあらゆる思いや働きに絶対的な意味で先行し、優先している。「天が地を高く超えているように／わたしの道は、あなたたちの道を／わたしの思いは／あなたたちの思いを、高く超えている」(イザ五五・九)、とあるとおりである。しかし第二の、同じくらい重要な主題は、われわれに「悔い改め」と「信仰」(マコ一・一五参照)と「善い行い」を促すことである。ここに福音に基づく律法の役割がある。ゆえに、不信仰や堕落の罪に対しては威嚇し、信仰(悔い改め)と良い業に対しては強く勧告している。この教育的・勧告的な語り方も必要であることは、明白である。だから聖書は、何らかの神学的救済論の体系をわれわれに提供することはしていない。万人救済説的な言い方はどこでもしていないし、二重予定説的な言い方も少数の例外を除いてしていない。むしろ、神の慈しみと憐れみに満ちた救済があるにもかかわらず、人間がなお罪の中に留まることは、「断じてあってはならない」(ロマ六・二参照)、と言っているのである。

⑽最後に、「審判代受説」には、もう一つ重要な説明を加える必要がある。すなわち、主の和解の御業が完全であるにもかかわらず、罪の力は現実には少しも駆逐されてはいないではないか、という当然の疑問に対する説明が必要である。確かに、キリストの勝利と父なる神の右への着座にもかかわらず、「わたしたちはいまだに、すべてのものがこの方に従っている様子を見ていない」（ヘブ二・八）。そのことと、和解の出来事によって、すべては「成し遂げられた」（ヨハ一九・三〇）と言われたこととは、どのように調和するのであろうか。この点が説明されなければならない。

罪という「この世の支配者」は、既に無力化されている。ただし、人間の悔い改めのために、サタンにはなおしばらくの間、神が許された範囲内で、許された程度においてだけ、活動が認められている。「ここまで来てもよい、越えてはならぬ／お前の高波はここにとどまるのだ」（ヨブ三八・一一、口語訳）、と言われているように。イエス・キリストは今や天に昇り、「支配」を意味する神の右に坐し、その名は「今の世ばかりでなく、来るべき世にも唱えられるあらゆる名の上に置かれ」（エフェ一・二二）た。それゆえ、彼には既に「一切の権能」（マタ二八・一八）が授けられている。そして、世の終わりには、「キリストはすべての支配、すべての権威や勢力を滅ぼし、父である神に国を引き渡されます。キリストはすべての敵を御自分の足の下に置くまで、国を支配されることになっているからです。最後の敵として、死が滅ぼされます。『神は、すべてをその足の下に服従させた』からです」（一コリ一五・二四―二七）、と記されているとおりになるのである。

ここで、父なる神はキリストの贖罪の御業が完了すると、すぐに「終末」を来らせ給うたのではなく、十字架の時から終わりの日のキリスト再臨の時まで、「中間時」（［独］Zwischenzeit）と称される時間を設けられた、という問題が立ち現れる。これには聖書の十分な説明がある。すなわち、先ほど挙げた聖句、「神は、すべての人々が救われて真理を知るようになることを望んでおられます」（一テモ二・四）とあるように、神は罪びとが自ら悔い改めて神に立ち帰ることを待つため、われわれのために「時間」を持ち給うからである。真実な愛は相手を「待つ」ことをする。神の重要な属性の一つである「忍耐」は、ここで再び輝き出る。そのために、神は「中間時」という「恵みの時」（二コリ六・二）を備えられたのである。「中間時」とは、神が忍耐と寛容をもって人類の神への立ち帰りを待つ時間である。われわれの「生」の時間は、そのために充てられている。

そうすると、「中間時」の間、「現実における」一人ひとりの人間と「真理における」彼自身との間には、常に一定の乖離、すなわち、時間的な「ずれ」（ラグ）があることになる。神が人間を待たれる間、人間は実に歩みが「遅い」——仏教の言う「慢」である——。「高慢」や「怠慢」という罪を犯し続けている。信仰に入り、洗礼を受けた者もやはり罪を犯す。罪の「燃えさし」がその人の中に残っている。ただ、彼の中でそれが再び燃え上がって焼き尽くすことはない。神の《法》の観点からするならば、彼の救いは既に確立され、神の帳簿には彼の名が登記されている。そして、言うまでもないことであるが、真理と現実とでは、真理の方が圧倒的に強いのである。われわれはこの《乖離》の問題を、第2節第2項で扱いたい。

それゆえに、イエス・キリストにおいていったんすべての人は死に、すべての人が甦ったのである。ここにおいて、「あなたがたは死んだのであって、あなたがたの命は、キリストと共に神の内に隠されているのです。あなたがたの命であるキリストが現れるとき、あなたがたも、キリストと共に栄光に包まれて現れるでしょう」（コロ三・三―四）、との聖句が妥当する。キリスト者はこの「真理」と「現実」との間にある《乖離》を、御霊の助けによって乗り越えることが許されている。「わたしは、既にそれを得たというわけではなく、既に完全な者となっているわけでもありません。何とかして捕らえようと努めているのです。自分がキリスト・イエスに捕らえられているからです」（フィリ三・一二）というパウロの言葉こそは、彼の嘘偽りのない告白であろう。[35]

3　神の恵みの選びと人間の信仰

われわれの贖罪論を結ぶ結語として、最後に、神の「恵みの選び」に関する考察を加えておきたい。これが、本書におけるわれわれのすべての考察を導いている重要な導きの糸であるので、ちょうど贖罪論が終わったこの場所で述べるのが適切であると考えた次第である。すなわち、天地創造から始まる一切の神の御業は、決して神の一時の気まぐれや出来心によって起こったのではなく、したがってまた、後になって最初の決意が翻えされたり、未完成のまま放り出されたりするような種類のものでは決してない。また、それらすべての御業は父・子・聖霊なる神の完全な内的合意により、明確な神的決定に基づき、用意周到な御計画の下に起こった、という聖書の終始一貫した主張についてである。

それらは、天地創造よりも前に、神が全くの自由な御決断において、本質的な意味で「被造物無き神」から「被造物と共なる神」へと「成られた」――つまり、本質的な変化をなされた――、と言われうる事柄なのである。それゆえにこそ、神は十字架において――御子の十字架の死に至るまでの従順においてーー人間の罪に対する御自身の激しい「怒り」をこの上なき「愛」へと転換させるという、勇気ある御業をもなしえたのである。このことが、「神の永遠の選び」という主題として神学が繰り返し語ってきた事柄に他ならない。

実際に、「神の選び」(予定)そのものは、旧・新約聖書を貫く根本思想であることは全く疑いがない。モーセもイザヤもエレミヤもその上に立って神の言葉を語っている。だから、これを認めないと旧約聖書は読めないはずである。パウロもヨハネもこれに基づいて証ししているから、新約聖書も読めないはずである。アウグスティヌスもルターもカルヴァンも、これを福音の絶対に不可欠な真理契機と考えている。「選び」とは、ちょうど芸術作品が芸術家の心の中にその始源を持ち、どんなことがあっても最後には必ず実現するように、神の永遠の御心の中に根差しているものだ、と考えることである。この信仰は、例えば実業家が倒産したので、橋の上から身投げして死ぬより他にない、という絶体絶命のときに、橋げたに足をかけた最後の瞬間に彼を思いとどまらせてくれるような信仰である。またそれは、イスラエルの人々が祖国の「崩壊期」に「この世界は無限に善い」と告白した信仰であった。それゆえ彼らは四〇〇〇年も生き延びてきた。前大戦下にも、六〇〇万人のユダヤ人がナチスによって虐殺された。しかし、彼らは今日なお世界の文明の一端を担っている。それは彼らが優秀であったからではなく、自分たちは神の愛ゆえに捨てられることはない、という信仰のゆえである。

(1)実際、聖書には神の救いの断固たる決意が随所で語られている。代表的には、「天地創造の前に、神はわたしたちを愛して、御自分の前で聖なる者、汚れのない者にしようと、キリストにおいてお選びになりました。イエス・キリストによって神の子にしようと、御心のままに前もってお定めになったのです。神がその愛する御子によって与えてくださった輝かしい恵みを、わたしたちがたたえるためです」（エフェ一・四―六）という御言葉が挙げられる（その他、パウロではロマ八・二九―三〇、九―一一章、ヨハネでは一五・一六等参照）。

これを裏から言えば、神は人間をロボットのようにお造りになったのではなく、人間に罪を犯す自由を与えられた、ということである。この「自由」がすなわち、中世のローマ・カトリック教会の神学者たちや今日の一部の神学者たちが主張している人間の「自由（選択）意志」（liberum arbitrium）と称されるものに他ならない。われわれはその存在を認めている。ただし、その自由とは、人間が他の生物たちと共有する「被造的自由」に過ぎないのであって、彼が神の恩寵を受けてその契約の相手とされるか否かを選択する場合には、罪のゆえに常に恵みを拒否する方向にしか働かない無能な自由、「奴隷的自由」である、とわれわれは考えている（一四九頁のルターの「奴隷意志説」参照）。

天地創造に際して、神が人間に自由をお与えになったということは、神が絶大な《リスク》を負われた、ということである。神は人間がロボットではなく、自分の方から神を信頼し、愛し、従うことをお望みになった。したがってそこには、人間がそのようにはしない、という可能性――神にとっては、非常に大きなリスクを意味する――が含まれている。「自由」とは、人間にとってそれほどに貴重な、そして、きわめて重量のある神からの贈り物だったのであり、そして、人間は皆それを誤用したのである。

この場合、人間がいつか必ず罪を犯すであろうということを、神は百も承知であられたと考えるのが至当であろう。それでも神が天地創造を始められたのは、創造から終末までに至る全歴史が、神から御覧になってかくも「善」である、と判断なさったからに他ならない。したがって神は、キリストにおいてこの罪に対する永遠の勝利を初めから予定しておられたのであり、それはすなわち、イエス・キリストの十字架による贖いを、神は永遠の昔から――したがって、人間が罪を犯す前から――決意しておられた、ということを意味するのでなければならない（「堕落前予定説」）。十字架は神の「後知恵」ではないのである。

以上が、神学で昔から主張されてきた予定説であり、聖書も主張しているので、正しいと思われる。今日、予定の教理を蛇蝎のごとく忌み嫌うキリスト者たちもいる。実際、プロテスタント教会内にあってアルミニウス主義を奉ずる人々は――穏健で宗教改革の精神をほぼ受け継いでいるメソジスト派からさまざまな福音派やペンテコステ派に至るまで――、選びの思想、特に、カルヴァン主義的な二重予定説に強く反対している。それゆえ、予定の教理はあくまでも、それを認めないならばもうキリスト教徒とは言えない、という意味での公同教会的な「教義」（ドグマ）ではなく、部分教会の「教理」（ドクトリン）の段階に留まっている。

しかし、プロテスタント教会に限って言えば、この教理を認めない大部分の理由は、誤解によるものである。例えば、もしこれを認めるならばすべてのことがあらかじめ決定されているという決定論に陥り、信仰の主体性が失われてしまうのではないか、という誤解によるものであろう。しかしこの誤解は、人間が神と対等であると考えるような極端に不遜な考え方をするのでない限り、本来ならば容易に解消されうる。なぜなら、被造物である人間には自由意志が賦与されているということは、先刻述べたとおり、誰も否定していないからである。ただ、人類はすべて罪を犯してしまったので、もはやいかなる善をもなしえない状態に陥ったのであるから、神が御霊を注がない限り、誰一人として神に立ち帰って新生の恵みに与ることはできない（ガラ五・一七参照）。「聖霊によらなければ、だれも『イエスは主である』とは言えない」（一コリ一二・三）、と聖書に明記されているとおりである。

この聖句が主張することを認めず、人間が神の恩寵を拒否する自由を持つと考えるならば、たちまち「神人協力説」に陥る。神の予定は、人間の被造的自由を否定することではない。むしろ、御霊が人間の中に真の、霊的な自由を創出する。これが「キリスト者の自由」と呼ばれるものである。「この自由を得させるために、キリストはわたしたちを自由の身にしてくださったのです」（ガラ五・一）とあるとおりである。

もう一つの、予定説が嫌われてしまうより本質的な理由は、カルヴァンの「二重予定説」に対する誤解や嫌悪による。カルヴァンはあまりにも強く、「永遠の昔から救いに予定された者」と「滅び（棄却、または、遺棄）に予定された者」の「二重予定」を説いた[36]。そして、これは「神の」予定であるゆえ、人間が変えることのできない「決定」であると強調し、多くの人々を震え上がらせたのである。カルヴァン説は、そのままでは人々が震え上がるのはやむをえない。しかし、カルヴァンが「二重予定」を帰結させた論理の道筋には飛躍や抽象化があり、決して正鵠を射たものであるとは言えない。カルヴァンの予定説の抽象性とは、すなわち、Aさんは福音を聞いて信仰を得たが、Bさんはそうではない、ゆえにAさんは救われ、Bさんは救われない、といった、神の御心の内部にまで踏み込んだ推察を推論の中に組み入れてしまったことである。この推論は人間には許されない。例えば、聖書中、神の永遠の選びについてこの上なく明瞭に言及している唯一のテキストとも言うべきエフェソの信徒への手紙一章三節以下には、「二重予定」などという思想は微塵も見受けられない。聖書が神の永遠の御心の中にあった救いの御決意について語るときには、本来、ただキリストのゆえに神をほめたたえる「ほめ歌」、すなわち、「ほめたたえられますように」という頌栄の言葉だけが格調高く語られている。

(2)二重予定説の抽象性は、後に、K・バルトの「キリスト論的集中」によって大いに修正を施された、と言えよう。と言っても、バルトはカルヴァン自身が既にある箇所で語っていた、イエス・キリストこそは、われわれが自分の選びをその中で直視し、かつ確信できる《鏡》である、という基本的な認識[37]をそのまま受け継いでいるだけである。すなわちバルトは、われわれが抽象的な思弁に陥らないためには、イエス・キリストという「鏡」を通して、選びを理解しなければならない、と述べた。すなわち、このことが、エフェソの信徒への手紙では「神はわたしたちを愛して、……キリストにおいてお選びになりました」(一・四)と語られており、そしてそれが、十字架上の最後の叫び、「エロイ、エロイ、レマ、サバクタニ」、「わが神、わが神、なぜわたしをお見捨てになったのですか」(マコ一五・三四)となって実現された、と言う。バルトがひたすらに着目したものは、ルターの言う「喜ばしい交換」(一三三頁以下参照)と同じものである。そこに立って、彼はカルヴァンの「二重予定説」を大きく改善したのである。すなわち、神の予定とは、その中心に御子を十字架につける御決意があり、その結果として、「わたしたちはこの御子において、その血によって贖われ、罪を赦されました」（エフェ一・七）という出来事が起こることである。それゆえ、「二重予定」という紛らわしい呼び方も改め、「神の恵みの選び」とし、予定説全体を「福音の総括」と呼んだのである。[38] われわれもこのバルトの説を了としたい。

また、この「恵みの選び」の信仰と切っても切れない関係で結びついているものが、プロテスタント教会における「ただ信仰のみによって義とされる」という、「信仰義認の教理」である。この教理に従って、「信仰」とは、神の永遠の選びという無条件の「受容」に対する人間の側からの無条件の応答、すなわち、《受容の受容》である、とわれわれは既に確認した（一四六頁参照）。それゆえ、選びの信仰を信ずることは、決して一部のアルミニウス主義を奉ずる人々が恐れているように、人間が自分の自由を失い、決定論や運命論の奴隷となってしまうことではない。むしろ、真の意味での「キリスト者の自由」を獲得することであるのは、多くのキリスト者たちがその最も深い信仰体験としてきわめてよく承知している事柄なのである。

(3)そもそも、自由とは何か。それは疑いもなく、すべての人間の「魂」が最も深く求めているものである。すなわち、人間は自分が確かに存在しており、行為の「主体」であり、己の住む自然環境の一部でもなければ、自分の家族や社会や国家というより大きな社会の一部でもなく、文字通り「自由」な（または、自己同一的な）存在者であることを強く意識し、またそのことを欲している。そして、どこに己の真の「自由」があるかを求め、それと自己同一化しようと欲している。つまり、「自己同一化」こそが人間の「人格」なるものの中の、最も根源的で、かつ、その最先端で常に欲せられている働きである、と言えよう。それゆえわれわれは、人間が真に自分自身であることができることが、人間が最も深い意味で求めている「真の自由」である、と考える。自分が自分であるとは、すなわち、「自己同一性」(self-identity) のことである。「わたし」とか「あなた」とか「彼」とか「彼女」という人称代名詞が成立しうるのは、この自己同一性があって初めて可能であり、また、それがあればいつでも可能である。また、「わたしの」とか「あなたの」とか「彼の」等々の、権利・義務や所有に関する意識やそれに基づく所有代名詞も、ここで初めて成り立ちうる(39)。

そうであるとするなら、聖書が言っている「キリスト者の自由」とは、人間が御言葉の中に啓示された「真のわたし」を、そのままに真の自己自身として受容するとき、すなわち、その意味での真の「自己同一化」が起こるとき――この出来事は聖霊による――、そこで生まれる真の「自己同一性」のことであろう。したがって、御言葉を認識し、理解するという場合に限ってであるが、人間の「魂」は最終的には主役ではない。主役は神の御霊である。「聖霊によらなければ、誰も『イエスは主である』とは言えない」(一コリ一二・三)からである。「真の自由」という事柄において、人間は常にわき役である。神が御自身を現されるか、隠されるかは、神御自身がお決めになるからである。しかも、神は突如として、すべての壁と障害を突き破ってくるかのように、人間のところに来られる。このことは、一瞬の出来事である。確かに、彼が御言葉との格闘をし続けてきた時間は、信仰の決断に至るまでに何年、あるいは何十年も費やされたのかもしれない。ひょっとしたら彼は、既に生涯の終わりに臨んでいるのかもしれない。しかし、それがどのように長い時間であったとしても、信じる決断そのものは、ほんの一瞬の出来事だったのである。その瞬間とは、彼が説教を聴くことを通し、あるいは他の何らかの機会を通し、確かに、「わたしに従って来なさい」（マコ八・三四参照）というキリストの御声を聴いたと思った瞬間である。彼はそのために生まれ、そのために「自己」を形成し、一人の自由な「人格」として成長してきたのである。

以上から明らかとなったように、われわれがここで語った「キリスト者の自由」とは、AもBも選べるという、いわゆる「自由選択意志」のことではない。あるいは、「日本国憲法」が保障しているあらゆる「基本的人権」をその根底から支えている人間の「基本的自由」（思想・良心の自由や信仰の自由等々のいわゆる「精神的自由」や、奴隷とされない自由等々の「身体的自由」、また、それらに基づく経済的・政治的・社会的自由）のことでもない。むしろ、それらの最も根底にあって、それらすべてを支えている魂の自由、誰も他人に譲ることのできない自由のことである、と考える。われわれはこの「キリスト者の自由」を限りなく尊重する。なぜならば、そのときに彼は真の「自由」を、すなわち、真の「自己同一性」を獲得し、感謝するからである。同時に、永遠の生命を、すなわち、「罪を犯さないことができる」(posse non peccare; can not sin) 自由を与えられるのである。

第2節　キリスト教の死と終末の理解はどのようなものなのか

われわれは、これからいよいよ、「現実の人間」について論じたい。「現実の人間」とは、すなわち、現実にこの世で生き、罪を犯し、死を経験する人間自身のすべてのことである。

ところで、人間の「生」の意義は、彼の「死」、及び、終わりの日に起こることどもによって深く規定されている。それゆえ本節では、初めに、「人間の死」とは何であるかを考えたい（第1項参照）。次に、終わりの日に至るまでの「中間時」の意義について考察する（第2項参照）。最後に、終わりの日に起こることどもについて、すなわち、「身体の甦り、最後の審判、永遠の生命」について、考えたい（第3項参照）。これらのことから、人間の地上の「生」の意義が明らかにされると考える（第3節参照）。

1　「死」とは何か

人間の「死」とは、前節で述べられたキリストの勝利という観点から見られた場合、そもそもどのような出来事・事柄なのであろうか。それは思うに、二重に規定される。すなわち、まずそれは、人間存在の絶対的な「終わり」である。と同時に、それは「終わり」ではなくて、むしろ永遠の生命の「始まり」（または、それへの「門」）でもある。「死」にはこの二重の性格がある。それならば、死とは現世から来世への単なる「通過点」ではないか、と言われればそれまでであるが、そんな簡単なものではない。死には計り知れない大きな影と謎に満ちた暗闇の部分があるからである。

本項では初めに、この暗闇の側面、すなわち、なぜ死が人間にとって「恐怖」であるのか、という問題を取り上げたい。次に、「死」が人間存在の「終わり」であるということについて、そして、「永遠の生命」の「始まり」であるということについて論じたい。

(1) 初めにわれわれが取り上げてみたい問題は、人間にとって、死は一見したところ、まさしく「恐怖」であり、はなはだ「呪わしいもの」であるかのように見受けられる、ということである。これをキリスト教では、「呪いの死」という言葉で言っている。しかし、その実相は決してそうではない。

①死は実際に、「生・老・病・死」の四苦のうち、最も恐ろしいそれらの元凶である、と考えられている。それは人間にとっては、端的に言って自己の存在の消滅であり、愛する人々との離別であり、自己の存在使命の不成就を意味する。「存在使命の不成就」とは、彼の存在規定の中に、彼は神の永遠の生命に与る者として創られた、という一項目がある。仮に彼がそれを全く知らないとしても、どこかで、自分の存在目的が成就されないまま——しかも、何らかの己の罪や咎や負債のゆえに——自分が負債を負ったまま「終わり」を迎えなければならないということは、予感しているはずである。そこが、彼が他の動物とは異なるように創られている、ということである。したがって彼は、自分を脅かす「呪わしいもの」として死を「恐怖」し、自らの死を深く「憂慮」せざるをえない。この死に対する漠然とした恐怖について、われわれはまず知りたい。

確かに、死に対する恐怖に対して、人間はさまざまな《防御態勢》を敷くことができる。例えば人間は、実に無数の「気晴らし」という死からの《逃亡手段》を持ち、大いに利用している。仕事、恋愛、さまざまなゲームや賭け事、性、学問や芸術、政治、戦争、等々である。それらに熱中し、興奮を覚える度毎に、生の充実感が死を忘れさせる。

また、次のような思考回路も、彼にとってはおなじみのものである。すなわち、生きとし生ける者にはすべて《寿命》があり、人間も他の動植物同様、精力が衰退して《自然に》消滅する。また、

「死」がなければ生命の循環がなく、地上は生物であふれて困るだろうし、永久に生きなければならないとしたら、その方こそはるかに退屈で恐ろしい。それだから、生きとし生けるものには必ず終わりがあるという「法」を悟り、それを「明らかに見る」（すなわち、《明らめる》）ことこそ肝心である、等々と。そのための修行にいそしむのが、仏教の教えのようである。[40]

しかし、自分の死を完全に「動植物の死」と同じように考えようとすることは、生まれつき宗教的天分に恵まれた人にとっても至難の業のようである。実際には、年とともに目がかすみ、腰が曲がる。体力が衰え、欲望が弱まり、神の御配剤により、死が受け入れやすくなるというのが実態のようである。

この他にも、神によって備えられた天性の《防御装置》がある。先に述べた、罪に対する《隠蔽装置》（一二〇頁参照）などもその一つである。しかし、次の根本的な事実は、やはり何一つ変わらないであろう。すなわち、

これが自分の力に頼る者の道
自分の口の言葉に満足する者の行く末。
陰府に置かれた羊の群れ
死が彼らを飼う。
朝になれば正しい人がその上を踏んで行き
誇り高かったその姿を陰府がむしばむ。

（詩四九・一四―一八）

われわれが、死は「呪いの死」である《かのように見える》と言ったのは、死は事実、そのように――特に、われわれがキリストの出来事を認めようとはしない間は――見えるからに他ならない。いや、死は元来、もしキリストの死がなかったとしたら、事実「呪いの死」であり、それ以外の何物でもないのであるから、あたかも「呪いの死」である《かのように見える》としても、少しも不思議はないのである。

②しかし、「呪いの死」自体は、――まことに幸いなことに（！）――たとい人間がどんなに願っても、誰も決してそれを経験することも、実感することもできない。なぜなら、イエス・キリストがこの「呪いの死」を二〇〇〇年前に《ただ一度限り》経験し、そして、それを永遠に取り除いてしまわれたからである。ゆえに、もはやそのようなものは、誰一人として経験することができなくなったのである。

とは言え、この「呪いの死」を、ある程度までなら、われわれは知ることが許されるであろう。そして、それを知ることは、われわれにとっては決して無益ではないと思われる。なぜなら、それを知らないままであるなら、われわれは死についての非常に浅薄な考え方の持ち主として生涯を終えることになってしまうからである。また、それを知ることによって、われわれは自分が実際に「呪いの死」から解放され、永遠の生命に入れられているということの真の感謝と喜びを知ることができるからである。

それゆえ、われわれはしばらく、キリストの死に意識を集中し、「呪いの死」とは何であったかを知りたい。

キリストの死が「呪いの死」であったことを、最も雄弁に語っているのは、ゲッセマネと十字架上の祈りに関する記述であろう（マコ一四・三二以下並行及び一五・三三以下並行）。

オリーブ山のふもとに「ゲッセマネの園」と呼ばれるオリーブ油の絞り場がある。主イエスは逮捕される直前まで、およそ二―三時間の間、この園で父なる神への祈りに没頭された。ペトロ、ヤコブ、ヨハネの三人の弟子たちを引き連れておられたが、道中、「イエスはひどく恐れてもだえ始め、彼らに言われた。『わたしは死ぬばかりに悲しい……』」（マコ一四・三四）、と。そしてさらに奥へと進みゆかれ、地面につっぷして、満月の中、独り祈りに没頭された。宗教改革者のマルティン・ルターが、このときのイエスについて、「かつて、この男ほど、死に恐れおののいた男はいない」、と語っている。世のいわゆる哲学者や宗教家たちは、死を少しも恐れない（ソクラテス、キリスト教の殉教者たちなど）。イエスは彼らよりも劣っていた、と言うべきなのであろうか。もちろんそうではない。むしろ主イエスは、人間の死とは何であるかを完全に知り尽くしておられた。そして、人間はそれを担いきれない弱さを抱えていることをも、よく御存じであった。人間の弱さとは、端的に言えば、どのように悟りを開いた人であっても、自分の罪の責任を自分で負うことはできず、逃避することしかできない、という弱さである。そのわれわれの弱さを、キリストは代わって担われた。「キリストは、肉において生きておられたとき、激しい叫び声をあげ、涙を流しながら、御自分を死から救う力のある方に、祈りと願いとをささげ、その畏れ敬う態度のゆえに聞き入れられました」（ヘブ五・七）とあるとおりである。

この特別な死を担われた場所が、十字架上であった。主イエスにとって、その戦いとは、十字架から最後まで降りないで、サタンの手中に落ちることであった。どんな戦いでも、敵の手中に落ちることは最も辛いことである。しかし――「虎穴に入らずんば虎児を得ず」ではないが――、主が十字架にかからなければ、人間をサタンの手から救い出すことはできない。そしてその中心は、神の「呪いの死」を引き受け、愛する父なる神から引き離され、サタンの手中に入って死ぬことを承諾することである。

主がこの戦いの最後に、虚空に向かって叫ばれた叫びが、「エロイ、エロイ、レマ、サバクタニ」、「わが神、わが神、なぜわたしをお見捨てになったのですか」（マコ一五・三四）という叫びである。「見捨てる」という言葉は、「崖から突き落とす」という、非常に意味の強い言葉である。だから、聖書の中でも最も暗い言葉と言われている。言うまでもないことであるが、ここで父なる神はただ黙然と御子の御受難を眺めておられたのではない。父なる神にとっても、御子を十字架につけることが《悲痛》であったことは、言わずもがなのことである。それは、愛する独り子イサクを献げるアブラハムの心境でもあろうか（創二二章参照）。しかし、父なる神は、ゲツセマネの祈りにおいても、ゴルゴタの十字架の時にも、終始無言であった。御父は愛する御子の御苦しみを、実に深い沈黙の中で良しとされた。われわれの救いのために。

ただし、この叫びには、二つの側面があることを、われわれはここで十分に注意しなければならない。その一つの側面は、ただ今述べたとおり、それは愛する父なる神から捨てられるという感覚・実感そのものである、という側面である。このことは、ほとんど説明する必要もないし、実は、正確に言えば、われわれには説明も実感も不可能である。もう一つの、より重要な側面は、ここでも御子は、御父に深く信頼しておられる、という側面である。

なぜこれが信頼の表明であるのか。われわれは第一に、事実、御子は最後の瞬間まで、御父に深く信頼し、十字架を最後まで降りられなかったことを、忘れてはならない。第二にわれわれは、御子がゲツセマネ以来、ずっと御父に祈り続けておられたことを、思い出す必要がある。大祭司の法廷においても、十字架においても、御子は終始沈黙しておられた（マコ一四・六〇―六一、一五・五、ヨハ一九・九参照）。十字架につけられた朝の九時からお亡くなりになる午後三時までの六時間、主は十字架上で何も考えずにおられたわけではない。終始祈りにおいて、父なる神との会話をしておられたに違いない。したがって、その祈りの最後に発せられたあの叫び声自体が、祈りであった、と考えられる。実際、「わが神、わが神……」の文言は、詩編二二編の冒頭の聖句である。そしてこの詩編は、「信頼の詩編」である。「母がわたしをみごもったときから／わたしはあなたにすがってきました」（一一節）と謳われている。その相手に裏切られた、と謳っているのではない。特に後半では、全体が神への賛美へと大きく転換している。「わたしは兄弟たちに御名を語り伝え／集会の中であなたを賛美します」（二三節）とあるように。御子はこの詩編を深く愛され、最後に全編を暗唱して神を賛美して死のうと思われたに相違ない。しかし、その最初の言葉を発して息絶えたものと思われる。あるいは、もう一度息を継ごうとして、継げなかったのかもしれない（マコ一五・三七参照）。

以上のことから確実に言えることは、この叫びが神への祈りであり、しかも、それはイエスが御自分の救済事業に失敗し、神から見捨てられたという絶望の祈りではなかったことである。むしろ反対に、御父への深い信頼と服従の祈りであり、そして何よりも、勝利の祈りであった、ということである。「十字架から降りて、自分を救え」（マコ一五・三〇、三二参照）という誘惑に勝利されたのである。主は勝利し、「成し遂げられた」（ヨハ一九・三〇）と言われて、息を引き取られたのである。

そうすると、どういうことになるであろうか。われわれ全人類は、この「エロイ、エロイ、レマ、サバクタニ」の祈りによって、「呪いの死」とその恐怖に対しては、「鉄壁の守り」によって守られている、ということになるであろう。キリストは十字架上で、われわれの罪とその一切の結果を背負って神の「怒り」と「呪い」を受けて死なれた。したがって、われわれ人間は皆、死においても、このキリストの叫びのゆえに、この叫びによって、まさに「呪いの死」から「鉄壁の守り」で守られている、ということになる。それゆえに、われわれにはもはや「呪いの死」はなく、ただ「平安な死」、「祝福された死」しかない、ということになるのである。

それゆえ、主イエスが神の御子であると信ずる者にとっては、死はもはや恐怖ではない。なぜなら、死においても、陰府においても、われわれはキリストという「千歳の岩」によって堅く囲まれているからである（『讃美歌』二六〇番参照）。ゆえに、モーツァルトが言ったように、「死が最愛の友のように思える」という死を、キリスト者は死ぬことができる。人間は、自分の生を完全に神の御手に委ねうると同様、死をも完全に、十字架から降りられなかった主に委ねうるのである。

(2)そこでわれわれは、いよいよ、「死」とは何であるかについて、本格的に論ずることができるようになった。

前の(1)で述べたことから、われわれは神がキリストのゆえに、われわれの死から一切の「呪い」という根本性格を奪い取り、別のものへと変質させられたことを、認識することができる。われわれの死は、われわれの生の限界である。しかし、キリストの死は、われわれの死の限界である。すなわち死は、今や、すべての罪びとが必然的に通る「永遠の生命」への通過点、天国への「門」となったのである。

①われわれは、死とは、キリストのゆえに、創造者なる神が「きわめて善い」と言われた（創一・三一参照）創造の秩序の中に、初めから所属していた「善きもの」である、と考えることができる。つまり、人間は「死ななければならない」ように創られていたわけではないが、罪を犯せば死ぬ。その意味で、「死ぬことができる」ように創られていた。そして事実、罪を犯して死ぬようになったが、キリストの罪の赦しのゆえに、この死を平安な気持ちで受け取ることができるようになったのである。[41]

このような「死」の理解は、死がなお神の呪いであると考える理解の仕方よりも、愛する者の死や本人自身の死において神の慰めを語るべき牧会者（牧師）にとっては、非常に大きな意味を持つはずである。

しかしわれわれは、その神学的な意義について、もう少し深く掘り下げてみたい。

このテーマは、次のような関連で浮上してくる。すなわちわれわれは、これまでに、死がなぜ「恐ろしい」、「不気味なもの」であるかを考察してきた。死は実際、己の存在の消滅という意味でも、愛する者との離別という意味でも、人間にとっても神にとっても「最後の敵」（一コリ一五・二六）としての性格を備えていた。実際、聖書には、死があたかもアダム（最初の人）が罪を犯したゆえに、（創造よりも）後から入ってきたように描かれている箇所もある（ロマ五・一二等参照）。もしそうであるとするならば、死は罪と同様、創造の秩序には属しておらず、後から闖入した異物であり、終わりの日までサタンの支配下にある、という印象を与えかねない。そうなれば、死はサタンが滅ぼされるまでその手中に握られている、ということにもなりかねない。

しかし、死はサタンの手中にある悪しきものではない、とわれわれは考えている。むしろ、宗教改革者たちが理解したように、「生・老・病・死」のすべてが神の御手の中にある、と考えている。すなわち、死は神の「左手の御業」、「非本来的な、他なる御業」ではあるが、やはり、神の御手の業である、と。というのも、宗教改革者たちにおいては、創造（・摂理）・和解・救贖（完成）の一連の御業は、すべて神の「右手の御業」、または、「本来的な、恵みの御業」と呼ばれた。これに対して、災いや死は、単に神の左手の、つまり、非本来的な御業に過ぎない、と理解されていたからである（もちろん、恵みの御業は神の左手の御業に対して、圧倒的な優位にある）。われわれも同様に、死はたとい一時的にはサタンがそれを神から借用し、人間をますます罪と反逆へと駆り立てる武器として用いるとしても、本来的には、神の武器である、と考える。実際のところ、死はわれわれ人間を悔い改めへと導く。病もそうである。通常は人々が忌み嫌う「生・老・病・死」のすべては、サタンの手中にある彼の占有物・武器であるのではない。むしろ、それらは神の左手の中に納められていて、サタンはただ、神が許された範囲内で、許された期間だけ（ヨブ一・一二、二・六参照）、これらを神から借用しうるだけである。実際のところ、われわれは苦しみや病を経験し、死を思うことによって、真剣に神を求め、神と出会うようになる。実に数知れない多くの人々が、それらを通して神へと導かれたのである。詩編の詩人もまた、「卑しめられたのはわたしのために良いことでした。／わたしはあなたの掟を学ぶようになりました」（詩一一九・七一）と謳い、「わたしを苦しめられたのは／あなたのまことのゆえです」（同七五節）と告白している。自然的な人間は、「生・老・病・死」を忌み嫌う。しかし、キリストを信ずる者にとっては、それらは憎むべき相手ではない。憎むべき相手は、それらをもたらした己の罪と、罪への誘惑を仕掛けたサタンでなければならない。そして人間は、「わたしたちを誘惑に遭わせず／悪い者から救ってください」（マタ六・一三）と祈ることを学ぶのである。死を含めて、われわれが短い人生で体験するすべての幸と不幸とは、サタンからではなく、全能にして愛と憐れみに富み給う神の御手から来る（ヨブ二・一〇参照）。そして、キリスト者は、「神は真実な方です。あなたがたを耐えられないような試練に遭わせることはなさらず、試練と共に、それに耐えられるよう、逃れる道をも備えていてくださいます」（一コリ一〇・一三）と信じることができる。

②以上で「死」が神の善き創造の秩序の中に所属していることが明らかとなったと思われるので、いよいよ、「死」とは何かについて述べたい。

われわれの答えは、本項の冒頭で述べておいたとおり（一六四頁参照）、二重のものである。すなわちそれは、一方においては人間存在の「終わり」（終焉）であると同時に、また、永遠の生命の「始まり」でもある。

死とは、第一には、被造物として地上にしばらくの間生かされていた人間の、完全な終わりを意味する。[42] なぜなら、死において、神の被造物としての人間は、彼の存在の時間的な限界点（最終到達点）に達しており、もはやその先は存在しなくなるからである。彼はじきに分子のレベルにまで分解され、四散してしまう。

ただし、われわれはこのことが、あくまでも《能動相》における人間存在についてだけ妥当する、と考えている。この点には十分にご注意願いたい。というのも、人間の存在（人間が「ある」ということ）は、《受動相》と《能動相》とに分けて考えることが可能だからである。《受動相》とは、われわれが見たり聞いたりし、感覚（またはその他の可能性）を通して外部から受け取った情報について何事かを感知し、感情を抱き、理解し、判断を下す、等々の事柄一切に関するもののことである。先に述べた、神の言葉を聴いて信ずるという行為も、感謝し、喜ぶことも、すべてはこの《受動相》において捉えることができる。これらに対して、《能動相》とは、われわれが《受動相》において受け取ったすべての事柄に基づいて、何かを主体的に欲し、願い、決断し、実行する事柄に関するもののことである。神に祈り、従うという行為も、隣人を愛するという行動も、こちらに属する。

人間は死んで墓の中で朽ちてしまえば、明らかに、もはや《能動相》においても《受動相》においても存在しない。ただし、神の記憶の中では彼は現実に存在する。そして、終わりの日には、もはや《能動相》においては存在しえないが、《受動相》においては、キリストの復活に与り、存在しうる。現在の段階で、すなわち、死が「終わり」である、と述べているこの段階で、われわれが確認したいのは、《能動相》における人間は、もはやいかなる意味でも永遠に存在しなくなる、ということである。

この考え方を積極的に述べるならば、人間は「死」において、全能者なる神と直接《境》を接する形で、その被造物としての完成点に達している。それはすなわち、神との契約の相手として、何かを意志し、実行する人間の役割は——その良し悪しや出来映えがどのようなものであれ——、すべて完了し、終わった、ということである。言い換えれば、死はこの世の生の単なる「終わり」ではなく、それをはるかに凌駕する意味において、この世の生の「完成」なのである。「未完成」や「未達成」ではない。人間は死において、その《全体》を獲得する。もし死がなければ、彼はいつまでも《全体》のない存在である。死を持つことは、彼にとっては幸いなのである。なぜならば、神が彼と「境」を接し、神が彼の「生」を恵みをもって限界づけ、終わらせてくださるからである。その意味において、死はこの世の生の、終わりである。シメオンはこの意味において謳った。「主よ、今こそあなたは、お言葉どおり／この僕を安らかに去らせてくださいます。／わたしはこの目であなたの救いを見たからです」(ルカ二・二九―三〇)、と。

もちろん、キリスト教信仰を持たない人々は、全く別の意味においてであるが、われわれの主張にすぐに賛成してくれるであろう。つまり、人間の魂は肉体の働きに基礎を置き、それと不可分であり、脳のいかなる働きであれ——知覚や統覚であれ、思惟や思索であれ、判断や決断であれ、短期ないしは長期の記憶であれ——すべてが物質に過ぎない脳細胞の働きなのであるから、肉体が死んで朽ち果て、構成要素が全宇宙に拡散してしまったら、その人間は完全に死ぬ、という唯物論的な立場からである。しかしそれは、われわれの議論とは何の関係もない。確かに、われわれもまた、「魂」と「体」は一体であり、働きにおいても一体である、と語った。実際、神は「(体と魂を)殺した後で、地獄へ投げ込む権威」(ルカ一二・五)をお持ちなのであるから、死とは「体と魂」全体の死である。しかしながら、われわれはかかる唯物論的な人間理解に対してては、霊肉二元論に対してと同様、確然と一線を隔しておいた。なぜならば、われわれは神による「身体」（［ギ］ソーマ）の甦り」を信ずるからである。この概念で、われわれは聖書に従い、万物の創造者にして全知全能なる神が終わりの日に万物を更新なさり、そのとき人間は、あたかもこの地上において既に「体」が「魂」に服従して「魂的な体」（［ギ］ソーマ・プシュキコン、一コリ一五・四四「自然の命の体」）となっていたように、甦りのときには「霊的な体」（［ギ］ソーマ・プニュマティコン、同「霊の体」）へと変えられ、完全に御霊の御支配に服するものとなる、と考える。それは、もはや「罪を犯しえない」（non posse peccare; cannot sin）状態であり、キリストの似姿とされたもの（フィリ三・二一参照）である。その意味において、彼の魂も体ももはや罪を犯すことができないので、完全に《受動相》においてではあるが、まさしく神の御許で「存在している」。彼はそこにおいては、何かを思い出し、理解し、喜んだり悲しんだり感謝したりすることはできるであろう。しかし、罪を犯すことはできない。

(3)次に、「死」のもう一つの意味、すなわち、それが「永遠の生命」への「門」である、というわれわれのもう一つの主張の方に論述を進めたい。

ここで非常に重要であると思われるのは、人間が死において己の生の限界点に達した、とわれわれが述べた場合、この限界点を設定し、彼の生を限界づけたお方は、他ならぬ恵みの神御自身である、ということである。つまり、いかなる意味でも、それは「無」であるとか、「無限の寂寥」といった抽象物ではない。そこから後は、「地獄ゆき」が始まるわけでもない。なぜなら、死とは、神が人間をその存在意義である御自身の命、すなわち「永遠の生命」に与らせ、かくして彼の生とその使命を全うさせるという目的のために、その地上の生、すなわち、罪を犯さざるをえない生を終焉させたことに他ならないからである。ゆえに、人間は死において、直接神と《境》を接し、終わりの日に、《境》を超えて「神の国」に入れていただく。もちろんこれは、少しも自明の事柄ではなく、完全に神の自由なる恩寵の行為である。その点で、それは神が同じく「被造的限界」(43)を超えて人となられたという「受肉」の行為が尊厳に満ちた行為であったこととは正反対の、謙遜に満ちた行為でなければならない。人間の「超えゆくこと」は、あくまでも受肉の恵みに基づいて始めて可能となるからである。ともあれ、人間は事実、その肉は墓の中で朽ち果てようとも、そのすべての記憶は――それゆえ、「彼の魂は」と言ってよい――キリストの御ふところの中にあり、終わりの日に甦ることになろう。神の御記憶は彼に関する完全な記憶であり、彼の「全人格」である。この御記憶によって――そのまま何年、あるいは何百年、何千年経過するとしても、彼自身の実感としては、彼は今晩寝て、明日の朝床から目覚めさせられるように、それは一瞬のこととして感ぜられるのかもしれない――終わりの日に、神の全能の力により、彼は常世の朝に目覚めるのである。

①この場合の、完全な《受動相》における存在について、一言説明しておきたい。
人間が完全な《受動相》において存在しているとは、すなわち、完全に神に服従する「霊的な体」として存在している、ということである。それゆえに、彼はもはや神に背いた情欲や意志を持ち、罪を犯すことができない。もしそうではなく、再び罪が犯されうるとすれば、罪は未処置となり、終末

における甦りの出来事は、単に創造の原初への「原状復帰」となる。再び罪の堕落とそこからの贖いの歴史が何千万回と繰り返されるということになる。これはありえないことである。

そうではなく、聖書によれば、そのとき彼の「体」は今や天に属する「霊的な体」（［ギ］ソーマ・プニュマティコン、一コリ一五・四四「霊の体」）へと変えられる。「わたしたちは、土からできたその人（引用者注、アダムのこと）の似姿となっているように、天に属するその人（引用者注、キリストのこと）の似姿にもなるのです」（同一五・四九）、とあるとおりである。

②聖書は実際、永遠における人間の存在に関しては、その能動的側面をほとんど何も記していない。そもそも、旧約諸文書の初期の段階では、「来世」という考え方そのものが存在していなかった。旧約聖書で明確に死後の復活について言及しているのは、ダニエル書一二章二節のたった一箇所だけであるが、そこには能動的生についての言及はない。新約では来世については、われわれがキリストに似た者へと変えられて（フィリ三・二一参照）、天の故郷に帰った後は、ただキリストと「顔と顔とを合わせて見る」（一コリ一三・一二）や「神を礼拝し、御顔を仰ぎ見る」（黙二二・三―四）等の表現がその典型であるように、神を礼拝・賛美し、御名を呼び奉り、御顔を仰ぎ見て喜びと感謝にあふれること以外のことは、何も語られていない。要するに、聖書は黙示文学的なテキストを除けば、「神の国」や「永遠の生命」に関する積極的な描写を自らに禁じている、と考えてよい。

ゆえに、キリスト教的・ユダヤ教的な宗教性――これを一応、「宗教性A」と名づけておく――は、同じ唯一神教であるとは言え、次に述べるイスラーム教的な宗教性――これを「宗教性B」と名づける――とは、終末観を著しく異にしている。

イスラーム教的な宗教性においては、来世は全く現世と似た、その延長と考えられていて、そこでは現世の不幸を償う何らかの「補塡」がある、と考えられているようである。例えば「クルアーン」五六章には次のように書かれている。「昔の者からの集団（大勢）と、そして後からの者からの少数は、刺繡された寝椅子の上にいる。その上に寄りかかり、向かい合っている。彼ら（の周り）には永遠の少年たちが回っている。グラスと水差しと（酒）泉からの酒杯を持って……そして、彼らが選ぶ果物と、そして、彼らが好む鳥の肉を（持って回っている）。そして、つぶらな瞳の天女も（いる）(44)。「そして高く挙げられた寝床の（中にいる）。まことに、われらは彼女ら（天女）を創生として（出産によらず）創生した。そして、彼女らを処女となした。熱愛者に、同年齢に（なした）」(45)。信者たちは実際、「天国」を相当に現世的で美的・感性的なものとして受け取っているようである。しかしこのような酒池肉林的な来世観は、「宗教性A」の世界にはない。

「宗教性A」の来世観では、来世はわれわれの現世のそのままの継続や、そこで被った不幸に対する「補償」や、少しはましな生活といったことではない。端的に言って、それらのものを聖書は人間の「至福」とか「浄福」とは考えていない。むしろ、それらのものをはるかに凌駕したものが考えられている。言い換えるならば、「永遠の生命」とは、単に地上の生に比べて「よりよい生」(a better life) であるのではない。端的に言って、「生以上のもの」(the life more than the life) である。「肉と血は神の国を受け継ぐことはでき（ない）」からである（一コリ一五・五〇）（詳しくは本節第3項参照）。

③大切であることは、終わりの日に彼が御国で贖い主なる神を賛美するとき、彼の存在は神を「喜び」、神への「感謝」によって満たされる、ということである。

われわれは既に、信仰が「受容の受容」である、と語った（一四六頁参照）。人間存在の《受動相》は、まさにその時に満たされるのである。しかも、そこではわれわれは単に「信ずる」のではなく、「見る」ことになる。それは、完全な認識となる、という意味である。

われわれが地上に生きている間の「感謝」や「喜び」には、能動的な場合もあった。われわれは何かを能動的・創造的に企画し、実行するとき、喜びや楽しみを覚える。さまざまな肉の喜びを覚える時も、幾分かはまさしく能動性の中にあったのであろう。しかし、われわれがどんなに被造物を対象とし、それを完全に自らのものとして支配し、享受して喜びを覚えたとしても、それはまことに束の間のものであり、また、完全に心を満たすものであったとは到底言いがたい。しかし、終わりの日には「鏡におぼろに映った」（一コリ一三・一二）ようにではなく、「顔と顔とを合わせて（キリストを）見る」（同）。そして、それは須臾のものではない。したがって、それは最大の喜びと感謝において神の「浄福」に与る、ということになるのである。

このことについては、後に述べるが（本節第3項参照）、少しだけ述べたい。確かに、地上の生は素晴らしい。だから、多くの人は一分一秒たりとも長生きしたいのであろう。しかし、神との交わりはこの世での最も活動的な生以上の生である。なぜなら、終わりの時には「神がすべてにおいてすべてとなられる」（一コリ一五・二八）のであるから、神は一人ひとりの人においてもすべてとなられる。それは、彼自身が最も非活動的となることを意味すると同時に、また、最も活動的な神の生に与ることを意味する。それは、地上で最愛の人と共に過ごす時よりも幸いな時となるはずである。最も美しい自然に囲まれ、最も美しく、最も慰め深い音楽を聴く時よりも、はるかに深い慰めを得るはずである。なぜなら、彼は神によってすべての時の充満を与えられ、すべての失われた生の意味が満たされ、すべての失われた喜びが回復され、すべての悲しみの涙に対しては、神自らが「ことごとくぬぐい取ってくださる」（黙二一・四）からである。それゆえに、既に旧約の詩人たちも、「あなたの慈しみは命にもまさる恵み」（詩六三・四）と謳い、「あなたの庭で過ごす一日は千日にまさる恵み」（同八四・一一）と謳うことができたのである。

④死で《能動性》が終わるということは、現世こそは、彼が最も真剣に取り組むべき生であることを意味する。すなわちそれは、神による「地上の生」への完全な《祝福》と《肯定》と解放を意味する。此岸の生はまさしく「ただ一度限り」であるゆえに、一瞬一瞬が無限にかけがえのないものとなり、すべての出会いはまさに「一期一会」となる。これは重要なことである。

反対に、彼岸の生においては、彼自身の《能動性》はもはやない。彼はもはや、悔い改めて、そこでもう一度「真人間」となってやり直す可能性や機会もなければ、その他のどんな善いことであれ、もう一度やり直すことはできない。われわれは、来世が存在しない、と言っているのではない。また、来世において、彼はもう存在しない、と言っているのではない。そうではないが、その来世において神の前に立ち、まさしく彼自身として存在するのは、現世において彼自身であった者以外の何者でもない。イエス・キリストは、彼の誕生より死に至るまで、常に彼と共におられた。彼はこのキリストの愛を信じ、あるいは拒絶した。どちらの場合でも、それが彼の人生の真相であり、実相であった。彼はその真相をそこで初めて目の当たりに見るであろう。ただし、見るのは《受動相》における彼である。彼にはそこで感情も知性も彼自身の完全な生の記憶も皆再び与えられはするが、意志を行動に移す機会も時間ももはや持っていない。悔い改めようとしても、その「時間」はもうない。繰り返し言うが、善事であれ、悪事であれ、彼が現世において決断し、実行したものの記憶全体が、正真正銘の「彼自身」であり、その「全体」なのである。終わりの日に起こることは、それが永遠化され、神の御恩寵により、栄光化されることである。

枢機卿J・H・ニューマンが語った言葉が妥当する。「人生がやがて終わることを恐れてはならない。むしろ、人生が遂に始まらないことを、真実に恐れよ」との言葉である。

2　キリストの再臨と「中間時」の意義

前項で人間の「死」の意義が明らかにされた。「生」の意味はこれによって規定される。また、「生」の意味はもう一つのもの、すなわち、その目的である、「永遠の生命」の中味によっても規定される。それゆえ、われわれは時系列に従い、早速「身体の甦り、最後の審判、永遠の生命」について述べる段へと移りたいところである。しかし、実際には、主イエス・キリストは復活し、昇天された後、すぐには再臨されず、終末は遅延した。既に二〇〇〇年が経過したが、今日に至ってもまだ終末は成就していない。これを神学では、「終末遅延」と呼ぶ。また、キリスト昇天から再臨までの期間、すなわち、今現在の時間のことを、「中間時」（〔独〕Zwischenzeit）と呼ぶ。それゆえ、まず「中間時」の意義について考える方が、より順当であると思われる。

この「中間時」とは、今のこの時、すなわち、われわれが生きている時に他ならない。それゆえ以下に、この「時間」の意義やその本質について考えたい。

「中間時」という概念や考え方は、未信者にとっては恐らくかなりなじみにくいものであろう。なぜなら、未信者もこの世界には終わりがあり、その時には宇宙の大爆発が起こるかもしれないぐらいのことは考えているであろう。しかし、神の救いがイエス・キリストにおいて完結したと言うのであれば、なぜその後に「中間時」が続くのか、ということはかなり不可解であるに相違ないからである。しかし、既に述べたように（一五三頁以下参照）、「中間時」とは、聖にして憐れみ深い神が、一人でも多くの人々が悔い改めて神と和解し、救われた生を生きることを望み給うゆえに設けられた時間である（一テモ二・四参照）。神はその間中、われわれを待っておられる。このように「中間時」があるのは、聖書が告げている神の「救済」においては、神は身を低くして人間と共にあられ、優しく人間の自発的な応答を待っておられるからである。さらには、教会を御自身のパートナーとしてお用いになり、われわれを御自身の救済事業に参与させてくださるためである。それゆえ、「中間時」とは、キリスト者にとっては、「マラナ・タ（主よ、来てください）」（一コリ一六・二二）と祈りつつ終末を待望し、教会を建て、福音を告げ広める喜ばしい時なのである。

(1)初めに考えてみたいことは、「中間時」の本質を考える場合に、何を原理として考えたらよいのか、という問題である。というのも、ここには次のような問題性が潜んでいるからである。

すなわち、「中間時」とは、聖書的・福音的に考えれば、「見よ、今は恵みの時、見よ、今は救の日」（二コリ六・二、口語訳）とあるように、徹頭徹尾「恵みの時」であり、「喜びの時」であるはずである。然るに現代の教会では、必ずしもそのようには理解されていない。それはあたかも、キリストの出来事がまるで起こっていなかったかのように、もう一度それ以前の「古き時」に逆戻りしたかのように思われている。キリスト者や教会は、あまりにもしばしばそのようなアナクロニズムに陥り、この世をもう一度単なる「涙の谷」や「死の陰の谷」（詩二三・四）であるかの如くに受け取りがちなのである。本来から言えば、たとい、なおしばしの「艱難」や「試練」に遭わなければならないとしても、それらのものは基本的にはキリスト者が「キリストの御苦しみ」に与らせていただき（フィリ一・二九参照）、十字架と復活の意義をより深く認識するようになるための「恵みの時」であり、「善き時」である。なぜなら、イエス・キリストは「わたしは既に世に勝っている」（ヨハ一六・三三）、と言われたからである。それだから、「あなたがたも喜びなさい。わたしと一緒に喜びなさい」（フィリ二・一八）とパウロは何度も言っている。また、「あなたがたは、イエス・キリストを見たことはないが、彼を愛している。現在、見てはいないけれども、信じて、言葉に尽くせない、輝きに満ちた喜びにあふれている」（一ペト一・八、口語訳）とも書かれている。このような喜びが、非常にしばしば忘れられやすいのである。また、それに伴って、現世というものにも十分に積極的な意義が見出されにくくなっている。このようなことは、なぜ起こるのであろうか。

それは、伝統的な神学の「中間時」理解に何らかの欠陥があるからではないか。特に、「中間時」が「執行猶予期間」と誤解されることから来る弊害が大きいのではないか、と考えられる。

それゆえ、われわれはこの「中間時」がもっと神学的に正しく評価されるような見方や考え方を初めに確立しておかなければならない。つまり、この「中間時」を人間がそれをどう受け止めるかという観点からではなく、神が既に何を為され、この時に何を為しておられ、これから何を為そうとしておられるかという観点から正しく捉える捉え方を考えなければならない。そのためには、ここで父なる神が「忍耐と寛容」をもって罪びとの転向を待っておられるという、本項冒頭に掲げた「中間時」の本質規定だけでなく、より具体的に、「中間時」とは、イエス・キリストの御霊が働いておられる「聖霊の時」である、という観点をきちんと確立し、聖霊についても、その認識をより鮮明にする必要がある、と思われる。かくして、あの聖霊降臨日のころの、毎日が聖霊に満たされていた初代教会の生活と経験、すなわち、「毎日ひたすら心を一つにして神殿に参り、家ごとに集まってパンを裂き、喜びと真心をもって一緒に食事をし、神を賛美していたので、民衆全体から好意を寄せられた。こうして、主は救われる人々を日々仲間に加え一つにされたのである」（使二・四六―四七）というような事態が、もう一度われわれの認識や教会生活の中に回復され、信仰者一人ひとりの生活の中で再確認される必要があると思われるのである。

⑵それでは、このような基本的な考え方に立つとき、この「中間時」が「恵みの時、救いの日」（二コリ六・二参照）であることを、よりいっそう鮮明なものとさせるためには、われわれはどのような聖霊論を確立すればよいのであろうか。

「聖霊論」といえば、最近の神学はまさしく「聖霊論」のオンパレードであり、何も珍しいことではない。しかし、最近のそれは、一種の迷走現象を起こしているだけである。言うまでもなく、それはただ「聖霊」を強調すればよい、ということではない。ましてや、諸宗教におけるさまざまな心霊現象やすべてのスピリチュアルなものを無批判に取り入れたり、東洋のヨガや瞑想を無差別に教会的実践の中に取り入れたりするといったことではない。これでは万有在神論に陥るだけである。また、二〇世紀初頭からアメリカの一部で興ってきた聖霊（ペンテコステ）運動に掉さすこととも同じではない。ただ生き生きと喜んでいることが信仰であり、そうでないことは不信仰である、といったモットーを掲げたり、そのような立場から既成教会の批判を展開したりすることでもない。要するに、キリストが天に昇られた後、直ちにそれとは無関係に聖霊が降臨し、それ以降は聖霊の時代であると考えて、さまざまな「聖霊論的神学」なるものを展開することとは違うはずである。そうではなくて、イエス・キリストの勝利において明らかとなった和解の効力が、この「中間時」において十二分に力を発揮できるような聖霊論が構築されなければならない。それはすなわち、聖霊に関する考察が、イエス・キリストの御業及びその御人格と直結するような聖霊論でなければならない、ということである。なぜなら、「どの霊も信じるのではなく、神から出た霊かどうかを確かめなさい」（一ヨハ四・一）とあるからである。

それゆえわれわれは、具体的に、第一の、諸宗教における《さまざまな心霊現象における霊》と、第二の、旧約的な《創造者なる神の霊》と、第三の、新約的な《救贖者なる神の霊》の三者を明確に区別する必要がある。言うまでもなく、第一のものは日本のアニミズムやシャーマニズムや民間信仰、教派神道などと姻戚関係にあるものであるから、ここでは論外である。第二の、旧約的な《創造者なる神の霊》は、往々にして生き物に「命を与える霊」（創二・七、詩一〇四・二九、ヨブ三四・一四―一五等参照）に過ぎず、やはり「中間時」の本質を探るわれわれの考察の中に紛れ込んできてはならない。最近のいわゆる「聖霊論的神学」を標榜する神学者の中には、このような聖霊理解に基づき、もっぱら自然環境保護論に偏る傾向が見られる。[46] それを全否定するつもりは全くないが、聖霊は特に新約聖書においては、圧倒的に「（人間を）新しく生かす霊」として強調されていることが、見逃されてはならない。

われわれがここで考えるべきものは、右の第三の、新約的な「救贖者（和解者）なる神の霊」、すなわち、聖霊である。つまりその霊とは、新約聖書では明白に、イエス・キリストの御臨在とそのお働きであり、現臨するイエス・キリストが御自身を証しする霊である、とされている（一コリ一二・三参照）。つまりわれわれは、イエス・キリストの御霊を考える必要があるのである。

もちろん、「三位一体の外に対する御業は一つである」という三位一体論における思考原則はここでも尊重されなければならない。わざわざ「御父の霊」と「御子の霊」とを区別することもないようなものではあるが、ここでは、「御父の霊」が抽象的思考に陥る危険性があることを避ける必要があるので、敢えて「御子の霊」を強調したい。アレクサンドリアの正統主義神学者アタナシオスは教えている。「御父は源泉であり、御子は川であると言われることから、私どもは『霊』を飲むと言われるのです」。[47] アタナシオスは、聖霊とは、キリストという「川」からわれわれがじかに飲む「水」であり、それは「今、ここで」飲む「キリストの霊」である、と教えた。パウロも、「彼らが飲んだのは、自分たちに離れずについて来た霊的な岩からでしたが、この岩こそキリストだったのです」（一コリ一〇・四）と教えている。イエス御自身も、仮庵祭の最後の大事な祭りの日に祭司たちが、「あなたたちは喜びのうちに／救いの泉から水を汲む」（イザ一二・三）の聖句を唱えながら、シロアムの池から金の器で水を汲んで祭壇に注ぐ儀式を見ておられながら、突然《大声で》次のように叫ばれた。「だれでもかわく者は、わたしのところにきて飲むがよい。わたしを信じる者は、聖書に書いてあるとおり、その腹から生ける水が川となって流れ出るであろう」（ヨハ七・三七―三八、口語訳）、と。ヨハネによる福音書において聖霊降臨を預言している記事でも、「父がわたしの名によって」（一四・二六）や「わたしが父のもとから」（一五・二六）や「（わたしが）送る」（一六・七）という風に、注意深く文言が整えられている。それゆえ、信仰者がいただく「命の水」である聖霊は、直接われわれのところにまで流れてきた「川」である御子からじかにいただく、という表象の方が、「川」を経ずに遠い「泉」からいただかなければならないかの如き錯覚を抱かせる恐れのある表象よりも神学的に優れている、と考える。アタナシオスと共に、古代教会において主導的に聖霊論を樹立し、「ニカイア・コンスタンティノーポリス信条」の聖霊に関する告白文の形成に寄与した盲目の神学者ディデュモスの証言も、強くこの方向を示唆している[48]。

以上の聖霊論的な考察から、われわれは結論的に、教会に降臨し、教会と信徒の中に内住する聖霊とは、イエス・キリスト御自身の御臨在、すなわち、その霊的現臨（[ギ]パルーシア、real-presence）である、と考えたい[49]。それゆえ、これからのわれわれの論考は、彼が中間時において地上で力強く働いておられることの認識に固く立ちたい。

(3)さて、われわれはさらに先に進むに当たり、ここでK・バルトの「イエス・キリストのパルーシアに関する三形態説」を導入することがきわめて適切である、と考える。なぜなら、それは「中間時」の存在性格を、きわめて忠実に、「イエス・キリストの御霊のわれわれと共なる現臨」という概念と視点の下に捉えており、きわめて正鵠《せいこく》を射ていると考えられるからである。

初めにこの説をご紹介したい[50]。

①バルトはこの説において、「中間時」とはイエス・キリストがすべての人間と共にいますその「現臨」（[ギ]パルーシア）の時であり、「時は満ち、神の国は近づいた。悔い改めて福音を信じなさい」（マコ一・一五）の御言葉が成就する時である、と考えている。すなわち、「パルーシア」という言葉は、「そばに」（パラ）と「あること」（ウーシア）から造られたギリシア語であり、ある人がそこに現に居ること（real-presense）、または、そこに来ること（real advent）を意味する[51]。初代教会以来、この言葉は特に「キリストの再臨」を意味する術語として用いられた。バルトはこの意味内容を著しく神学的に拡大し、現在化しようとしたわけである。

まず、(a)イエス・キリストは死者の中から復活されてより天に挙げられるまでの四〇日間、弟子たちとさまざまな仕方で共におられた（ルカ二四・一三以下、一コリ一五・四以下等参照）。彼らは「主を見て喜んだ」（ヨハ二〇・二〇）。これが「パルーシアの第一形態」である。

次に、(b)教会で福音が宣教されることにおいて、またその度毎に、「インマヌエル」（マタ一・二三）のキリストは常にわれわれと共におられる。「主はすぐ近くにおられます」（フィリ四・五参照）。これが「パルーシアの第二形態」である。

第三に、(c)キリストは全き神であり、かつ全き人として、終わりの日に再臨され、われわれは互いに顔と顔とを合わせて相見る。これは、教会が待望している事柄そのものに他ならない。これを、「パルーシアの第三形態」と考える。

以上の三つは、顕現様態・対象範囲・明晰性等々においては異なるが、本質は全く同一である。それゆえに、互いが互いから理解されなければならない。

②バルトの主張の中でも特に注目すべきことは、この「第一のパルーシアの形態」を強調していることである。バルトはこの「第一形態」のことを、「四十日の福音」と呼んで特別に重視している。そして、その第二形態、すなわち、「中間時」における現臨を、この「四十日の福音」及び終わりの日における再臨と本質的には同一の現臨として理解しようとしている。

例えばこう述べている。「先鋭的な言い方をするならば、われわれは緊急の場合には、単に復活節の出来事とその使信だけを内容とするような福音書を想定することとさえできる。しかし、それらを全く含まないような福音書を想定することは決してできない。なぜなら、復活節の出来事とその使信は、然り、他のすべてのものを包含しているが、もしもそれらを欠くならば、他のすべてのものは単なる抽象として宙に浮いてしまうからである」[52]、と。バルトらしい大胆な発言であるが、当時、ドイツの新約学の大部分の教授たちや彼らにつく学生たちからは顰蹙を買ったものである。従来の神学の中では、「四十日の福音」（使一・三参照）はルカの創作程度にあしらわれて、特別な注意は払われてこなかったからである。しかし、それとは対照的に、画家G・ルオーはたくさんの「四十日の福音」に属するキリストを描いている。たくさんの「エマオのキリスト」も有名であるが、その中でわたしの心を打つものの一つに、復活の主が子どもたちと一緒に手を取り合って夕暮れの町を散歩しているという、何の変哲もない光景でありながら、えも言われぬ懐かしさと慕わしさに胸が迫るような作品がある。東京のアーティゾン（旧ブリヂストン）美術館所蔵の作品である。[53] 人間にとって、キリストは最愛の恋人以上の存在である。だから、手を繋ぐことができるということは、あの誰もが知っている、恋人と初めて手を繋ぐことができたときの胸がいっぱいになる喜び以上のものである。「四十日の現臨」は、弟子たちがその主と共にいることを許された、その意味で、終わりの日に匹敵する、無限に貴重な時間である。そのような時間が、かつてこの地上に存在していただけでなく、現在の時もそれに似ている、ということを、バルトは強調しているのである。

それゆえ、あの「四十日」は歴史の中の大いなる特異点である。その対象こそは主の弟子たちという範囲に限定されていたが（一コリ一五・五―六参照）、神の救いが目に見える形で弟子たちに啓示された時であるという意味において、端的に言って、終わりの時にキリストと「顔と顔とを合わせて見る」（一コリ一三・一二）無限の喜びの時と、本質的には同一のものである。[54]

③次に、これと本質的に同じであり、その意味で、互いが互いから理解されなければならないところの、「第三のパルーシア」とは、どのようなものなのだろうか。

それは言うまでもなく、神との完全な和解――このことは、既に二〇〇〇年前に完全に成就した――の普遍的[55]・最後決定的[56]・完全な啓示の時である。すなわち、文字通り、救いの全貌がその全救済史及び全世界史と共に、余すところなく完全に啓示され、歴史が終わる時である。そのとき、「神は自ら人と共にいて、その神となり、彼らの目の涙をことごとくぬぐい取ってくださる。もはや死はなく、もはや悲しみも嘆きも労苦もない」（黙二一・三―四）。「神の栄光が都を照らしており、小羊が都の明かりだからである」(同二三節)。

以上が、バルトの「イエス・キリストのパルーシアに関する三形態説」の基礎的な部分のご紹介である。

(4)さて、バルトが言いたかったことは、このパルーシアの「第一形態」と「第三形態」とが本質的に同一であるがゆえに、それらに囲まれた「中間時」におけるその「第二形態」も、本質的にはそれらと同じものであり、ただ、その顕現の対象範囲や形態、そしてその明晰性においてのみ異なる、ということである。われわれはこの説を——聖書が証するとおりであり、何一つ反論する理由は見出されないし、今までに誰も正式に真正面から反論を唱えた人もいない——全面的に受け入れることとし、さらに考察を進めたい。

第一に、パルーシアの「第二形態」の本質であるが、この顕現形態は当然のことながら、他の二つとはやや性格が異なる。神にして同時に人なるイエス・キリストのリアル・プレゼンスではあるが、他の二つがいずれも《見えるもの》であったのに対して、第二のものは、ただ信仰の目にだけ《見える》という点で、異なる。それは、「内なる人」(魂)に対する臨在と顕現であり、肉の目に対するそれではない。それは信仰者にとっては、「信じられる」形で現れるが、未信仰者にとっては単純に「見えない」。当然、他の二つとは異なる性質のものとならざるをえない。

この場合、「見ないで信ずる」とは、例えば次のような事柄である。

著者が牧会する曳舟教会にKという兄弟が昨年末までおられた。彼は一六歳の時、初めて教会の門を叩き、しばらく熱心に求めて礼拝や諸集会に通っていたが、イエスを知ることができなかった。ある日、三日連続の伝道集会の最後の日に、講師のK牧師から、「主イエスを理解する人でなく、信じる人になりなさい」と言われてハッとした。それまでは、一生懸命聖書を読み、礼拝に出席し、信仰を知識として呑み込もうとしていたが、信仰は得られなかった。K牧師の言葉に従い、態度を一変して幼子のように信じたら、キリストを知ることができた。K牧師の言葉はその後のK兄弟の信仰の骨格を形成し、彼をして常に柔和で謙遜な、自分のことよりも他人のことを真っ先に考える模範的な信仰者としてその人格を形成し、彼の中に御霊の実（ガラ五・二二—二三参照）を結実させた。彼は神に愛され、神を愛し、隣人を愛する八五年の生涯を終えて天に召された。

つまり、「見ないで信ずる」とは、《知って信じる》のではなく、《信じて知る》ということである。ギリシア・ローマの時代から、神学の知り方は「我、知らんがために信ず」（Credo, ut intelligam）であり、「我、信ぜんがために知る」（Intelligo, ut credam）ではなかった。神を知りたいと願って何万冊の本を読み、思索を凝らしても、「神は霊である」（ヨハ四・二四。同六・六三参照）から、謙虚に信じない限り信仰の扉は開かない。中間時において神を知る知り方は、「見ないで信ずる」（ヨハ二〇・二九、口語訳）知り方なのである。

それゆえ、中間時におけるキリストの「パルーシア」は、一応、教会の中で起こる。しかし、必ずしも「教会の壁」の中だけに閉じ込められてはいない。キリストは地上における全権を与えられているので（マタ二八・一八参照）、「教会の壁」の外でも自由にお働きになるからである。

(5)それゆえ第二に、わたしが述べたい事柄は、この「中間時」の意味についてである。それはすなわち、「中間時とは、イエス・キリストを中心として、この世界が神に向かって一八〇度転向し、立ち帰る時である」、ということである。

そもそも、キリストの顕現の《内実》とはどのようなものなのであろうか。その内実とは、《和解者なるイエス・キリスト》が天と地を神の全権によって支配しているお方として、人間に神との和解を促し、かつ与えながら働いておられる、そのお働きに他ならない。したがって、端的に言えば、（存在的な）和解の（認識的な）啓示が進展しつつある時なのである。ここで重要であるのは、「中間時」の「意義」とは、イエス・キリストが既に闇の力に勝利し、この世界が神との和解に向かって歩むための《途上に》ある「時」であり、そして、それ以外のいかなる「意義」をも持たない、ということである。それが、「中間時」が存在する意味であったからである。

それゆえわれわれは、バルトに従い、イエス・キリストを中心点として、一つの同心円を思い描きたい。その「内円」が教会であるとすると、「内円」と「外円」の間に「この世」がある。そして、「内円」と「外円」との境界線は点線で描かれるべきだ、とバルトは言う[57]。なぜなら、イエス・キリストは復活し、サタン的諸勢力は既に大敗を喫している。イエス・キリストは勝利者だから、「内円」と「外円」との境界線を自由に超えてゆかれるからである。この内円及び外円において、イエス・キリストは勝利者として、今も働いておられるのである。

この事態を表現して、聖書は、「神はキリストによって世を御自分と和解させ、……和解の言葉をわたしたちにゆだねられた」（二コリ五・一九）、と記している。原文の「和解しつつあられた」という、現在分詞を用いた書き方は、ある一つの運動が起こっていることを表す。すなわち、この「中間時」という言葉で特徴づけられる現在の（教会を含めた）世界歴史の動向とその意味は、そこにおいて「人間」という存在者――または、「この世界」と言い換えてもよい――が、単にその真理性においてキリストのものとなっただけでなく、むしろ、その現実性においても、そのあるべき姿、すなわち悔い改めて神に立ち帰る姿となりつつある、ということである。言い換えれば、「古き時」は既に終わり、「新しき時」が始まりつつあり、「古き人」が死に、「新しき人」が生まれつつある、という《途上に》ある。すべての人は確かに自分の生物学的な生命の終焉をなお自分の前方に見ているかもしれないが、キリストにあっては――ということは、その真理性においては――《既に》死んで、葬儀も済んでいて、自分の死を自分の後方に置いてしまっており、自分の前方には、ただ甦りの生命、すなわち、神との和解のために神とその永遠の生命に向かって生きるより他にない生命を持っているだけなのである（ロマ六・八以下参照）。それ以外の生の努力は、実は虚しい空回りであり、意味不明である、ということである。だから彼は、そもそもこの世では「旅人」なのである。その行く先は神との和解である。だから彼には、見るもの聞くものすべてが新しくなり、世界が新しくなる。出会う人々が皆、かつては憎たらしく思えた人でも、今は少しも疎ましくなく、好ましく見えるようになる。また、誰でも自分自身と和解できるようになる。それゆえ、「中間時」とは、根本的に、「見よ、今は恵みの時、見よ、今は救いの日」（二コリ六・二、口語訳）、と言われる時なのである。

(6)それでは、人間存在全体（または、この世界全体）が神に立ち帰る《転向》（一八〇度向きを変えること）とは、その現実態においては、どのような事柄であり、また、どのようにして起こるのであろうか。

「中間時」とは、「すべてのものは、神から出て、神によって保たれ、神に向かっている」（ロマ一一・三六）という聖句の、最後の部分に関わる事柄である。神学的に考えるならば、今や世界歴史の動向とその意義は、神に立ち帰る《転向》以外の何ものでもない。それゆえ、「中間時」が神にとっても人類にとっても真に「善き時」となるか否かは、今や、「神に立ち帰る」（転向）というこの世界史的・人類史的な要請がどのように遂行されてゆくかにかかっている、と言って少しも過言ではない。

そこで、われわれが次に考えてみたい事柄は、「われわれ人間にとって」、「神に立ち帰る」とはどのようなことであるか、ということである。そこで二つのことを述べなければならない。すなわち、神に立ち帰るとはどのようなことであり、また、それはどのようにして起こるのか、ということである。

第一に述べたいことは、「神に立ち帰る」とは、人間が自分の故郷に帰ることに他ならない、ということである。

思うに、およそ宗教が教えていることは、人間は本来自分が帰るべき所を持っており、それゆえまた、持つべきである、ということである。わたしがドイツで学んでいたころ、禅宗（曹洞宗）の悟りを開いたという友人を得た。宗教の話をすると話がよく合い、肝胆相照らす仲となった。彼は何もかもが石で造られているドイツの風土にはなかなかなじめず、日本人らしく、盛んに土を恋しがり、仕事が終わって日本の地に帰り、故郷の土を踏む日を待ち焦がれていた。そして、仏教の教えとは、人間は土から生まれ、土に帰るということだ、とわたしに説明してくれた。わたしは創世記二章七節、三章一九節の記事があるので、すぐに納得できた。彼は「無」を「土」で説明してくれたのである。「父母未生以前」(『正法眼蔵』)の我は「無」であり、死後もまた我は「無」に帰するのであるから、自分が《無》であることを悟ることこそ肝要である。すなわち、「無に帰る」とか「土に帰る」ことの必然性や不可避性を「悟る」ことが、「帰る」という事柄(宗教)の最も肝要にして中心的な事柄である、と彼は説明してくれた。

それとの類比で言えば、聖書の場合には、「人間は神から生まれ、神に帰る」、と述べることができよう。そして聖書は、「神に帰る」ことを、「自分の故郷に帰る」と説明しているのである。「このように言う人たちは、自分が故郷を探し求めていることを明らかに表しているのです。もし出て来た土地のことを思っていたのなら、戻るによい機会もあったかもしれません。ところが実際は、彼らは更にまさった故郷、すなわち天の故郷を熱望していたのです」(ヘブ一一・一四―一六)と述べている。つまり、人間は「神から出て神に帰る」のであり、「神に帰る」とは、「天の故郷に帰る」ことだ、と言っているのである。

本来、「帰る」ということは、自分がもともと平安のうちに居在すべき場所に――そしてそれは、自分がそこから生まれて存在するようになった、そのところと同一である、と考えられる――帰ることである。今はそこにはおらず、非本来的なところに転落しているがゆえに、そこは「浮き世」、すなわち、萍《うきくさ》のように漂っている世とも呼ばれ、また、「憂き世」とも呼ばれるのだが、そこから出て、いつか本来的な場所に戻る（または、戻る途上にある）、ということである。

大事なことは、信仰を持ち、自分はいつか帰るべき故郷があることを自覚している者は――あるいは、現にそこに向かって帰る途上にある者は――既に心の中に自分の「故郷」（ヘブ一一・一六）を持つことができる、ということである。そうすると、この地上の生をも、それなりに一つの新しい生き方で生きることができるようになろう。そもそも、「ふるさとの山に向かいて言ふことなし／ふるさとの山はありがたきかな」という啄木の句にあるとおり、「故郷《ふるさと》」とは、誰にとっても無条件に「よい」ところ、「ありがたい」ところ、自分を受け入れてくれるところであり、そこへ戻りゆく時間もまた「ありがたい」時間となる。われわれはアイルランドの民衆が好んで口ずさんだ「ロンドンデリーの歌」の哀愁と懐かしさに満ちた調べを思い起こす。故郷には「うさぎ追いしかの山／小鮒釣りしかの川」があり、自分を歓待してくれる大勢の友垣がある。もしわれわれがどこかに出稼ぎに行っていたとするなら、自分には故郷があり、故郷には友や家族がいて、いつか愛する者たちの笑顔を見ることができるということが、絶大な心の支えとなろう。どんな時でもその故郷の人々のことを心の一番奥に大切にしまっておき、彼らを思い出せば涙と共に慰めと勇気が与えられるであろう。キリスト者にとっては、自分の本来の故郷が天にあり、そこには最愛のイエス・キリストを初めとし、大勢の仲間たちがおり、再会の喜びと永遠の交わりが待っているということであるから、この世は天の御国へ帰る帰路となるだけではない。さらに、この世が既に天の御国であり、われわれは既に「キリスト・イエスによって共に復活させ（られ）、共に天上で王座に着かせて」（エフェ二・六）いただいた、とも言える。であるから、この世においても互いに愛し合い、赦し合い、助け合って生きよう、と願うようになるであろう。また、そうでない生き方をした時には、それが非本来的な生き方であると考えて自ら恥じ入るであろう。つまり、「天に故郷を持つ」ということは、この地上に生きている時にも、常に望みがあるだけでなく、既に天国で生きているかのように生きることができる――少なくとも、それに近い生き方ができる――ということを意味する。つまり、先駆的に、今既に天にある生き方ができるようになることを意味する。その人は、人生のどんな荒海を航海している時でも、自分の魂には故郷があり、自分は今既に、キリストという「良い港」に錨を降ろしている。それだから、どんな嵐に遭っても難船することがない。なぜなら、魂は常にキリストという「良い港」にあり、そこにいつでも帰れるからである。反対に、そういうものをまるで持っていない人は、「人間は故郷を持つべきである」という事柄そのものを全く顧みず、かえってそれを嘲笑うかもしれない。しかし、次第に心の潤いを失ってゆき、最後にはお金と権力がすべてだ、ということにならないとも限らないのである。

(7)第二にわたしが述べたいことは、神への「転向」(悔い改め、または立ち帰り)というこの回転運動がわれわれ一人ひとりの中に、また、この世界の中に、具体的に、また現実的に起こるためには、「転向」の中心軸が存在しなければならない、ということである。改めて言うまでもないかもしれないが、聖書で言う「悔い改め」(〔ギ〕メタノイア)とは、必ずしも首をうなだれて反省をする、といったことではない。字義通りには、一八〇度心の向きを変える(メタ＝ノイア)、ということである。具体的に言えば、それまで神に背を向け、神を神とせず、感謝も礼拝もせず、自分を中心として生きてきた者が、神を神とし、神の愛を素直に受け入れ、神を愛し、神に向かって生きるようになることである。その「転向」の中心軸は、言うまでもなく、イエス・キリスト御自身である。そして、よりいっそう具体的には、それは彼の御体なる教会なのである。最後にこのことについて述べて、本項を終わりたい。

①初めにわたしは、もう一度、イエス・キリストこそは、われわれとこの世界とが神に向かって転向するその運動の中心軸であることを述べたい。

エフェソの信徒への手紙一章一〇節で、パウロは、「こうして、時が満ちるに及んで、救いの業が完成され、あらゆるものが、頭であるキリストのもとに一つにまとめられます。天にあるものも地にあるものもキリストのもとに一つにまとめられるのです」と語った。この「万物帰一」（［ギ］アナケファライオーシス、一つにまとめ上げ、総括すること）の中心は、言うまでもなく、イエス・キリストである。彼において、すべての被造物が神との完全な和解へともたらされる。聖書が「和解」という場合には、第一義的には、この垂直的次元における神と被造物との和解を意味する、第二義的に、ようやく、それに基づき、その上に立って、水平的次元における被造物同士、つまり、人間同士や全世界的な和解が可能となり、出来事となる。

思うに、「現代」という時代は、被造物同士の和解が、神と人間との和解に基づいて起こることが、喫緊の課題となっている時代である。特にこの二一世紀という時代は特別の時代である。それが特別な意味で「危機の時代」であるということは、今日急速に人類の共通認識となってきつつあるが、これは決して錯覚ではない。なぜなら、この宇宙をわれわれよりもずっと熟知している自然科学者たちが、そのように考えているからである。特に、「核戦争」と「地球温暖化」、及び「パンデミック」の三大危機が挙げられる（今ちょうど、わたしがこの原稿を執筆している時に、世界全体は新型コロナ・ウイルスに襲撃されている）。良心的な科学者たちが共有する危機意識とは、人類が真に力を合わせてこの二一世紀を乗り越えられるか否かが、およそ今後人類が存続しうるか否かの試金石となる、という認識である。言い換えるならば、今日の時代は、世界が明確に今までとは逆の方向に向かって動き出すことを真剣に開始し始めなければならない時代である。これまでのところは、人類は、「地を従わせよ」（創一・二八）との神の御命令があるのをよいことに、「天まで届く塔のある町を建て、……全地に散らされることのないようにしよう」（同一一・四）と、進歩・発展を願う方向ばかりでものを考えてきた。それは、より多くの力と富を獲得する方向であった。しかし、そのような時代は終わりつつあるのである。外に出て宇宙を従わせる方向から、内に帰り、地球の上で生息する人類は一つであるという認識の下に、今迫っている窮状から脱出する道を真剣に考えなければならない。誰が考えても明らかなように、人類が真に「愛と平和」を重んじ、「協力と友愛の関係」を構築しなければ、現在人類を襲おうとしている上掲の三大危機を乗り越えることはできない。すなわち、人間は、まず神と和解し、そうすることによって、互いに和解し合うことが、必要である。理性が古びたヒューマニズムを振りかざしてばかりいては、時を失う。人間は、対岸の火がいつの間にか自分の家にも移っているのに、気がつかない。まことに、「ミネルヴァの梟は夜（になってようやく）飛び立つ」のである。

②イエス・キリストが神に立ち帰る「転向」の中心軸であるというわれわれの主張には、特別の理

由と根拠がある。すなわち、イエス・キリストが受けた「悔い改め（メタノイア）の洗礼」が、世界の転向の中心とならなければならないということである。

イエス・キリストは、その公生涯を始めるに当たって、罪を犯されなかったにもかかわらず、洗礼者ヨハネから「悔い改めの洗礼」を受けられた。本来、罪を犯したことのない主イエスがこの洗礼を受ける必要は全くない。それにもかかわらず、洗礼を受けられたたった一つの理由は、マタイによる福音書三章一三節以下に明記されている。すなわち、主は「正しいことをすべて行うのは、我々（引用者注、人間のこと）にふさわしいことです」（マタ三・一五）、と宣言された。ここで主は、洗礼を受けて悔い改めの道を歩むことは、神から御覧になって、罪びとにとって「正しいこと」、すなわち、「完全な義」である、と宣言されたのである。そして、御自ら率先して「罪びと自身」となられ、すべての罪びとと「共に」、最後の十字架の死に至るまで、「悔い改めの生涯」を歩まれたのである。そのようにして、「あなたがたもこの道を歩みなさい」、と言われたのである。

問題は、人類が本当に一八〇度の方向転換を実際に開始することである。この転換はあるとき開始されなければ、起こらない。その最初の開始自体が、聖書によれば、人間が自分でできるような代物では全くなく、ただひとえに神が与えられたきっかけによってのみ可能である。

譬えて言えば、それはどのようにして、家出をした人が父の家に帰ることが、具体的・現実的に起こりうるか、という問題である。それが人間に起こりうるために、たった一つの「アルキメデスの点」とも呼ぶべき点が、神から与えられている。それが、イエス・キリストの受洗である。キリストの洗礼とは、あたかも家出をした弟の手を引いて連れ戻す優しい姉のように、彼がわれわれと共に、われわれの手を取って悔い改めの道を歩まれたことである。[58]その上で、彼はわれわれに、彼、キリスト、の御霊を受けるための、教会での受洗を指示された。

この枢要な一点を見失うと、結局は、どんなに人類の平和を願っても、何事も起こらない。なぜなら、単なるヒューマニズムだけでは、神御自身が完全に無視され、人類の罪も無視されたままであるから、これまでどおりの歩み以外の何事も起こらないからである。

③イエスは自ら教会の洗礼を制定され（マタ二八・一九参照）、すべての者がそれを受けるべきである、とされた。かくして生まれたものが、「洗礼共同体」とも呼ばれる「キリストの御体なる教会」である。だから、この教会こそは、イエスが指定された、人類にとってはただ一つの現実的・具体的に神に立ち帰るべき「転換軸」なのである。われわれは、我田引水をしているわけではない。

なぜ、このキリストの指示に従わなければ人類の転向が永遠に不可能であるのか、と問われれば、次のように答えるより他にないであろう。すなわち、それは御父がわれわれ人類に示された救いの秩序であるから、と。なぜなら、「すべての人が、父を敬うように、子をも敬うようになるためである。子を敬わない者は、子をお遣わしになった父をも敬わない」（ヨハ五・二三）。御子が救いに至る「道」でもあられるから（同一四・六参照）、われわれは御子の指示に従わなければならないのである。

特に教会での洗礼は、バプテスマのヨハネの洗礼が単なる「水による洗礼」（悔い改めて救い主の到来を待つようになる洗礼）であるのに対して、「聖霊による洗礼」（聖霊を受けて神の国に入れられる洗礼、マコ一・八並行参照）である、と明記されている。その意味、または、効力とは、「わたしたちは洗礼によってキリストと共に葬られ、その死にあずかるものとなりました。それは、キリストが御父の栄光によって死者の中から復活させられたように、わたしたちも新しい命に生きるためなのです」（ローマ六・四）と説明されている。言い換えれば、それは具体的に、また現実的に、われわれがキリストの御霊を受け、彼の十字架と復活に与る、ということである。すなわち、聖霊が受洗者一人ひとりの中に住むようになる、ということである（二コリ六・一九参照）。キリストの御霊は、彼を生涯の間導いてキリスト者としての道を歩ませ、御国に帰らせてくださるであろう。

最後に、この論考を終えるに当たって言いたい。主イエスはこの「中間時」においては、人間にとってはいまだに不完全な主の現臨がより完全なものとなることを祈り求めるようにと、われわれに教えられた。それが「主の祈り」の、特に最初の三つの祈りである。われわれもこの祈りを心に祈念しながら、この部分の論考を終えたい。

天にましします我らの父よ、
御名が崇められますように。
御国が来ますように。
御心が行われますように、
　天におけるように地にも。

3　身体の甦り、最後の審判、永遠の生命について

次にわれわれは、終末において起こるべき事柄について考察したい。ただし、本項の考察は簡略を旨としたい。というのも、本書の主題は「キリスト教の終末観」ではなく、「キリスト教の死生観」に限定されている。それは個々人のこの世における「生」と「死」に主たる関心を寄せている。それゆえ、終末論に関するより詳細な叙述は、本書では割愛させていただく。

終わりの日に起こるべき事柄を時系列的に並べれば、再臨の後にまず「身体の甦り」が起こり、直ちに「最後の審判」があり、そして、「罪の赦し」と「永遠の生命」への召還が起こると考えられる。ゆえにこの順序で考察したい（全聖書中、ヨハネの黙示録二〇章のみに出てくるいわゆる「千年王国」〔ただし、ユダヤ教にはあった。第四エズラ七・二六以下参照〕については、主イエス御自身が語っておられないので、本書では取り上げない）。

(1)初めに、「身体の甦り」について考えたい。

古代教会が単に「復活」とか「死人の甦り」とは言わず、わざわざ「身体（肉）の甦り」の言辞を重んじた理由は、全く単純に、プラトン的・ギリシア的・オリゲネス的な霊肉二元論を退けるためであったと考えられる。実際、ユダヤ人には「霊魂不滅」という考えは全く存在しえなかった。それは端的に言って、生命の源である創造者なる神の御霊の自由な働き（創二・七、詩一〇四・二九、ヨブ三四・一四—一五等参照）を否定するからである。唯一神論の立場では、死者が甦るとするなら、神が

全能の力をもって死人を甦らせるところの、「魂と体全体の甦り」以外にはありえない、と考えられたのである。では、「身体の甦り」とは何か。

①キリストが摂られたのは「肉」であった。それゆえ、「肉」、すなわち、われわれの言う「その体の魂」（魂と体）なる人間全体が、罪の赦しと復活に与る、と考えられる(59)。

ただし、終わりの日に甦りに与るものが何であるか、という詮索は、神学的な注意深さを必要とする。というのも、各種の信条（「ローマ信条」、「使徒信条」、「ニカイア信条」等々）によって、さまざまな言葉が使われているからである。「肉」（[ギ] サルクス、[ラ] caro、[英] flesh）と言ったり、「身体」（[ギ] ソーマ、[ラ] corpus、[英] body）と言ったり、「死者」（[ギ] ネクロス、[ラ] mortuus、[英] dead）と言ったり、まちまちである。諸信条が言おうとしていることは、要するに、かつて地上で信仰的・倫理的行為の主体であった存在（魂）が甦る、ということである。すなわち、甦る者は神との契約の相手としての人間、そして、神の《法》の下に生きていた人間存在全体である。ただし、天上ではその本質が変えられていて、彼は完全に《受動相》における存在となっていると考えられる。またそれは、地上にあったときのように、物質の諸法則（物理法則や化学法則やその他の生物学的・生理学的な諸法則）には支配されていない。「新しい天と新しい地」（黙二一・一）では、もはやすべてが完了し、時間は終わりつつあり、物質の自律的な諸法則も終わりつつあるからである。

なお、われわれには、「物質」とか「自然」とかいったものがどのようなものであるかは、よくは分からない。例えば、「物質」とか「場所」とか「位置」とか「延長」といった概念は、もともと神学が直接関知するところのものではない。それゆえ、例えば「人間と人間以外の被造物との人間学的・生物学的・生態学的諸関係やその甦り（復元）の問題」は、「われわれには分からない」、としておきたい。なぜなら、人間はこの世に生きている間は確かに「地を従わせよ」（創一・二八）との御命令の下に生きていた。しかし、この御命令は、「産めよ、増えよ」（同）の御命令と同様、終末時にはもはや全く存続しなくなる。新約でイエスが口癖のよう言われた「食べたり飲んだり、めとったり嫁いだり」（マタ二四・三八）はなくなる、と言われている。

「身体の甦り」についての考察は、基本的な事柄に関しては、恐らくこれで十分であろう。

②ここから先のわれわれの推論は、聖書そのものがしばしば非常に禁欲的な仕方でしか述べていないので、果たしてわれわれに十分な神学的根拠があるのかどうかを常に吟味しながら、きわめて慎重に行う必要がある。われわれの理解や考察が許されている範囲内において、もう少しだけ、復活した「身体」について考えてみたい。

全般的な言い方をすれば、ヨハネの黙示録が提示する諸表象は、必ずしも否定される必要がないように思われる。彼はこう述べている。「わたしはまた、新しい天と新しい地を見た。もはや海もなくなった。更にわたしは、聖なる都、新しいエルサレムが、夫のために着飾った花嫁のように用意を整えて、神のもとを離れ、天から下って来るのを見た。その時、わたしは玉座から語りかける大きな声を聞いた。『見よ、神の幕屋が人の間にあって、神が人と共に住み、人は神の民となる。神は自ら人と共にいて、その神となり、彼らの目の涙をことごとくぬぐい取ってくださる。もはや死はなく、悲しみも嘆きも労苦もない。最初のものは過ぎ去ったからである』」（黙二一・一―四）、と。ここから、次のことは言えるであろう。すなわち、教会は一度も「《肉体》の甦り」については語ったことがなかったし、「肉と血は神の国を受け継ぐことはできず、朽ちるものが朽ちないものを受け継ぐことはできません」（一コリ一五・五〇）と明言されているのであるから、われわれの地上の肉体がそのまま甦ると考えることは不可能であるが、ヨハネの黙示録のように、神を礼拝する喜びの中にいる人間（その体の魂）が甦ること（黙二二・三以下参照）については、肯定できるであろう。

次の問題は、では、甦りの時には、個人は他の人々と共に甦るのであろうか、という問題である。この問いについては、肯定的に答えられなければならないと考える。すなわち、甦りのとき、彼が共に生きていた彼の配偶者、家族、子どもや友人たちを含め、彼がおよそ地上で交わり、または、関わりを持ったすべての者もまた、彼と共に復活する、と考えるのが至当であろう。なぜなら、そもそも神は人間を「単独者」としてお創りになったのではなく、神の「民」としてお創りになったからである。また、彼の「共同人間性」は彼自身の「本質」に帰属しているからである（第Ⅱ章第4節参照）。それゆえ、彼の地上の生命は、後に明らかにされるように（本章第3節参照）、次の二つのキリストの戒めの下に置かれていた。すなわち、「あなたは心を尽くし、魂を尽くし、力を尽くして、あなたの神、主を愛しなさい」（申六・五）という第一の戒めと、「自分自身を愛するように隣人を愛しなさい」（レビ一九・一八）との第二の戒めの下にである（マタ二二・三七以下参照）。キリスト者のみならず、すべての人間の生は、この二つにして一つなる戒めの下に置かれ、それに対して《責任》を問われ（創四・六―七参照）、また、そこから一ミリたりとも外れることができない生を営んできた。それが、彼が神との契約の相手として創られた、ということの中に、構成的要素として含まれていたはずである。この二つにして一つなる戒めが満たされたとき、彼は実際に幸福であったはずであり、そうでなかったとき、彼は不幸であったはずである。言い換えるならば、契約史には単に神との垂直の関係だけでなく、隣人たちとの水平の関係も帰属していたはずである。そうであるならば、終わりの日には、単に神との関係だけでなく、隣人との関係においても彼は《責任》を問われ、それに対する神からの最後の《言葉》を聴かなければならない。「彼らは、生きている者と死んだ者とを裁こうとしておられる方に、申し開きをしなければなりません」（一ペト四・五）。ゆえに、個人と共に彼を取り囲むすべての人が（したがって、全人類が）甦らなければならない、と推量される。一人ひとりの人間は「人類」という共同体と存在論的に不可分なのである。

なお、この問題に関連して、聖書に興味深い記事がある。復活したときに、地上の夫婦関係は天上ではどうなるのか、という問題である。この問題をめぐって、主イエスとサドカイ派の人々――彼らはファリサイ派の人々とは異なり、死後の復活を否定していた――の問答が記されている。主イエスは、レヴィラート婚(60)で一人の女性が七人の男兄弟すべての妻とさせられた場合、天国ではその女性は誰の妻となるのか、とのサドカイ派の人々の問いに対して、死人の復活を肯定された後、こう答えられた。「死者の中から復活するときには、めとることも嫁ぐこともな（い）」（マコ一二・二五）、と。このお答えの中には、甦りの時に夫と妻が再会し、一緒であることは否定されていない。ただし、天上ではもはや生殖の必要も歴史の存続も全くなくなったわけであるから、夫婦の営みも、自分の配偶者を探し回る必要もない。主はただ、「天使のようになるのだ」（同）、とお答えになっただけである。

どの偉大な文学作品も、その主題の一つは男女の出会い、すなわち、「めとったり嫁いだり」（マタ二四・三八）である。また、人間の幸福を考える上において、結婚の占める位置は相当に大きいと言わざるをえない。だから、世間では一般に、女の幸福とは幸福な結婚をすることだ、といった考え方をするわけである。主イエスが言われた「食べたり飲んだり」と「娶ったり嫁いだり」のうち、前者はなくなる。「神はそのいずれ（引用者注、腹と食物）をも滅ぼされます」（一コリ六・一三）、とあるとおりである。しかし、「娶ったり嫁いだり」の方は少し違う。結婚には単に子孫を殖やすためだけでなくて、もっと人間の実存や幸・不幸に関わるより深い意義がある。そして、結婚も「隣人をあなた自身のように愛しなさい」との神の《法》の下に置かれている。だから、神の最後の《言葉》を聞かなければならない。では、「天使のようになる」とはどのようなことを言っておられるのであろうか。もしも、「娶ったり嫁いだり」が人生最高の幸福であったとするなら、地上で幸福な出会いをした者もあろうが、不幸な出会いしかできなかった者も多かろう。たとい結婚できても、家庭の問題で苦しみ、嫉妬と憎悪に苛まれ、愛されないことの苦しみや、愛することのできない苦しみを一生の課題として生きた者もあろう。また、死別の深い悲しみもある。たといどんなに幸福な結婚でも、「娶ったり嫁いだり」には、常に不幸や悲しみが付きまとっていたはずである。そもそも、キリスト教的に考えれば、たとい生涯を独身で過ごしたからと言って、あるいは不幸な結婚をしたからと言って、その人の人生が恵まれなかったとは言えない。なぜなら、男女の出会いよりももっと深い人生の目的は、神を知ることだからである。

そうであるとするならば、思うに、「天使のようになる」とは、神の御国では、もはや「娶ったり嫁いだり」に付きまとう一切の憂いや苦しみや悲しみはもはやなくなる、という意味ではないであろうか。それを完全な交わりと考えてもよいかもしれない。なぜなら、そこでは神の御霊が完全に支配なさるので、「もはや死はなく、もはや悲しみも嘆きも労苦もない」（黙二一・四）、と言われているからである。

「身体の甦り」については、不十分ながらここまでとしたい。

⑵次に、「最後の審判」について考えたい。

①言うまでもなく、「最後の審判」における審判者はイエス・キリストである。なぜなら、このお方がダニエル書七章一三―一四節に描かれている「人の子」だからである（一二七頁以下参照）。また、新約では一貫して、父なる神はキリストを通して裁きをなさる、と言われている。

さて、終わりの日に起こるべきいわゆる「最後の審判」とは何か。われわれは「審判代受的贖罪論」の立場に立って考えるゆえに、それは、「最後の清算」という概念をも併せ用いて説明されるべきものと考える。

そもそも、「裁き」とは何であろうか。それは聖書的に言えば、「分けること」であり、「選ぶ」ことではない。「選ぶ」ことは行為の初めにすることであり、「分ける」ことは終わりにすることである。神は創造の初めから、本質的に《秩序》を創造し、創造されたものを「分ける」神であられた。「光」と「闇」を分け（創一・四参照）、「大空の上の水と大空の下の水を分け」（同七節）、「天」と「地」を分け（同七―一〇節参照）、「良し」と言われた（同一〇節）。「分ける」ことは必ずしも、一方を選抜し、他方を棄却するために行われるとは限らない。神はお創りになったものを分けられた後、「これは──つまり、分けられた後で両方とも──善い」と言われた（同一〇節等参照）。同様に終わりの日には、神は「義」と「不義」を分け、「善」と「悪」を分け、「真」と「偽」を分け、義は義とし、不義は不義となさるであろう。というのも、神は既に永遠の昔から一人一人の《身柄》を「選別」しておられたのであるから、「裁き」とは、「善人」と「悪人」を分け、一方を選抜し、他方を棄却するということではなく、《事柄》を「善」と「悪」とに分け、「善」を「善」とし、「悪」を「悪」とされることである、と考えられるからである。なぜなら、神は「罪」を裁かれ、「罪」と「義」とを分けられるが、それは、罪びとを罪の力から救い出すための御業だからである。したがって、裁きとは、裁かれる者の人生全体についてそこで総合的な価値評価が下され、プラスマイナスで獲得された総合点が合格点に達したかどうかで被審判者の「選抜」または「棄却」が行われる、ということではない。また、順位を定めることでもない。なぜなら、合否の判定は既に二〇〇〇年前に下されていて、それによるならば、すべての人間は決定的に不合格（「罪びと」）の烙印を押されてしまい（詩一四三・二参照）、死刑判決が確定し、刑も既に執行されてしまったからである。すなわち、神は御子に罪を背負わせて棄却し（マコ一五・三四参照）、われわれ人間を救われたのである。それゆえ、「一事不再議」の原則に従い、神がもう一度評価や査定をやり直されるということは不合理である。罪びとのために御子がもう一度十字架におかかりになるということもありえない（ヘブ九・二八参照）。むしろ、終わりの日の裁きとは、当該人物がその人生の一コマ一コマにおいて行った行為の一つひとつについて、その《真相》が明らかとされ、それに即して一つひとつの《事柄》に関する判定（清算）が行われることと考えるのが至当である、と思われるのである。

各人の《真相》とは、彼が地上に生きている間、復活のキリストが彼と共に歩み、彼に対して機会あるごとに、衷心から、次のように語りかけておられた、ということに他ならない。「わたしはあなたの創り主であり、贖い主である。わたしはあなたのためにも死んだ。それは、あなたが自分の罪を悔い改めて神に立ち帰り、神と人とを愛して有意義な人生を歩むようになるためである」、と。彼はその声に耳を傾け、聴き従って御心に適う人生を歩んでいたのかもしれない。あるいはその反対に、滅多にそうはせず、聞こえたのに聞こえなかったようにして「自分の道」（イザ五三・六参照）を歩み続けていたのかもしれない。いずれにしても、彼の毎瞬毎瞬の思いと行いとは、ことごとく彼に関する神の永遠の御記憶の中に完全に保存され、終わりの日に彼に開示されるのである。「裁き主は席に着き／巻物が繰り広げられた」（ダニ七・一〇）とあるとおりである。被審判者もまた、彼自身において、不完全で断片的な彼自身の記憶を持って神の前に立たされているので、照合が行われる。そのとき彼は初めて自分の人生の《真相》が何であったかを思い知らされるのである。かくして、その毎瞬毎瞬の思いと行いとは神の前で清算される。そのとき、マタイによる福音書二五章一四節以下の叙述に従えば、主人から預かった五タラントンで五タラントン稼いだ者にも、二タラントンで二タラントン稼いだ者にも、等しく、「忠実な良い僕だ。よくやった。お前は少しのものに忠実であったから、多くのものを管理させよう。主人と一緒に喜んでくれ」との褒め言葉が語られる。しかし、一タラントン預かっていたのに、それを主人のために殖やそうともせず、穴の中に隠しておいて何もしなかった僕は厳しく裁かれる。つまり彼は、主人を少しも愛しておらず、ただ自分の楽しみと生き甲斐のためだけにあたら七〇年ないしは八〇年を過ごしたので、「得るところは労苦と災いにすぎません。／瞬く間に時は過ぎ、わたしたちは飛び去ります」（詩九〇・一〇）と自ら告白せざるをえなかった、ということなのである。

それゆえ、「最後の審判」とは「最後の清算」ということになる。

もちろん、「最後の清算」は「最後の審判」よりも気楽でよい、などということではない。前者の場合も後者の場合も、人間はその心の奥まですべてを御覧になっている神の御前で生きていたのであるから、一つひとつの行為を真剣に、「恐れおののきつつ自分の救いを達成するよう努め（る）」（フィリ二・一二）ように生きなければならなかった。ただし、「最後の清算」は「最後の審判」とは異なり、人生とはあらゆる瞬間が――キルケゴールがそう考えたように――神の前での《試練》の連続であり、もし信仰を失ったまま死んだなら、永遠の棄却を覚悟しなければならない、ということではない。むしろ、あらゆる瞬間が神からの《機会提供》であり、与えられた「時」を悔いのないよう最善に――ということは、常に悔い改め、神を愛し、隣人を愛して神の栄光のために生きるということに他ならないのであるが――生きることが許されている、ということである。したがって、バチカンのシスティーナ礼拝堂に飾られているミケランジェロの「最後の審判」図は、誤りとされる。また、「地獄」に関連する多くの言葉も、警告的・教育的言辞であると解するのが至当な解釈となるであろう。[61]

実際のところ、通俗的な審判図の場合には、世界史（宇宙史）と救済史（契約史）の全体を創造の初めから終末の終わりまで改めて鳥瞰するならば、(a)神は人間に自由意志を与え、御自分の愛に応えるかどうかを自由に選ばせるという壮大な実験をなさったが、ほとんどの人間は神に背いたので実験は失敗に終わった、ということになるか、それとも、(b)神は初めから少数の人間だけを選び、大多数の人々を滅びへと予定して歴史を主宰され、予定どおり御計画を完成された、ということになるか、二つに一つである。(a)の考え方では、神が果たして全知全能であられるかが大変疑わしくなり、聖書の唯一神観にもそぐわない。(b)の考え方は予定を説いているので、聖書の基本的なメッセージとは合致し、神の自由と全能も確保されている。しかし、「神は愛である」(一ヨハ四・八)という福音の基本的なメッセージとは合致しているとはなかなか考えにくい。「神は異邦人を天国のかまどの薪にするためにお造りになった」、というあるファリサイ派の人々の言いぐさどおりともなりかねない。そのような考え方が、われわれ罪びとのために十字架に上られたイエス・キリスト御自身のお考えと同じであるかどうかは、非常に疑わしくなる。[62] 聖書は「天が地を高く超えているように/わたしの道は、あなたたちの道を/わたしの思いは/あなたたちの思いを、高く超えている」(イザ五五・九)、と述べている。(a)も(b)も聖書とは合致しない。ゆえに通俗的審判図は否定される。

②最後にわれわれは、「最後の審判」とは、神が被造物を完成し、かくして、神の永遠の御計画である「神の国」が成就するためであることに、注目したい。つまり、御子が「死」を滅ぼされたのち、御国を父なる神に引き渡し、かくして、「神がすべてにおいてすべてとなられる」(一コリ一五・二八)ためである、と考えられる。

それゆえわれわれは、「最後の審判」の後に、「罪の赦し」の宣告がある、と考える。というのも、神が義を義とし、不義を不義とされた後、最後に罪びとが義とされて永遠の御国に入れられることによって、初めて「不敬虔者の義認」が起こり、当初の御計画どおり御国が完成する、と考えられるからである。バルトもこう述べている。「審き主は、聖書的な思惟世界においては、元来は、一方の人間に報い他方の人間を罰するような方ではない。むしろ、秩序を創り破壊せられたものを回復し給う方である。彼が審き主なのであるから、われわれは、このような審き主に向かって、このような回復に向かって、或いは一層良く言えば、このような回復の啓示に向かって、絶対的な確信を持って、進んで行くことを許される」(63)、と。ここでバルトは、「裁く」とは、義と罪とを、善と悪とを「分け」、義は義とし、不義は不義とするという意味であり、神は分けることによって、さらに全体を修復し、正しい秩序を回復させ、すべてを完成する、と述べている。義と不義を分けるだけでは御業はまだ成就しないのである。

もちろん、終わりの時の義認と聖化とは、御国にふさわしくない者たちが最後の瞬間に悔い改めたから起こるのではない。そもそも、すべての人間は——キリスト者も非キリスト者も——、本来から言えば、御国に入れられるにはふさわしくない僕たちだったのである。ただ、キリストの右に分けられた羊たちは、生前既に悔い改めていたので、神と共に祝福された義の道を歩んでいた。彼らは生前から「不敬虔者の義認」の恵みに与っていた。だから、より多く義の道を歩むことができた。それに対して、左に分けられた山羊たちは、何らかの理由で生前未だ悔い改めず、神に立ち帰る機会を失したので、召命に与れず、たとい全世界を手に入れていたとしても、自分勝手に生きていただけで、魂は失っていた。その彼らが今や、自分たちの人生の《真相》を啓示されたのであるが、それは、すべての者が今や、「不敬虔者の義認」を受け、聖化されるためであると考えられる。彼らは「罪の赦し」がいかに無限の《重量》のあるものであるかを知らされる。そしてそれは、神の永遠に重い《栄光》となるに相違ないのである。

それでは、神との清算を終えた人間が「罪の赦しを受ける」とは、いったいどのような取り扱いを受けることを意味するのであろうか。

「忠実な良い僕」には、言うまでもなく、「永遠の生命」の褒賞が与えられる。これは聖書が証しているとおりであるから（ロマ六・二三、マタ二五・一四以下並行、同三一節以下等参照）、改めて説明するまでもない。彼らは自分たちがその恵みには全く値しないことをよく知っているので、それが当然であるとはいささかも考えない。だから、やはり大いに喜ぶであろう。しかし、それ以上に、彼らは神が真実なお方であられることをよく知っている。だから、自分たちが死から甦らされたこと自体には必ずしも驚かない。むしろ、彼らが地上に生きている間中、一目で良いからその御顔を仰ぎたいと心の底から慕っていた、イエス・キリストの御顔を仰ぎ見て、その「御顔に輝く神の栄光」（二コリ四・六）を拝しえて、心は無限に大きな喜びに満たされるであろう。そして、改めてキリスト御自身から罪の赦しの宣告を受けて深謝し、大きな喜びに満たされるであろう。また、その生の中の悲しみや嘆きであった部分は今や深い慰めを受ける。その生の試練と悩みの中で苦しんだ部分や、神の御計画が理解できずに苦しんでいた部分も、そのさ中にも主が常に彼らと共におられ、苦しみ悩んでいた彼ら自身を背負っておられたことを知らされ、彼らの生全体の中ではきわめて深い意味があったことを知らされる（パワーズの詩『足あと』［Footprints］参照）[64]。また、その生の未完成で心残りに終わった部分も、すべて神によって完成され、すべては麗しい「神の国」として仕上がっていることを知らされる。神は彼らの肩に親しく御手を置き、「あなたは愛されている者だ」（ダニ九・二三参照）、「忠実な良い僕だ。よくやった」（マタ二五・二一）と言ってくださるであろう。その後、彼らは皆明るくて濃い光の中に包み込まれ、限りなく深い神との交わりの中に入れられるであろう。だから、そこで起こることは、まさに、「人の目もいまだ見ず、人の耳もいまだ聞かず、誰の心にも、いままで浮かんだことのない、完全な祝福を持ち、そのうちにあって、神を、永遠に、讃美するようになる」（「ハイデルベルク信仰問答」問五八）ということであることは、改めて述べるまでもない。

では、「怠け者の悪い僕」の場合はどうか。この人たちとは、「神の園」で傍若無人に振る舞い、余りにも多くの事柄が理不尽のまま終わってしまった人たちのことである。彼らは終わりの日に自分の人生の思いもよらぬ《真相》を啓示される。すなわち、そのすべての「既に生きられた生」の《記憶》――これが、まさに《彼ら自身》、彼らの「ペルソナ」であり、その《生の全体》であり、彼の《歴史全体》に他ならない――と共に、顔と顔とを合わせて審判者なるキリストの前に立ち、こう言われるに相違ない（とわたしは想像する）。「わたしはあなたがたを罰しない」（ヨハ八・一一参照）、と。さらにこう言われるであろう。「わたしはあなたがたが地上でわたしに背いている間、忍耐しながら赦し続け、待ち続けていた。御覧、今あなたがたとすれ違いに、真っ逆さまに下に落ちていったあの汚れと恥辱に満ちた人を。あれがあなただったのだよ。しかし今、あなたがたの《既に生きられた生》の上に、あなたがた自身が獲得したのではない、あなたがたに贈られるわたしの義の衣を着なさい」、と。当然、彼らは驚愕し、激しく胸を打ち叩いて悔いるに違いない。それは当然、深い悲しみの感情でもある。しかし同時に、彼らはまた、神の恵みの計り知れない深さに驚愕と感謝の涙を流すことも、十分に考えられるのではないか。それはちょうど、大祭司の中庭でペトロが三度イエスを否認した直後に、鶏が鬨の声を上げた時の彼の気持ちのようなものである。そのときペトロの頭に激しく飛んできて彼の脳裏に深く突き刺さった言葉が二つあった。一つは裏切りの予告である。「今夜、鶏が鳴く前に、あなたは三度、わたしを裏切るだろう」（ルカ二二・三四）、と主は言われた。幸か不幸か、この御言葉が、彼の罪の深さを彼に教えてくれた。しかし同時に、彼はもう一つの言葉をも、思い出した。「しかし、わたしはあなたのために、信仰が無くならないように祈った。だから、あなたは立ち直ったら、兄弟たちを力づけてやりなさい」（同三二節）、との御言葉である。ペトロのすべての行動は、彼が忘れていたこの二つの言葉の下にあった。そして、イエスは十字架上で苦しんでおられた間も、ずっとペトロのためにも祈っておられたのである。ペトロは自分の失敗をこれらの御言葉と共に思い起こし、大急ぎで外に出て、男泣きに泣いた。それは、痛恨と後悔と慚愧の涙であるだけではなかったに違いない。同時に、挫折の体験の中で初めて主がいかに憐れみ深いお方であるかが分かったわけであるから、安堵と無限の感謝の涙――そして、喜びの涙――でもあったはずである。彼はただ無性に、大声で泣きたかったのである。

生前悔い改めなかった者も、聖化され、天国では「小さい者」（マタ一一・一一参照）とされる。というのも、彼らの大部分の人生は、神の前では誇りえないどころか、一日も早く忘れられて欲しい恥辱に満ちたものだったからである。そして、恵みと憐れみに富み給う神は、それらすべてを無かったこととしてくださる（詩三二・一、五一・三―四参照）。「罪の赦し」とは、永遠に忘れてくださること、無かったこととしてくださるということである。ゆえに彼らは小さい。その後で、初めて彼らは明るくて濃い天国の光の降り注ぐ中、神を賛美する隊列の後ろに加えられる（とわたしは想像する）。もちろん、彼らもまた神の深い慰めに与るのである。神は「彼らの目の涙をことごとくぬぐい取ってくださる。もはや死はなく、もはや悲しみも嘆きも労苦もない。最初のものは過ぎ去ったからである」（黙二一・四）との御言葉は、彼らにも妥当する。彼らも神の愛の対象だからである。彼らも父の家のぬくもりに与る。

「最後の審判」に関する考察は、ここまでとしたい。

(3)最後に、「永遠の生命」についても簡単に述べたい。

聖書には、「最後の敵として、死が滅ぼされます。『神は、すべてをその足の下に服従させた』からです。……すべてが御子に服従するとき、御子自身も、すべてを御自分に服従させてくださった方に服従されます。神がすべてにおいてすべてとなられるためです」（一コリ一五・二六―二八）とあり、また、「この朽ちるべきものが朽ちないものを着、この死ぬべきものが死なないものを必ず着ることになります」（同五三節）と書かれている。ゆえに、神はすべての悪しき「権威や勢力」（同二四節）を滅ぼされた後、神が「すべてにおいてすべてとなられ」、われわれも神の「永遠の生命」に与るということが、終末に関する聖書の基本的な主張である、とわれわれは受け取っている。

その中には「忠実な良い僕」たちも入れられており、また、「怠け者の悪い僕」たちも入れられている。ただし、彼らは皆、聖化されて入れられている。すなわち、「卑しいものでまかれ、栄光あるものによみがえり、弱いものでまかれ、強いものによみがえり」（一コリ一五・四三、口語訳）と語られた御言葉が成就する。言い換えるならば、「あなたがたの命であるキリストが現れるとき、あなたがたも、キリストと共に栄光に包まれて現れるでしょう」（コロ三・四）との御言葉が成就する。

それでは、「永遠の生命」とは何であろうか。それは、「無限に続く命」という意味ではないことは既に述べた。端的に言えば、「神の命」と考えてよい。ただ三位一体なる神のみがお持ちであり、生き、また、享受し給う命である。われわれ人間も「神の僕」、また「神の子」として、それに与り(per-take)、神の愛を享けるようになるのである。それがわれわれの側から見るとどのようなものであるかについては、「ハイデルベルク信仰問答」問五八（既出）が次のように述べていて、正鵠を射ていると考える。すなわちそれは、「人の目もいまだ見ず、人の耳もいまだ聞かず、誰の心にも、いままで浮かんだことのない、完全な祝福を持ち、そのうちにあって、神を、永遠に、讃美するようになること」、と告白されている。端的に言って、「永遠の生命」とは聖書の最高概念であり、神御自身の命そのものであるから、このように言うより他にない。

この「永遠の生命」が、人間に与えられうる究極の「幸い」であり、したがってまた、人間が追求するべき最高にして究極の善、すなわち、本章第3節の中心概念となる、文字通りの「最高善」である。このことについては、宗教改革者のカルヴァンが書いた「ジュネーヴ教会信仰問答」の最初の四つの問答の中に見事に表現されている。問一は、「人生の主要な目的は何か」であり、その答えは、「神を知ること」、とある。もちろん、「知る」とは単に知的に知るのではなく、神と深く交わり、その永遠の喜びに与ることである。われわれはこの世でさまざまなことを体験するが、そのすべてを通して、その背後にある神の愛を知って、初めてわれわれの魂は真の喜びに満たされるからである。問三は、「では、人間の最上の幸福とは何か」であり、答えは、「それも同じである」とある。すなわち、人生最高の幸福と「最高善」は一致する。問四は、「なぜそう思うのか」という問いで、その答えは、もし神を知らずに死んだなら、「われわれの状態は獣よりも不幸であるからであります」、と答えられている。

この「永遠の生命」が顕れた時点において、歴史は終わり、被造物の「過ぎゆく時間」も終わる。神の「永遠」の中では、すべては過ぎゆかない。神はまた、過去のどの時点での記憶をも「常に今」として体験なさるので、どの人の「過去時間」とも行き来しうる。かくして、三位一体なる神の永遠の生命は、天地創造の前と比べて、（もともと無限に豊かであったが、さらに）無限に豊かなものとなった。なぜなら、神は無数の神に従順な子らを長子である御独り子の十字架の御業を通して贖い出し、御自身のものとして獲得されたからである。

また、神の浄福の生命の中に入れられた人間たちも、自分自身の過去だけでなく、どの人の過去時間にも行きかえ、どの人とも、互いに深い交わりを享受しうるであろう。なぜなら、彼らは互いに地上にあったときには、「万人の万人に対する闘争」（ホッブス）に怯え苦しんでいたのであるが、今や、キリストのゆえに互いの罪を赦し合うことができ、また、実際に赦し合って、至上の喜びである「聖徒の交わり」の中に加えられたからである。

このことについて、わたしはかつて、ある一人のキリスト者（西沢邦輔氏）から聞いた話を大略『キリストへの愛と忠誠に生きる教会』（教文館、二〇一七年）一三二―一三三頁で紹介した。ただ今の叙述と深い関連があるので、ここにそのまま引用させていただく。「彼（西沢氏）によれば、終わりの日に皆が墓の中から呼び出され、光り輝く新しい天と新しい地に生き返らされると、どの人も心臓の部分が透けて透明であり、中身が誰からもよく見える、と言うのです。そして、復活した人々は降り注ぐ光の中で、皆大急ぎで誰かを捜しまわっているそうです。それは、自分が地上にいる間に傷つけ、その幸福を奪い、理不尽なことをしてしまった相手を大急ぎで捜し出し、見つけたら心から詫びて赦しを請うためだそうです。何しろ、心が透けて見えますから、お互いに相手の本心がそのひだの裏や陰影まで手に取るようによく見えるのです。相手を見つけると、お互いに涙を流し、心の底から赦しを乞い合う、というのです。『あの時、あなたにそのような深いお考えがあるとは少しも知らず、大変なご迷惑をお掛けしました』、『いいえ、わたしこそ、あなたがそんなお気持ちであったとは露知らず、浅はかで心無いことをしてしまいました』と言い合って互いに手を取って赦し合い、抱擁し合うのだそうです。地上に居る間は、人間の交わりはいつも舌足らずで、夫婦のそれでさえ歪んだものであり、お互いにすれ違いといがみ合い、妬みと憎しみと争いが起こります。……（しかし）天国では、神の赦しと御霊による浄化を受け、皆がお互いに赦しを乞い、赦し合う所だ、とその人は言うのです。それから人々は、濃い御霊の光の中で次第に一つに、固く固く結ばれ、神を賛美する壮大なシンフォニーとなるのだそうです」。

それゆえ、もはや裁き合いも憎しみも恨みも妬みも、その類いのものは一切ない。彼らはキリストを中心とし、永遠に神を礼拝する喜びと愛の中にあるからである。「もはや、呪われるべきものは何一つない」（黙二二・三）。

とは言え、「永遠の生命」に関する聖書の表象は、詳細には提示されていない。聖書が「来たるべき世」またはそれに近い言葉で来世を言おうとしている場合、たいてい、そこにはあまりイメージは示されていない。ヨハネの黙示録二一―二二章は数少ない例外である。その中心は明白に父なる神と屠られた小羊（イエス・キリスト）への礼拝と讃美である。
「永遠の生命」に関する考察はここまでとしたい。ゆえに、これをもって本節の叙述を終える。

第3節　「生」の意義について

本書の主題は「キリスト教の死生観」である。われわれは、人間とは死を超えて永遠の生命（または、「神の国」）へと招かれ、召された存在者である、との根本的な認識と理解に基づいてここまで歩みを進めてきた。また、そのような枠組みの中でわれわれは、被造物としての人間の存在は、彼が生まれてから死ぬまでの期間に限定されており、それが神から彼に《ただ一度限り》生きる《機会》として与えられた「（人）生」である、ということを明らかにした。すなわち、彼が一人の「自由な主体」として、また、「彼自身として」、「自分の人生」を生きることができるのは、生まれてから死ぬまでの間に限定されている。したがって、われわれが本節で考え、考察の対象とする人間とは、厳密に言って、「誕生」から「死」までと限定づけられている。すなわち、この地上的・歴史的存在者としての人間自身である。

さて、本節でわれわれはいよいよ、われわれの興味と関心が本書の初めから少なからずそこに置かれてきたところの、「人間の真の幸福とは何か」、という主題を真正面から取り上げる。すなわち、その生の全体が、初めから、永遠の生命へと招かれ、召されているというその全体的な「枠組み」の中に置かれている人間にとって、その真の幸福とは何か、という問題である。

ところで、わたしは初めに読者の十分な注意を改めて喚起しておきたい。すなわち、われわれはここで決して、単に「キリスト者は何を自分の幸福と考えるか」、という問題を考察しようとしているのではない。そうではなくて、あくまでも、「人間存在一般」について、「そもそも人間の真の幸福とは何か」について考えようとしているのである。というのも、すべての人が必ずしもこの「永遠の生命への招きと召し」という自分の存在規定を自覚しているわけではないし、承認しているわけでもない。しかし、たとい彼がどれほど無自覚であろうと、それが彼の存在の決して動かすことのできない「枠組み」であるということは、もはや否定することができないからである。それゆえ、われわれがここで明らかにしようとしている事柄とは、言ってみれば、キリスト教的に見た場合に、すべての人間は――自覚的であれ、無自覚的であれ――、「永遠の生命」を真に自分の最高の幸福と考え、それを得ることを自分の「最高善」と考えるようになるであろう、ということに他ならない。決してそれ以上ではないが、それ以下でもない。その意味は、彼がもしそのように考えるならば、きっと幸いな生涯を送るであろう、しかし、そう思わないならば、きっと主観的にも、決して自分は本当に幸せな生涯を送った、と思うことはできないであろう、ということである。

もちろんわれわれは、人間の「幸福」とは、あくまでも主観的なものであり、第三者が客観的に決められるような事柄ではないことを、よく承知している。すなわち、その人がどう感ずるか、という問題である。その証拠に、例えば、国連が毎年行っている『世界幸福度報告書調査』[65]は、国民一人ひとりの「主観的な幸福度」を調査して作成されている。われわれも、幸福とはあくまでも主観的なものであると考えるから、この調査はきわめて妥当なものであると考える。これに反して、この種の調査で「客観的な幸福度」を指標に行われるものもある。ある研究調査によれば、この両者の相関関数は〇・一五三と、きわめて低い[66]。つまり、「主観的幸福度」と「客観的幸福度」とは、あまり関係がない。幸福は客観的に論じたり、決めたりすることができるものではない。

　しかしながら、例えば「結婚」の幸福について考えてみると、若者は互いの愛によって直ちに幸福が手に摑めると早合点しがちであるが、実際には他に二つの客観的な条件が必須である。すなわち、「経済的な支え」と「社会的承認」である。特に「社会的承認」とは、その夫婦を取り巻く社会が「善」と考える事柄と、その夫婦が考える交わりのあり方とが合致しているので、その交わりが社会から承認され、祝福を受けるようになる、ということである。そういうものが満たされない限り、二人の間の愛情がどんなに強くても、孤島のようなところで暮らすのなら話は別であるが、結局は破綻してしまうであろう。つまり、人間は社会の恩恵をきわめて高度に受けて生きている動物なので、何が真の、そして、誰もが認めざるをえない「善」であるかは、「幸福」とは何かを考える場合に、きわめて大きな位置を占めていると考えなければならない。ましてや、われわれは人間のことを考えているのである。その人間の幸福が、彼をお創りになり、衣・食・住その他すべての恩恵を配剤なさる神の祝福を受けているということと、その人がそれを感謝し、自分を果報者だと感ずるようになることとは、最も深い関係にある、と考えるのが至当であろう。

　右のようなことを考え併せてみると、われわれがここで「人間の真の幸福とは何か」を考え、そこから有益な結論を得るためには、あの「永遠の生命への招きと召し」という「枠組み」を重視するわれわれの幸福論が、普通の幸福論とは異なってくることはやむをえない。すなわち、われわれは次の二つの根本問題を考えなければならない、と考える。第一の問題は、「人間にとって、彼の幸福を支える真の慰めとは何か」という問題。第二の問題は、「人間にとって、善及び最高善とは何か」、という問題である。第一の問題は宗教的な問題である。第二の問題は倫理学的な問題である。

この二つについて、もう少しご説明したい。

第一の、宗教的な問題は、言わば、われわれの幸福の出どころに関する問題である。人間の存在の根底を支えていて、その人がキリスト者であろうとなかろうと、彼が「生きたい」と願うときの最も深い意欲や動機づけは、どこから得られるか、と言い換えることもできる。例えば、われわれが何らかの不幸な出来事によって深い絶望や悲しみのどん底に突き落とされた場合でも、なおそこから立ち上がってもう一度積極的に生き、幸福を追求しようとする意欲と力はどこから与えられるのか、という問題である。というのは、われわれにはどうも、それが単なる生物的生命欲から出てくるとは思えないからである。文字通りの「生ける屍」となり、ひたすら死をのみ願うということも人間にはある。この問題は、「幸福とは何か」以前の、ある意味では、それ以上の問題である。人間にはそのようなものが与えられている。それをわれわれは、人間にとっての《慰め》と名づけたい。われわれの考え方は、その《慰め》とは、その人がキリスト者であれ非キリスト者であれ、言い換えるならば、自覚的であれ、無自覚的であれ、その人の真実なる救い主、イエス・キリストのもの（彼の所有）であり、その愛と御配慮を受けているがゆえに、キリストが与えてくださる、というものである。例えばわれわれは、ヨブが最大の不幸を受けたときに語った言葉を考える。人間は神から幸福をも不幸をもいただいている、という言葉である（ヨブ二・一〇参照）。こういう考え方は、キリスト者に限定される事柄ではないか、と言われるかもしれない。確かに、キリスト者の場合には、「幸福」や「不幸」そのものよりも、その奥にある「慰め」の方をより敏感に受け取るであろう。それゆえ、キリスト者は必ずしも自分の「幸福」をがむしゃらに追求しはしないであろう。なぜなら、彼は既にそれ以上のもの、すなわち、《幸福以上の幸福》を与えられていると考えるからである。そしてわれわれは、その人がキリスト者であろうとなかろうと、その人の行く道には必ず神の見えざる御手による導きと深い慰めが添えられるであろう、と信ずる。実際のところ、神は「悪人にも善人にも太陽を昇らせ、正しい者にも正しくない者にも雨を降らせてくださる」（マタ五・四五）。それゆえに、喜びばかりの人生などは存在しないと同様、悲しみや不幸だけの人生というものもありえない。そして、神は人を偏り見ることはないのである。われわれは、幸福の問題を考える場合にも、人間が神のものであるということがきわめて重要であると考えるので、この問題を「第一の問題」としたい。言い方を換えれば、われわれ人間存在がどのような《主人》に「所属」しているか、という問題である。この問題は、彼の存在はその死後、どのようになるのか、という問題と切っても切れない関係にあるので、「キリスト教の死生観」について語ろうとするわれわれにとっては、不可欠のテーマである、と考える。

第二の、倫理学的な問題とはすなわち、初めに述べたとおり、人間の「幸福」はあくまでも主観的な問題であり、一律に問うことはできない。しかし、「人間にとって、善とは何か」という問題であるならば、客観的な問題であり、問うことができる。それは、もしこの「善」にふさわしい行為や生き方をしていれば、いずれ必ずや、幸福が得られるであろう、という考え方に基づいている。われわれは既に本章第2節の最後の、「永遠の生命」のところで、人間にとっての「最高善」とは何か、について考えておいた（二二二頁以下参照）。われわれの議論はそれに直結することが許されるであろう。というのも、キリスト教神学では、倫理学は必ずしもある一つの独立した学問分野を形成するものではなく、バルト的な神学観に従えば教義学に直属し、その構成的部分を成す。なぜなら、教義学も倫理学も、神と人間の交わりの関係を主題としているからである。ただし、教義学が神と人間のキリストにおける関係を直接法で叙述し、その帰結として人間の「最高善」とは何かを導き出しているとするならば、倫理学は教義学の到達点を出発点として、改めて、神に（そしてやがて、人にも）「善い」と思われ、祝福を受けうる人間の行為や在り方に関する問いと答え（その答えは命令法——神の律法——となる）を導き出すものに他ならない、と考えられるからである。われわれは客観的には、そこまでしか考えることができない。後は、文学者が各々のケースについて検証し、作品にしうるのみである。

右のように考えた場合、われわれが既に引用した「ジュネーヴ教会信仰問答」の最初の四つの問答の中に、「最高善」とは何かが既に言い表されていた。すなわち、人間にとっての「最高善」とは「神を知ること」（問一への答え）である。または、「永遠の生命（または、「神の国」）に入れられること」、と言うこともできる。神はわれわれを「神の国」に入らせるために、実に一三九億年かかってこの宇宙を創り、地球とその上の命をはぐくみ育て、人類を創造し、御子を受肉させ、教会を建てられたのである。われわれはこの世で生きている命の無限の素晴らしさを味わう。結婚をし、国家社会を建設し、この「世界」とその「歴史」を建設している。これらはすべて神からのものである。そのすべてを通して、その背後にある神の愛を知り、神を愛し、隣人を愛して、初めてわれわれの魂は真の喜びに与りうるであろう。このことは、同信仰問答問三の「では、人間の最上の幸福とは何か」に対する答え、「それも同じである」の中に言い表されている。人間は最後には、浄らかな「聖徒の交わり」と「永遠の生命」に加えられることが、彼自身の最上の「幸福」であると知るに相違ない。

さて、以上のことが正しいとするならば、本節のわれわれの主題を詳述するためには、次の三つの問題を考えなければならないと思われる。すなわち、第一は、人間にとって、その真の《慰め》とは何か、という問題（第1項参照）。第二は、人間が主観的に言って何を求めているのか、そして、なぜそれが得られないのか、に関する考察（第2項参照）。そして第三は、そのような人間を正しく導き、幸いを得させるために、神は人間に、イスラエルと教会を通して「愛の律法」（または、「キリストの律法」）という《永遠の法》を知らせてくださった、という事柄に関する考察である（第3項参照）。

この三つの事柄の考察は、いずれも、「人生とは何か」という問題を真摯に考えるすべての人々にとって、必ずや何らかの益となるはずである。

1　「唯一の慰め」について

われわれの第一の問いは、人間にとっての真の《慰め》とは何であるか、という問いである。この問いが最初に置かれなければならない理由は、既述のとおり、キリスト者であろうと非キリスト者であろうと、皆この世では「旅人」であり、「寄留者」であり、幸福ばかりではなく、時に大きな不幸や挫折にも遭遇しなければならないからである。

右の問いに対する最良の答えを、われわれは、「ハイデルベルク信仰問答」の第一の問答の中に見出せると考える。(67) 次にその主要部分を引用する。

問　生きている時も、死ぬ時も、あなたのただ一つの慰めは、何ですか。

答　わたしが、身も魂も、生きている時も、死ぬ時も、わたしのものではなく、わたしの真実な救い主イエス・キリストのものであることであります（以下略）。

以下、われわれはこの問答を手がかりに、人間に神から与えられている《慰め》が何であるかを考察したい。言い換えるならば、人間に《幸福以上の幸福》が与えられているとはどのようなことであるかを考えたい。ただしわれわれは、今しがた述べたように、この答えの有効性や妥当性は決してキリスト者にのみ限定されているとは考えていない。むしろ、われわれがキリストの十字架の有効性について考察した際に、「キリストの勝利」という考え方を確立しておいたように（本章第1節第2項参照）、およそすべての人間に対して有効性と妥当性を有するものである、と考える。すなわち、人生の幸福と不幸、喜びと悲しみ、虚しさと不安の中で、およそすべての世に生きる「人間」に対して、神はこの《慰め》を与えられる、と考える。ただし、この慰めを味わうためには、人は何らかの意味で、自分が何らかのものによって「生かされている」という考え方を受け入れ、そこからの慰めを受け入れようとする必要がある。したがって、代表的・サンプル的な意味で、キリスト者について最もよく当てはまる。

⑴詳しい内容的な考察に入る前に、若干の字句の説明をしておきたい。

この問答はキリストの救いの意義を「慰め」（［独］Trost）という言葉で言い表そうとしている。このドイツ語は、日本語には到底訳せない深くて豊かな含蓄を備えている。日本語の「慰め」は、「女子どもの慰め」や「慰撫する」や「慰みものとする」という言い方もあるように、ポジティブな意味や宗教的な深みは持っていない。唯一、「音楽が慰めである」や「孫が老いの慰めである」という言い方が、この信仰問答のニュアンスに近いものを伝えている。ドイツ語の《慰め》の場合には、例えば、自分の生きがいのすべてであるところの最愛の独り子を失って、ただ死をのみ願うほどの深い悲しみの中で――そのようなことも、人生には時にあるであろう――何か月も立ち上がれなかったような人が、それにもかかわらずもう一度生きようと思うようになったとしたら、その時に、この言葉が用いられる。というのも、「慰め」（Trost）は「信実である」（treu）や「信頼する」（trauen）のような言葉があるように、何らかの信実な人格との深い交わりを通して与えられるものだからである。聖書では、キリストの霊である聖霊が別名「慰め主」とも呼ばれるように（ヨハ一四・一六等参照）、キリストは悲しむ者の助けとなってくださるお方である。その意味において、「慰め」という言葉は「心の支え」、「生きる喜び」、「喜びと平安の根拠」等々と言い換えることができる。また、それらの源なるお方（イエス・キリスト）を直接指している。そのようなニュアンスの込もった、「人間にとって、真の心の支えとは何か」という問いであると考えてよい。すべての人間の現実の生には、このような宗教的次元がある、と考えられるからである。

本問答は、その《慰め》が「自分が自分のものではなく、キリストのものである」ことの中にある、と述べている。つまり、「自分が――身も魂も――自分のものである」と考えることが、慰めの無いこと――それは、同信仰問答では、人間存在そのものが抱えている「悲惨」と呼ばれる。問二以下参照――との対比において、「自分が――身も魂も――キリストのものであること」が、慰めを持っていることの端的な根拠とされる。「ものである」とは、ある人格に「帰属」する、その方の「所有」である、あるいは、その方が自分の「生」の《主》であり、自分はその方の《僕》として、その方の恵み深い御支配と――当然、その帰結としての――信実な愛や堅牢な守りや保護を受けていることを意味する。一言で言えば、「自分」という存在の所属の問題である。また、そのことが明確に自覚された場合には、いつかその方とお会いし、永遠の生命の喜びに満たされるであろうという希望も含意されてくる。

一般には、人間は誰でも自分は自分自身のものであり、自分の主人も自分であって、自分の人生は自分で決める、自分は誰か他人の所有ではない、と考えて生きている。これが一般的な「死生観」の根底にある。しかし、人間の幸福にはもっと深い次元がある、というのが聖書の考え方である。この信仰問答も、「自分は自分のものである」という固定観念こそが、罪を犯した人間の根本的な錯誤と倒錯であり、人間のあらゆる《悲惨》――「不幸」の同義語――の根源にあるところの最も不幸な事柄・事態である、と考えているのである。

次に、この信仰問答に無限の重みと尽きない魅力を与えているものは、やはり、「生きている時も、死ぬ時も」とあるように、キリストの救いは人間にとって、生と死の、いずれの時にも有効である、と述べていることである。「死ぬ時の慰め」とは、自分にはこの《慰め》があるから、いつでも安心して安らかに死ぬことができる、と確信できる事柄・事態のことである。死ぬ時にも十分な慰めであるものは、当然、生きている時にも十分な慰めである。生きている時にはこちらの慰めを、死ぬ時はまた別の慰めを用いるというのであれば、ここで言う《慰め》とは程遠い。キリスト者は、生きている時に自分にとって喜びであり、慰めであり、幸福であるもの——例えば、孫が慰めであるとか、夫や妻の愛が慰めであるとか、さまざまなことがあろう——を、あの《慰め主》なるキリストから与えられた喜びや幸福であると考えて、やはり主に感謝して受け取る。したがって、「わたし」は自分が生きている「生」のどの瞬間においても、そして、「死」の瞬間においては最も決定的に、「自分にはこの慰めがある」と心の底から思うことができ、それを与えてくださった《あのお方》に心から感謝して生き、また、死ぬことができる。したがってそれは、《幸福以上の幸福》を持っている、ということに他ならないのである。

それゆえ、この信仰問答では、「唯一の」という言葉に無限の重みがある。《慰め》は幾つもある必要はない。「生」においても「死」においても通用するものは、たった一つあれば十分である。その「一つのもの」が、その人の意識・無意識とは関わりなくある、と言っているのである。

(2)次にわれわれは、「自分は自分自身のものである」と考えることが、どのような意味で、錯誤と倒錯であるかについて、簡単に述べたい。

まず、「錯誤」であるということは、ほとんど言うまでもないことである。なぜなら、人間は端的に言って、自分自身を所有していないし、自分自身の慰め主でもないからである。人間は自分の「体」をさえ、完全に自由にはできない。自分の心臓一つさえ、自由にはならない。血糖値や血圧やコレステロール値など、皆同様である。ましてや、自分の「魂」を自由にできる人は一人もいない。その程度の人間が、どうして自分の主人は自分自身であるとか、自分の責任は自分で取れるとか、おこがましくも言うことができようか。それはただ、自分のことをある程度まで自分で管理することを命ぜられ、そのことに責任を負わされた人間が抱く妄想でしかない（本節第2項参照）。

そして、この根本的な錯誤から、たくさんの倒錯した考え方や生き方が生まれる。例えば、人間は自分を自分自身の《主》であると錯覚しているから、自分の「生」に関しても「死」に関しても、常に思い煩い、憂慮せざるをえない。「生」に対する憂慮のことは、福音書の「山上の説教」の言葉によって人口に膾炙している。あの、「空の鳥を見よ、野の花を見よ」というイエスの言葉である（マタ六・二五以下参照）。「何を食べようか、何を飲もうかと、自分の命のことで思いわずらい、何を着ようかと自分のからだのことで思いわずらうな」（同二五節、口語訳）、とある。「自分の命のこと」とは、自分の「存在」のことである。人間はどんなに自分の寿命のことに心を用いても、一秒たりともそれを延ばすことができない。「自分のからだのこと」とは、自分の存在の輝き、美しさや栄光、また、人からの愛情や評価の類いである。どんなに美しく着飾っても、栄華を極めた時のソロモンでさえ、一本の野の花ほどにも装ってはいなかった（同二七節以下参照）。要するに、人間は空の鳥のように「憂慮」から解放されて大空を自由に飛びかけることはできないし、人も通わないような山道にたった一本生えている野の花が、誰に見せるためでもないのに、あるがままに、命の限りを尽くして咲くような生き方もできない。人間は誰でも「憂いなき（サン・スーシ）王宮」（フリードリッヒⅡ世）に住みたい。しかし、それはこの世にはない。

以上は「生」への憂慮であるが、「死」への憂慮についても、言おうと思えば幾らでも言える。しかし、われわれは死については既に多くを語ってきた。ここではただ、実存哲学者のM・ハイデッガーが人間の意識を分析して示してくれたこと、すなわち、人間の「生」は「自分の死に深く関わる存在」[69]である、という分析を思い起こすだけで十分であろう。人間が有限な「時間」の中で生きているということは、彼をして自分自身の「死」を深く憂慮する動物たらしめている。それは彼が、人生最大の厄事である「死」から少しでも逃げようとして、さまざまな「気晴らし」で自分を慰めようとしている場合にも同じである。われわれのすべての業は――仕事であれ事業であれ、高尚な学問や芸術への没頭であれ、政治であれ戦争であれ――突き詰めて考えれば、実は壮大な「死からの逃避」であるのかもしれない。幸福を考える場合、これらの「気晴らし」や「逃避」のことをも考えてみる必要がある。

なお、ちなみにこの関連で、世間でよく言われる言辞、すなわち、人間は「死」という終わりがあるからこそ、「生」の一瞬一瞬が限りなく尊く、愛おしく、麗しく見える、という理屈についても、一言を呈したい。そのように真面目に考えておられる方々に失礼な言い方になってしまうかもしれないが、やはり、われわれは真理の前では鏡のように澄んだ心を持たなければならない。人生は、われわれが既に確認したように、各々の瞬間は常に「ただ一度限り」しかない。出会いも同様である。それが真に尊く、愛おしく、無限に麗しく見えるのは、それがより大きな《慰め》によって支えられているからである、とわれわれには思われる。そうでなければ、それはあまりにもはかなく見え、せわしい思いでしか味わいえなくなる。つまり、「死」によって限界づけられ、「罪」によって壊されている「生」の各瞬間がそれでも真に尊く、麗しいのは、神がそれを真に尊く思い、それを修復し、御記憶の中に留めて置いてくださるからである。そのように考えることが、真に被造物にふさわしい謙虚さであり、また、生や「命」を大切にする考え方なのではあるまいか。

もっとも、この議論はこれ以上続けても埒があかない。それは、われわれが本節の冒頭で述べたとおり、「幸福感」はどこまでも各自の主観的なものだからである。人間には「幸福以上の幸福」が与えられているということは、自分が何者かによって生かされている、という考え方を拒否する人には分からない。しかし、その事実は否定することができない。われわれはただ、人間には誰にもこの上よりの「慰め」という、「幸福以上の幸福」が与えられているが、それを知ろうとはしないでただあくせくとしているだけのような人にも、いったい人間の真の幸福とは何であろうかと、共に考えることを呼びかけるより他にない。

2　人間の「魂」が究極的に求めている幸福とは何か

以上でわれわれは、人間が自分の幸福においても不幸においても、なお根本的には《慰められた存在》とされている、と述べた。そこでいよいよ、人間の魂が実際に求めているものが何であるかに関する考察に入りたい。ただしこの問いは、人間の「主観」の方に焦点を合わせている。それが客観的には何でなければならないのか、という考察は、次の第3項でなされる。

(1)われわれは既に、この世の人生を終えた後に、終わりの日に恵みによって与ることが許されるところの「永遠の生命」が、現世においても、既にその一部分は享受されうる、と述べておいた。このことと比べれば、実は、この世の人々が言うところの地上の「幸福」や「生の充実」や「達成感」といったものは、言うに足りない、と言って少しも差し支えない。というのも、これまでの論述から明らかとなったように、人間にとって、もし信仰によって救いに入れられるならば、その人の最上の幸福とは、信ずることによってこの世で既に可能となった、「永遠の生命」、あるいは、「神の国」に生きること以外の何ものでもないことは、明らかだからである。

しかし、人間にとっての真の、そして最大の問題は、大部分の人々が、「自分の主人は自分自身である」という倒錯と錯誤に囚われている結果、この人生で自分が何を求めているのかがよく分からなくなってしまっていることである。誰でも幸福を求めているということは、全く疑いがない。ひたすら自殺の方途を考えている人でも、その深層においては、生きて幸福になりたいと願っているであろう。しかし、幸福とは何であり、どこに存在するかを、大部分の人々は知らないで、あらぬところにそれを求めている。だから、西洋には「青い鳥」の話があるし、中国にも、「亡羊の嘆」という言葉がある。また、「酔生夢死」という言葉もある。

われわれは、この(1)では、まず、人間が自分の幸福をどのように考えるかについて、一人の哲学者セネカ（前五／四―六五）が著した『幸福論』を手がかりにして考えたい。次に(2)で、人間の魂が真に求めている「最高善」が、端的に言って——と言っても、われわれのキリスト教的な立場からであるが——、永遠者なる神を中心として形成される「交わり」の中にあることを、「まことの人」なるイエスから明らかにしたい。

①セネカに入る前に、まず、幸福についての一般的な考え方について観察してみたい。

聖書はいみじくも、地上における人間の「生」の営みを、二つの言葉で言い表している。「食べたり飲んだり」と、「娶ったり嫁いだり」である（マタ二四・三九参照）。イエス御自身が好んでこのような言い方をされた。この二つの行為、すなわち、「同化・異化」と「生殖」は、誰もが文句なく人間の最も基本的で不可欠な、そして、その最低限のものは満たされなければならない営みであると考えている。創世記の記述もこれと一致している（創一・二八以下参照）。一般に人間が「幸い」と感じ、追い求めている事柄の中には、これらの基本的な欲求の充足が正しく位置づけられていなければならないであろう。いわゆる「物質的満足」と称されるものである。これらを支え満たす最大の、そして最も頼りになるものは「富」であり、それに「健康」と「社会の平和」がある。ことに、われわれ日本人の幸福観は比較的単純で、これらの条件さえ満たされればよいと考えている人が多いようである。学歴と就職と結婚が幸福の三要件であると考えて、ひたすらそれらを追い求めている人が多い。

さてしかし、これらの物質的欲求の満足だけでは、人は幸福にはなれない。第一に、「物質的欲求」が満たされることを幸福の主要な要件とすればするほど、その人はそれだけ確実に「偶然」や「運命」の支配下に自分を置くことになり、占いや御利益宗教の餌食となる。結果的には、大部分の人間（庶民）が「幸福」を摑みにくくなる。たまたまよい運勢に巡り合え、世間的に見れば「幸福」になれた人でも、必ずしも自分を幸福だとは思っていない。「幸福のパラドックス」（本書三頁以下参照）に足をすくわれているだけである。何十億円の豪邸に住み、毎晩珍味佳肴で舌を楽しませ、楽の音で耳を、余興で目を楽しませるような生活をしたとしても、それで幸福とは思わない。ソロモン王は、立派な庭園を幾つも造らせ、池を掘り樹木を植え、人の子らを喜ばせる多くの側女を置いてみたが「見よ、どれも空しく／風を追うようなことであった」（コヘ二・一一）、と言っている。

幸福のより重要な条件は、物質的欲求の満足よりも、「生のより高い目的」が満たされること、すなわち、「精神的満足」であると、多くの人が考えている。「人は食べるために生きるのではなく、生きるために食べるのである」と諺にもある。実際、ギリシア人も、「幸福」（［ギ］エウダイモニオン）とは、「魂」（ダイモニオン）の「善い」（エウ）状態であると考えた。だとするならば、「物質的満足」よりも「精神的満足」の方がより重要であることは、誰が考えても分かる。そして、それが何であれ、その実現のためには、「幸福」を得るにふさわしい「徳」や「人格」や「信仰」を磨くことが、幸福への最短距離である、と一般にも思われているようである。つまり、人々が「精神」とか「理性」とか呼んでいる部分がより低い部分を統御する「徳」を実現し、それによって「最高善」を目指すことの中に、人間の「幸福」がある、と考えられている。以上のことは、一般論としてわれわれも了承してもよい。

以上のことから考えると、人間の「幸福」について考える場合、一般には、次の二つの組み合わせ、すなわち、「物質的満足と偶然的運命」及び「精神的満足と最高善（または、徳）」の絡み合いを考察しなければならないことが、理解されよう。これらすべてを考察の中に入れている幸福論として、われわれは後期ストア派を代表するセネカの『幸福論』(70)について、しばらく検討したい。

②ストア派の教説は、ヘレニズム時代のギリシア・ローマ哲学の双璧を成すもう一つの学派、エピキュロス派のそれと共に、よく知られている。特に前者は、われわれのキリスト教的な幸福観とも多少の類似性があるので、しばしば取り上げられる。

興味深いことは、エピキュロス派は「物質的欲求」の満足（快楽）を説き、最高善は下腹部にあると言ってはばからなかったのに対して、ストア派を代表するセネカは、徳こそが善であると述べ、「精神的満足」を強調した。その意味においては、ストア派とエピキュロス派の両極端の哲学の中に、すべての幸福論は図式的には網羅されてしまう、とも言えよう。「興味深い」と言ったのは、エピキュロスも結局は、人生最高の境域は何ものにも心乱されない「魂の平静」であると説き、その対蹠点に位置するセネカも同様に、「心の平静」(71)こそは最高善である、と説いたことである。ほぼ同じ結論である。その意味において、エピキュロス派の教説も、決して巷間で噂されているような「快楽に耽溺せよ」という教えではない。セネカに言わせれば、エピキュロスへの悪評は「いわれのないものだ(72)」。

つまり、エピキュロスもセネカも、人間の幸福を真剣に考えたときに、結局は「心の平静」に行き着いたということは、どうしても、「人間にとって、真の慰めとは何か」（本節第1項参照）についてのわれわれの考察を思い出させる。なぜなら、ギリシア哲学者たちの言う「心の平静」とキリスト者たちの言う「唯一の慰め」とは、決して同じものではないが、どうやら、常に同日に論じられ、十分に比較検討されなければならないものであるように思われるからである。

ただ、セネカがわれわれの注目をより多く引くのは、彼がギリシア・ローマ世界の最高の文化に通暁し、現実の人間と国家社会の森羅万象並びにその機微をよく知っている哲学者であることと、彼の視点が「生の視点」だけでなく、エピキュロスよりもより多く「死の視点」をも兼ね備えていることによる。その点が、「死生観」について論じているわれわれには魅力があるように思われるからである。実際、セネカの「幸福論」はその後も西洋の古典として二〇〇〇年間読み継がれてきたのである。

さて、それではセネカは幸福について、どのように考えたのであろうか。

彼はストア派一般の考え方、すなわち、幸福な生とは自らの自然（本性）に合致した生のことである、との教説を自らの思索の基礎に置く(73)。ところで、人間にとっての「自然」とは、彼が理性的存在者であるということである。それは次のことを意味する。ストア派の形而上学によれば、万物の始原は「火」である。ただし、われわれが考える火はものを焼く「破壊的な火」の方であるが、万物の始原（［ギ］アルケー）としての「火」とは、四大元素（地・水・火・風［気］）のうち最も軽いものであり、天に昇って「神」または「理性」または「創造的な火」（または、光）として自らの純粋さを保っている（ご承知のように、初期ギリシア哲学は宇宙を唯物論的に解釈することから始まった）。それと共に、ストア派の始祖ゼノンやクリュシッポスによれば、神は「息吹（霊）」（［ギ］プネウマ）となって、全体が一つの生命体であるところの宇宙万物に「浸透」する。人間の身体の中にもこの「霊」が「浸透」している。その中でも特に稠密な部分が「精神」であり、最も稠密で指導的な部分が「理性」なのである（言ってみれば、これは「万有在神論」の宇宙観である）。したがって、この理性に従って生きることが幸福であることになる。

それゆえ、セネカによれば、人間にとっての幸福とは、「最高善」を求め、実現することである。では、その「最高善」とは何か。それは彼によれば、「（永続的な）徳に喜びを見出し、偶然的なものを軽視する精神である[74]」。ここでセネカが言っている「偶然的なもの」とは、財物、金銭、地位、健康のように、およそ生々流転の中にあって「運命」によって左右されるもののことである。人間は「運命」や「偶然的なもの」に支配されている限り、「幸福」の保証はなく、精神に真の幸福はない。ゆえに、「徳」とは第一には、人間が自らを「精神」または「理性」として自覚し、「偶然的なもの」を軽視して自らの在り方を常に保持し続けること、すなわち、「その精神の恒常的な在り方の中にある[75]」。言い換えるならば、自分が理性的存在者であることを自覚し、常に理性的に判断し、行動し、哲学することが、「徳」があり、幸福になれるということである。セネカは言う。「精神がそのような礎の上に立っていれば、望むと望まざるとにかかわらず、みずからの内にあるものに喜びを見出し、みずからの内にあるもの以外のものは望まないものとして、……不断の快活さと深奥から湧き上がる深い喜悦が必然的にその精神に付き従う[76]」、と。また第二には、そのような理性的存在者として「善」を実践すること、例えば、「人の道に背かぬ範囲内で神を具現化すること[77]」の中に、幸福が存在する、と。

したがって、幸福を得るためには、人は「偶然的なもの」によって有頂天になることも、反対に意気阻喪することもなく、自分に与えられたもので満足できなければならない。「最高善」は徳そのものにある。「最良の精神が自己充足し、みずからをみずからの引く境界で囲い終わったとき[78]」、「最高善」が実現し、人間は幸福になる、とセネカは考えたのである。

それではセネカは、富や地位や健康のような「偶然的なもの」を、どのように位置づけるのであろうか。これらは「善」でも「悪」でもなく、「無記」（［ギ］アディアフォラ）と呼ばれる。もっとも、「無記」の中でも例えば財物、金銭、地位、健康のようなものは「望ましいもの」であり、貧困、病、争いのようなものは「望ましくないもの」と言われる。前者を拒まず、後者を避けようとすることは必ずしも賢者に禁じられてはいない。ただし肝心なことは、これらの「無記」なるものの多寡・増減によって人間の幸・不幸が全く左右されなくなることである。そうなることが、徳があり、神に似た者となることなのである。また、このような徳には自ずから快楽がついてくるのであるから(79)、その人には「永続的な心の平静と自由が訪れる(80)」。

セネカはそのようにして、「心の平静」という言葉において、自説とはまさに対蹠点にあるエピキュロス派の教説と非常に近いところに来た。ただし、エピキュロスは快楽を追求し、徳もまた快楽追求の一つの手段であると考えたのに対して、セネカは快楽を拒みはしないが、徳の習得は決して快楽を得るためではないし、むしろ、必要とあれば快楽を喜んで犠牲にする、と考えた点が異なっている。なぜならば、いったん快楽を追求の対象とし始めるとき、たちまち「自由は最悪の隷属に他ならないもの、すなわち、運命を必要とし始めるからである(81)」。セネカが求めているものは、あくまでも「永続的な心の平静と自由(82)」である。「われわれは自由を目指して脱出しなければならない(83)」。セネカの幸福論にとっては、「平静」と「自由」がその究極にして最高の理念である、と言えよう。すなわち、幸福とは、人間の本性が――それを「魂」と呼ぼうが、「精神」と呼ぼうが、「理性」と呼ぼうが――

「神」（ストア派で言えば、「火」）の一部なのであるから、少しでも「至福そのもの」である「神」と等しく軽くなって上に昇り、「偶然的なもの」（運命）から自由であり、自足することである、と考えられている。

③さて、このきわめて興味深い幸福論――そして恐らく、その文章の美しい韻律と共に読む者をして魅了せしめるに相違ない、その豊かで建徳的な内容――のすべてを詳しく紹介することはできない。ただし、われわれはこれを決して低く評価しない。むしろ、この地上世界を支えている多くの真面目で良心的な人々がこのような、または、これとよく似た幸福観・人生観をエピキュロスの幸福論よりも頼りとし、真摯な生き方として模索してきたものと思う。それゆえ、もう少し吟味し、われわれの考え方との違いを明らかにしたい。

セネカの幸福論が究極的にたどり着いた「最高善」の結論――エピキュロスも、ほぼ同じに考えたもの――が「魂の平静」であったという興味ある事実を、もう一度取り上げる。というのも、これと類似する考え方は、洋の東西を問わず、割と普遍的に見られるからである。一例であるが、「吾唯知足」（我ただ足るを知る）の四文字がある。日本では龍安寺の蹲《つくばい》などが有名である。禅宗の信者にとって、自分は無から生まれ、やがて無に帰するのであるから、欲を張ることは損失以外の何ものでもなく、最低限の衣・食・住が満たされれば満足すべきであるという境地こそは、最高の幸福である、との意であろう。つまり、魂の満足が「魂の善」（［ギ］エウダイモニオン、幸福）なのである。興味深いことに、パウロもよく似たことを言っている。「（わたしは）貧しく暮らすすべも、豊かに暮らすすべも知っています。満腹していても、空腹であっても、物が有り余っていても不足していても、いついかなる場合にも対処する秘訣を授かっています。わたしを強めてくださる方のお陰で、わたしにはすべてが可能です」(フィリ四・一二―一三)、と。

もう一度ストア派の幸福論をまとめてみると、次の如くである。

第一に、人間が本来求めるべき最高善は、心の平静である。

第二に、「精神的満足」に比べれば、「物質的満足」の方は、最低限満たされればよい。

第三に、「精神的満足」は、人間が「物質的満足」を求める比重が小さければ小さいほど、それだけ、「偶然的運命」に妨げられることなく得られる。

④では、ギリシアの賢人たちによって追い求められている事柄そのものと、われわれの言う「自分がキリストのものであるということ」とは、すなわち、――キリスト者であろうと非キリスト者であろうと変わりなく与えられうる――人間にとっての「幸福以上の幸福」とは、どのような関係にあるのであろうか。

幸福が魂の満足の状態であるとするならば、それを「心の平静」や「平安」に求めるギリシアの哲学者たちと、それを「慰め」の中に見出すキリスト者たちとは、幸福論の文脈で言うと、同じ人間としてよく似たものを求めている、とも言えそうである。というのも、キリスト者たちが言う「唯一の慰め」が「幸福以上の幸福」であるとするならば、それはやはり、幸福論的には、「魂の善い(満足した)状態」としての「幸福」であるに違いないし、それとは別のものをその代わりに求めたりはしないようになるのであれば、やはり究極の「幸福」であるに違いない。ただ、両者が同一ではないことも全く確かである。では、どのように関係しているのであろうか。両者の関係は次の三点にまとめ

ることができるように思う。すなわち、

(a)人々が求める「心の平静」と、キリスト者にとっての「唯一の慰め」または「キリストのものとされていること」とは、それらが人間に対して持っている重要さという点では、よく似ている。両者は「人間の幸福」において、本質的・究極的な意味において、最も中心的で重要な役割を果たしている。

(b)両者の大きな違いは、各々の位置である。なぜなら、「キリストのものとされていること」は、あらゆる「生きること」や幸福追求の最初に、その原動力として《既に》与えられているという位置にある。これに対して、人々が求める「心の平静」は、むしろその最終目標と位置づけられている。その意味において、前者は既に確定されたものであるから、「幸福以上の幸福」という言い方ができる。また、キリスト者はその存在を知っているから、がむしゃらに幸福を求めない。しかし、「心の平静」はこれから求める目標であるから、そのような言い方はできない。

(c)最も大きな違いは内容である。「心の平静」は、内容的に言えば、「最良の精神が自己充足し、みずからをみずからの引く境界で囲い終わったとき」[84]、達成される、と定義されている。それゆえそれは、閉じられ、自己充足的である。これに対して、後に述べるように（本節第3項参照）、キリスト教的な「幸福観」においては、「善」とは自らの殻が打ち砕かれ、外に出てゆくこととしての、「愛」の行為の中にある。それは本質的に、「他者志向的」で「世界開放的」（[独] weltoffen）である。他者志向的であるのは、「慰め」に支えられているからである。

したがって、結論的に言えば、われわれが考える「幸福観」と、一般の人々が考えるそれとは、似ているようでいて構造も内容も異なる、と言うことができよう。

⑤最後に、われわれ自身の幸福論を展開する前に、なぜ人間にとって、彼が真に自分の「幸福」として納得しうるものに、まさに「青い鳥」の話が語っているように、なかなか（または、生涯）到達できないのか、ということについて考えてみたい。

その理由は、言うまでもなく、一言で言えば、自分が自分自身のものであると考え、キリストのものであるとは考えていないから、すなわち、あの「唯一の慰め」を拒否しているからに他ならない。しかし、もう少し掘り下げると、彼はなぜそうするのであろうか。

通常われわれは、右に述べたセネカの「幸福論」が言っているように、「最高善」とは人間の「精神」が「肉体」を完全に統御し、支配することである、と考えがちである。そして、「賢者」はその最高の境域に達している、と考えがちである。しかし、本当はそうではない。実は、「魂」と「体」の分裂は、人間の中の「小矛盾」に過ぎない。われわれはむしろ、人間はその全体が一つの完全に統一的な「力への意志」（ニーチェ）となったときに、あるべき自分自身との間に最も大きな乖離を生じ、「大矛盾」に陥る、と考える。すなわち、自分が自分の《主》であると考えたときにそうなる、と考える。この点が非常に重要である。

人々は皆、自分の「精神」が「徳」を磨いて自分の「肉体」を完全に統御・支配しえたときに、「心の平静」が獲得されて「幸福」になれる、と考えやすい。しかし、この捉え方はそれだけでは一つの重大な過誤に陥りやすい。

われわれは、人間が最大の過ちを犯すとき、それは常に彼の「支配欲」をその根源としている、と考える。創世記三章の記事が明らかにしているところによれば、罪びとは、「自分が自分であることができる」ためには、自分が全世界を手に入れ、それを《支配》できなければならない、と《錯覚》したのである。すなわち、「善と悪」を自分が判断し、自分が自分の妻を、子を、親を、自分の周囲の「ヒト」や「モノ」や「コト」を、そしてひいては、全世界・全宇宙を「支配」できなければ、自分は自由ではない、と《錯覚》したのである。支配することは、彼の快楽だったからである。かくして、彼は自分自身の《主》であり、全世界の《主》であり、《神》となることを望んだ。だから、支配欲が彼の罪の元凶である、と言ってよい。もちろん、彼は神ではないのでこの願望は破綻する。神となりたいと思って失敗したニーチェと同じである。

それは、人間が自分を自分の《主》であると考えようとすることが、彼の罪、すなわち倒錯と錯誤の元凶である、と考えるわれわれの考え方から、当然帰結されよう。われわれは、セネカの幸福論が幸福論として優れており、一定の成功を収めているのは、彼がこの「支配欲」の対象を「自己」に限定し、「みずからをみずからの引く境界で囲い終わったとき[85]」最高善が実現する、と考えたことを評価する。セネカはそこに立って、人間の支配欲に一定の歯止めをかけたのであった。

実は、人間は先に挙げた「物質的欲求」(食欲と性欲)の他に、さらに《支配欲》という欲望を持っている。それは、神から「地を従わせよ」との命を受けた(創一・二八参照)ことに対応している。然るに、この「支配欲」こそが、それが自らを限りなく膨張させてゆくときに、「物質的欲求」のポテンシャルを著しく増幅させ、自分を「神」としたいと欲することを、見逃すことができない。なぜなら、権力が富を支配する。だから、権力を手に入れて自己を実現する支配欲こそは、人間が万物を支配し、自分や世界の《主》となり、最後には、「無制約者」（＝神）となりたいと願う人間の欲望の正体に他ならないからである。ニーチェはこれを見抜き、人間存在を根本的に突き動かしているものは、フロイトの「リビドー」にもまさって、「力への意志」である、と喝破した。

もちろん、神は「地を従わせよ」という御命令を与えるに当たって、決して人間が「自然」を支配し、破壊する（ロマ八・二二参照）ことまでお許しになったわけではない。むしろ反対に、彼が「万物の霊長」たるにふさわしく、「理性」によって「自然」を正しく統御し、「エデンの園」を「耕すこと」（創二・一五参照）――それはすなわち、「奉仕の精神」（スチュアードシップ）によってそれを正しく管理し、それに仕えること――を命ぜられたのである。然るに、人間が実際にしたことは、己の支配領域を無制約的に拡大し、まず自分の隣人――自分の妻や子、「隣人の家、……隣人の妻、男女の奴隷、牛、ろばなど隣人のもの」（出二〇・一七）等々――を支配下に置くことであった。なぜならば、支配することは、実に大きな快楽だったからである。さらに人間は、隣人に対する支配者、審判者となることによって、より大きな「権力」と「正当性」を獲得し、「権力」によっていっそう大勢の《僕》とより大きな「富」を獲得する。かくしていっそう大きな物質的喜びと快楽を享受しうる。そのことに無上の喜びや快感を覚えるのである。だから人間は、「支配欲」や「権力欲」が満たされることにますます夢中になり、ますます激しい「戦い」や「戦争」に自分を駆り立てるようになる。かくしてこの世は「万人の万人に対する闘争」となる。実際、人間ほど、戦争の好きな生き物はいないのである。そのようにして、遂には「天と地」の全領域（全世界、または、全宇宙と言ってもよい）をその支配下に収めようとしたのであった。

それだから、人間の「罪」と「迷い」と「錯誤」の根源がどこにあるかと尋ねるならば、われわれは躊躇なく、それは「力への意志」にある、と言いたい。人間が幸福であることを求めて願ったことは、自分の「腹（引用者注、自我のこと）を神とし」（フィリ三・一九参照）、自分で自分を「無制約者」（＝神）として措定し、《神》となることだったのである。これらのことが、彼が自分の最大の幸福と考えたところのものであり、そしてまた、彼が求めても決して真の幸福が得られない唯一最大の原因に他ならない、とわれわれは考える（ちなみに、モーセの十戒の最後の、「貪るな」という戒めは、その最初の、「神を神とせよ」という戒めと共に、十戒のすべてを代表している、とも言われる）。

⑥われわれは、この二一世紀に住む「現代人」が危機的な状況にあることを繰り返し述べてきた。それは、人間が自分の《主》となろうと欲する「世俗化の状況」がいよいよ極限状態に達しようとしているからである。最前線に立つ自然科学者たちは——特にその中でも、良心的な科学者たちは——皆共通の危機意識を持っている。それは、人類が真に力を合わせてこの二一世紀を共に乗り越えられなければ、人類には終わりが来る、という共通認識である。人類はこれまでのところ、「地を従わせ」（創一・二八）、「進歩・発展」と「富」と「便利さ」を願う方向ばかりでものを考えてきた。しかし、そのような時代はこのコロナ禍をきっかけに終わらなければならない、とわれわれは考える。人間の魂が、本来何を求め、何によって真に満たされ、真の幸福を摑みうるか、人間が自分で知ることは、至って困難な業である。人類は「青い鳥」を捕まえる資格がないのである。

⑵以上の考察を背後におくことによって、われわれはいよいよ、人間の「魂」は本来、端的に言って、唯一のまことの神（または、神との交わりである「永遠の生命」）を求めている、ということについて、述べたい。

この答えは、既にわれわれが見出したところのものである。しかしここでは、これまでとは全く別のところから、それを論証したい。すなわち、聖書に啓示された「まことの人」であるイエス・キリストが、何を求めておられたか、という観点からである。なぜなら、「人間の魂は本来何を求めているのか」、という問題は、ただ一人、《まことの人》と称されうるイエス・キリストだけが、迷わずに求めていたはずであるから、彼の魂は何を求めていたのか、と問うときに、最も鮮明な答えが得られるからである。なぜなら、彼こそは「見よ、これこそ真の人間だ」（ヨハ一九・五。九八頁参照）と証しされている。彼は「第一の者」（コロ一・一八）であり、人類の究極の姿である（一コリ一五・四九参照）。すべての人は迷い出て、「それぞれの方角に向かって行った」（イザ五三・六）としても、イエス・キリストだけは少しも迷うことなく、唯一のまことの神を求める悔い改めの道を歩まれたからである。

われわれが「キリストの魂は何を求めておられたのか」、と問うならば、その答えは明白である。キリストは、ただ父なる神を愛し、父なる神との交わりを楽しみとして生きられ、その御意志に従うことを自らの食物としておられた（ヨハ四・三四参照）。そしてそれゆえに、人類一人ひとりを深く愛された。われわれの魂は、彼に似せて造られている。また、彼が目指すものを目指すように造られている。われわれは最後には、キリストに似た者となるからである（一ヨハ三・二参照）。

それゆえ、人間が何かを欲し、何かをするという場合に、その欲求の対象や行動がどのように間違った方向に走っていったとしても、本来、彼の魂はただ、唯一のまことの神を求め、この神に向かって飢えと渇きを覚え、この神に向かって運動している、と考えられるのである。言い換えれば、意識的であれ、無意識的であれ、また、キリスト者であれ、非キリスト者であれ、人間は四六時中、何をするにも、神との交わりである「永遠の生命」を得たい、と考えている。つまり、われわれは次のように述べたい。すなわち、どんなに堕落した人間であれ、そして、その人がどんなに卑しく恥ずべき情欲の虜となってしまったかのように、他からは見えるときですら、彼の「魂」は、実は、唯一のまことの神を求めて渇いている、と。彼があらゆる瞬間において神を必要としているということは、彼が生きる上で他のものを――衣・食・住や家族、友人、隣人たち、そして社会や国家を――無条件に必要とすることと同列に並ぶ一つの事柄ではない。むしろ、彼の魂はあらゆる時・あらゆる状況において、自分以外の何らかの「モノ」や「コト」を求めているときに、また、求めていることにおいて、実は、それらを貫き、それらの背後に、ただ一人の神を求めている。またその限りにおいて、人間は「善」や「浄福」や「真理」や「美」を求めている。それらはただ、神を映す《鏡》でしかない。また、その限りにおいて、魂は運動であり、活動であり、生命である。また、その限りにおいて、人間は「キリスト者」となりたいと願っている。「キリスト者」とは、キリストの花嫁となりたいと願い、キリストを愛し、キリストに従いたいと切に願う者のことである。それゆえにまた、「主よ、わが生くる日を導き給え」（Rege quod vivo!）と祈り、「主よ、わが過ぎにし日を忘れたまえ」（Tege quod vixi.)と祈りつつ、[86] 生涯を全うしたいと願う者のことである。

また、次のようにも言える。すなわち、もし、「魂」が主観的には神を求めていないならば、たといどんなに活発に、活動的に振舞っているときであっても、本来から見ればただの「生ける屍」でしかない。彼は神を得たいがゆえに、「全世界」を手に入れたいと欲する。そして、それでも決して満たされることはない。「この水を飲む者はだれでもまた渇く」（ヨハ四・一三）からである。それゆえにアウグスティヌスは言った。「汝、我らを汝に向かいて造り給いしゆえに、我らが心、汝の内に憩う時まで安らかならず[87]」、と。

3　愛の律法について

本書も最後となった。ここでは、われわれがどのようにしたら真の「幸い」を得ることができるかについて考えたい。そしてその答えは、実に簡単なのである。すなわちそれは、神がお定めになった永遠の《法》にのっとって生きることによってであり、具体的には、キリストがわれわれにお示しになった、「キリストの律法」（愛の律法）と呼ばれるものを守ることによってである。なぜなら、人間はこの神の《法》を破ることによって、不幸となったからである（創二・一七参照）。それゆえ、神にして同時に人なるイエス・キリストは弟子たちを通して人間にお示しになった。「『心を尽くし、精神を尽くし、思いを尽くして、あなたの神である主を愛しなさい』。これが最も重要な、第一の掟である。第二も、これと同じように重要である。『隣人を自分のように愛しなさい』。律法全体と預言者は、この二つの掟に基づいている」（マタ二二・三七―四〇）、と。神はどの人をも慈しみのまなざしをもって、その誕生から死までを御覧になっているのであるから、人間は、この神のまなざしの中で、神に従って生きれば幸いを得られるはずである。

それゆえ、われわれは以下で、この「キリストの律法」について考察することをもって、本書を閉じたい。なお、この聖句については多くの良い解説書があると思うので、本書では肉づけはせず、もっぱらこの戒めの本質を明らかにすることだけに努力を傾注したい。

(1)初めにわれわれは、この「キリストの律法」と呼ばれるものが、単にキリスト者にだけ与えられているものではなく、すべての人々に与えられている、ということを確認しておきたい。

われわれがこのように主張するのは、この《法》が内容的に言って完璧なものだからである。この《法》は、「神の国」の秩序に関して神が永遠の昔から制定されたものである。神はこの《法》に基づいてこの世界を創り、統治・支配され、また完成なさる。キリストがこの世界をお裁きになる唯一の基準もこの《法》である（マタ二五・三一以下参照）。この《法》は、すべての人間が人間らしく、幸いであり、平和な生を営む上で必要不可欠である。すなわち、この《法》を守れば幸いを得られ、この《法》に反する生き方をすれば、決して幸いは得られない。

もちろん、モーセの「十戒」も、「キリストの律法」も、必ずしも全世界の隅々にまで公布されたとは言えない。しかし、内容的に考えるならば、その中身はほぼ万民に知られている。人間は、自分が人間として生きる道に関する相対的な認識に関しては、さまざまな機会を通してこれを得られるようになっているのである。また、それについて古今東西の賢人たちが語ってきた事柄は、ほとんどと言ってよいほど「キリストの律法」によく似ており、また、それによって完全なものとなる。例えば、東洋で「黄金律」として知られている「己の欲せざることをば（他）人に施すべからず」という行動原理は、同様の戒めが聖書にもあるが（マタ七・一二参照）、内容的には「キリストの律法」の第二の戒めと同じである。そして、人は千里の道を尋ねてでもこの《法》を求め、「あしたに道を聴かば、夕べに死すとも可なり」と考えている。つまり、人間はこのような倫理規範を生活の中で現に認識しており、実践していて、これなしに、幸いの道を歩むことは不可能であると考えている、と言ってよいほどなのである。したがって、キリストの律法の中身に関する認識には十分な普遍性がある、と考える。

⑵次に、この「キリストの律法」は「二重の戒め」である、ということを述べたい。

というのも、「心を尽くし、精神を尽くし、思いを尽くして、あなたの神である主を愛しなさい」という「第一の戒め」は、明らかに、全身全霊で神を愛することを命じている。つまり、相手の全存在と全生涯とを要求している。したがって、さらに全く別のことを命ずる「第二の命令」が下されるはずはないのである。それゆえ、「第二もこれと同じように（［ギ］ホモイア）重要である」（マタ二二・三九）という言辞は、第二の戒めと第一の戒めとは全く同じではないが、別ものではなく、第二の戒めは第一の戒めの構成要素と解されなければならない。

それにもかかわらず、第一の戒めとは別途に、第二の戒めが語られなければならない理由がある。それは、神を愛するならば、もう隣人を愛する務めは免除されている、という宗教家にありがちな錯覚や遁辞が、ここで許されてはならないからである。同様に、隣人や人類を愛していれば、神を愛したことになる、というヒューマニズムも、決して許されてはならない。神への愛は隣人愛の代替物にはならないし、逆もまた然りなのである。

それでは、より積極的には、両者の関係はどのように理解されるべきなのであろうか。

われわれは次のように考える。すなわち、人間は神を全身全霊で愛し、神に祈り、神を礼拝するとき、神は人間がいつまでも祈禱や礼拝三昧に浸ることを許し給わず、むしろ、われわれの隣人の困窮と欠乏をわれわれに思い出させ、その許に赴かせ、その困窮と欠乏にできうる限りの手助けをすることを命じられる、と。神はわれわれに兄弟の困窮を発見させる。そして、兄弟のところに《派遣》する。そのようにして、われわれを《神と共に働く者》となし給うのである（ロマ八・二五参照[88]）。「神を愛する人は、兄弟をも愛すべきです」（一ヨハ四・二一）とあるとおりである。

かくして、人間はイエス・キリストに似た者となる、と理解される。すなわち、キリストが神を愛し、また、神を愛するがゆえに人となられて十字架におかかりになったように、人間も神と人との間のいわば《往復運動》をするようになるのである。つまり、神を愛する「求心的運動」に基づき、神から遣わされて隣人を愛する「遠心的運動」が起こる。神への愛を「垂直的関係」と呼び、隣人への愛を「水平的関係」と呼ぶならば、「神との垂直的関係は、必然的に隣人との水平的関係を生む」、という命題が成立しなければならない。もし、水平的関係が生まれなかったとするならば、それは、垂直的関係がなかったことになる。

「神への愛」にかこつけて「隣人愛」を怠っていた律法学者と主イエスとの、人口に膾炙した「善いサマリア人」（ルカ一〇・二五以下）の話は、そのことを示している。すなわち、聖務にかこつけて瀕死の病人がいるのに見てみぬふりをして「道の向こう側を通って」いった祭司やレビ人の行動は非とされ、反対に、その人を見てすぐに走り寄り、手厚い手当てをして親切を惜しまなかった「善いサマリア人」の行動について、「行って、あなたも同じようにしなさい」（同三七節）、と言われた主イエスの譬え話である。主はこの話を通して、「隣人」とは自分の生活圏の何メートル以内にいる人、というのではなくて、《あなたに緊急の助けを求めてきたすべての人》のことである、と言われた。その範囲を主は「敵」にまで広げられたのである（マタ五・四四参照）。

反対に、われわれが身近な隣人愛で十分に満足している時、または、それに忙殺されてわれわれを失いそうになっている時、または、それに倦み疲れた時、われわれの隣人愛はまだ隣人愛ではないか、または、既に隣人愛ではなくなっている。そのような時には、われわれはもう一度神の御許に呼び戻され、そこで力と意欲の回復を求めなさい、と言われている。なぜなら、すべての愛の源は神であり、人間は神に愛されているゆえに、またその時にのみ、隣人を愛する力と意欲とをいただくことができるからである。マザー・テレサはしばしば、彼女とシスターたちが奉仕に生きるすべての力の源は、毎日朝六時から守っているミサにある、と語ったそうである。

(3) 以上の基本的な理解に基づいて、まず、「神を全身全霊をもって愛する生」とは、どのようなものであるかについて、考えてみたい。

一言で言うならば、「神を愛する生」とは、「神を信じ、神と共に働く者」となる生である。

言うまでもないことであるが、神を愛することの第一は、神を信じ、神が遣わされたその御独り子、イエス・キリストの十字架の愛を信ずることである。「神がお遣わしになった者を信ずること、それが神の業である」（ヨハ六・二九）、と主イエス御自身がお語りになった。御子への信仰から感謝が生まれ、感謝からすべての良き業が生まれる。逆に言えば、感謝以外のどこからも、神に喜ばれるような良き業も、良き生も、生まれない。ゆえに、御子を信じ、御子を遣わされた方を信じることが、神を愛することなのである。

老婆心ながら、「神を愛するとは、御子を信じることである」という、キリスト教信仰の基本中の基本については、われわれの以下の論述が空理空論に終わらないために、やはりこの機会に一言述べておきたい。

聖書の中には、「キリストの愛がわたしたちに強く迫っている」（二コリ五・一四、口語訳）、という御言葉もあれば、「あなたがたは、イエス・キリストを見たことはないが、彼を愛している。現在、見てはいないけれども、信じて、言葉につくせない、輝きにみちた喜びにあふれている。それは、信仰の結果なるたましいの救いを得ているからである」（一ペト一・八、口語訳）、という御言葉もある。また、本当にそのような信仰を持ち、それにふさわしい人生を歩む人も現に多くいる。しかし他方において、必ずしも教会から離れてしまうわけではないが、実質的には受洗以来信仰に進歩がなく、どちらかと言うと退歩し、もはや「キリストの愛が強く迫っている」といった現実は、絶えて久しくないままあたら何十年も過ごす信徒もいる。何が原因であるかといえば、後者の場合、パウロがガラテヤの信徒への手紙やローマの信徒への手紙で説いた「ただ信仰のみによる義認」の信仰が曖昧になっているからである。この信仰だけは、たとい一ミリであっても動かしてはいけない。

キリストの御業は、それ自体で既に完全で不足がない。言い換えるならば、福音は「ただキリスト・イエスによる贖いの業を通して、神の恵みにより、無償で義とされる」（ロマ三・二四）ことをその生命線とする。「無償で」とは、「値なしに」、「ただで」ということであり、人間の方は何の資格も値打ちもないのに、ただ神の一存によって救われる、ということである。人間に一番分かりにくいのは、古今東西、皆この一点――すなわち、「値なしに」という一点――である。それゆえ、キリストを信ずることの他は、自由なのである。聖書の福音は、「キリストのほか、自由」（中渋谷教会、故森明牧師）と教える。この自由は、「好きなことを好きな時に好きなようにできるゆとりのある生活」のことではない。われわれは既に、真の自由（キリスト者の自由）とは、真の「自己同一性」である、と述べた（一六三頁参照）。それは、自分が自分の罪の支配から解放されているという「罪からの自由」と、「神を愛し、隣人を愛することへの自由」から成る。本節の議論はこのような事柄・事態を前提としている。

あまりにも基本的な事柄を述べたかもしれない。しかし、右のこと（「キリスト者の自由」）がきちんと了解されていないのであれば、愛の生活に関するこれからの議論は、すべて砂上楼閣となってしまうのである。

(4)さて、話を本題に戻そう。「神を愛する生」とは、どのような生なのであろうか。「神を愛する」とは、旧約では具体的には、神を礼拝・賛美し、モーセの「十戒」を守る生活であった。すなわち、神を神とし（第一戒）、自分のために偶像を造らず（第二戒）、神の御名をみだりに唱えず（第三戒、その意味は「神に祈る生活」に励むべきこと）、安息日を守って神を礼拝する生活（第四戒）であった。その中心は、「神を神とすること」という第一戒にあり、これが十戒の全部を代表している、とも言える。同様に、新約ではイエス・キリストの贖いの恵みを常に想起し、感謝し、そして、終わりの日の御業の完成への希望に生きることである。それゆえ、神を愛するとは、具体的には、イエス・キリストを愛し、彼を信じ、彼に従うことである[89]、と言ってよい。

それは、端的に言えば、「神の御心を喜ばせること」である。実にこの言葉こそは、「神を愛すること」のもう一つの表現である。別の言葉で言い換えれば、「神の僕」（奴隷、［ギ］ドゥーロス）となることである。つまりそれは、「神を中心とする」生であって、「自己中心的な」生ではない。われわれがセネカの研究で明らかにしたように、それは「自己充足的な生」ではなく、自分の外側に向かって開かれた生である（二四八頁(c)参照）。

したがってそれは、決して「心情の宗教」ではない。「心情の宗教」とは、自分の心の満足だけを求め、プライベートな信仰に終始してしまうことである。人間にとっての「最高善」は、「永遠の生命」を得ることであるが、「永遠の生命」のもう一つの呼び名は、「神の国」である。それは公的なもの、公共のもの、神の民と人類全体の幸福及び歴史の究極の完成に向かって開かれている。その中には、全人類の「神との和解（平和）」と、それに基づく「全人類（隣人）との和解（平和）」とが含まれている。そして神は、今も歴史の中で働き、御国を完成しようとしておられるのである。それゆえわれわれは、神を愛し、キリストを愛する「生」について具体的に考えるとき、プライベートな側面だけでなく、神から遣わされた場で、神の救いの歴史が成就するために、神を熱愛し、神と共に働く人生を併せ考えなければならない。

それはいったい、どのような生なのであろうか。われわれはここで、「神を愛する生」に関して、二つの枢要な事柄を掲げておきたい。「教会形成」と「この世への派遣」である。それも、この順序で考えられなければならない。

①初めに、「教会形成」について考えたい。

ここでわれわれが、最初に「教会形成」を挙げたことを不思議に思われる読者が多いかもしれない。しかし、使徒パウロはいつも、救いについての説明をする「教理的部分」を終えて、いよいよ具体的な、キリスト者の生き方（倫理）を述べるときに、常に真っ先に、教会生活への言及から始めている（ロマ一二・一、エフェ四・一等参照）。

ある御高齢の牧師がこのように語っておられた。自分は罪も分かり、十字架も分かり、復活も分かった。神の愛がよく分かった。しかし、この年になってようやく気がついたことだが、教会がまだよく分かっていなかった、と。そのように、教会はしばしばキリスト者の認識上の盲点となりやすい。しかし、教会は聖書では「キリストの御体」と呼ばれ、救いの論理の上では、キリスト御自身に次いで重要な存在である。それゆえ、宗教改革者のカルヴァンは教会のことを、神が与えてくださった「救いの外的な手段」[90]と呼んだ。「外的な」とは、この場合、あってもなくてもよいもの、という意味ではない。「内的な手段」は聖霊である。神は聖霊という「内的な手段」を洗礼によってわれわれのものとし、われわれを内側から支えて永遠の生命へと導かれる。同時に「外的な手段」としての教会をくださる。それが聖霊と同様、キリスト者を支える。それゆえ、「キリスト者は神を父とし、教会を母として生まれる」[91]（キプリアーヌス）と言われるのである。言い換えるならば、キリスト者が真に「キリストのもの」となり、《慰められた存在》となることによって、彼は真に「幸福以上の幸福」を獲得するわけであるが、それは具体的に、教会に帰属することによって、生涯にわたって保証される、ということなのである。

ここでわれわれは、以下の叙述を基本的に支え導く考え方として、教会の存在と福音伝道がこの世の歴史の前進の中心である、という、いささか大胆にも見えるが、決してそうではない視点を初めに掲げておきたい。すなわち、キリスト者にとっては、教会形成が歴史形成の中心となる、ということが、きちんと認識されていなければならない。その端的な理由は、教会の福音宣教が、人類が神に立ち帰るために、具体的に与えられた神への転向の「中心軸」であるからである（二〇四頁以下参照）。だからこれは、決して思い上がりでも我田引水でもない。実際、教会が教会とならず、教会としての役割をきちんと果たさなければ、その国もこの世界も歴史形成に迷走し、暴走や逆走を繰り返し、倫理も文化も低迷する。仮にこの世の歴史がどんなに大股で勇ましく闊歩しているように見えても、人類は決して幸福にはなれない。そのくらい、一国の教会形成は重要で、宣教は責任が重いのである。

それゆえ、神を愛したいと願うキリスト者にとって、その生活の中心・基盤は「教会」でなければならない。彼はそこからこの世に「遣わされる」。通常の発想法はその逆で、まず自分の家庭があり、そこが自分の「安住の場」であって、そこから教会や職場へ行くという順序であるが、それは逆である。むしろわれわれは、キリストの御体なる「教会」から「この世」（自分の家庭もその中にある）へと遣わされ、そして、この世から再び神の御許に帰る。彼にとって、「この世の生活」（職業生活、家庭生活、社会生活、個人生活）はすべて、これから述べる「教会形成」と「この世への派遣」という中心と目標を持つときにだけ、真に意義のある、充実した、幸いなものとなることができるのである。なぜなら、われわれの「時間」やこの世界の歴史の真の意義も、一人ひとりの真の幸福も、すべてが神への転向という中心軸をめぐっているからである。

　以上のことを、さらに詳述したい。

　②教会が救いの「外的な手段」である端的な理由は、そこで繰り返し、罪と死に向かう生活から、神と命に向かう生活への「転向」が起こるからである。なぜなら、そこで実際人間は、キリストと共に罪に死に、キリストと共に甦る洗礼の《ただ一度限りの》出来事に与った（ロマ六・四以下参照）。そしてそれは、単にその時《ただ一度だけ》起こるのではなく、この《ただ一度限り》の出来事が基盤となって、「その生涯が悔い改めの生涯であるべき」（ルター「九十五箇条の提題」）キリスト者の生が成立するからである。それだから、教会とは、キリスト者がこの世に生きる自分の真の「家」なのである。彼はここで生涯を過ごす。ここで「家なき子」ではなくなる。そして、ここで繰り返し神と交わり、繰り返しこの世へと遣わされる。ここで繰り返し、己の幸福を追い求める人間から、神を愛し隣人を愛する人間、したがって、ひたすら神を喜ばせ、心から喜んで隣人の幸福を願う人間へと創り変えられる。つまり、彼はここ、この教会の生活において、繰り返しアブラハムのように神からの祝福を受け、「祝福の源となる」（創一二・二）ので

ある。その意味において、教会とは、人間が既に「幸福以上の幸福」を与えられているゆえに、これからは幸福を追求する人間ではなくて、《世界と隣人の幸福を心から願う人間》へと転換する場所である。このような場所はこの世には他にない。そしてその意味で、キリスト者は教会生活を生涯続けることにおいて――また、そのことなしにはありえない仕方で――自分の中に次のような約束の成就を見ることができるのである。

その人は流れのほとりに植えられた木。
ときが巡り来れば実を結び
葉もしおれることがない。
その人のすることはすべて、繁栄をもたらす。
（詩一・三）

③教会が救いの「手段」である最大の理由は、教会とは、いわばこの世に創られた神の園であるからである。

日本の新約学者真山光彌氏が今から約五〇年前にドイツに留学し、新約学者H・コンツェルマンの「宇宙的キリスト」と題する一般公開の講義を聴講したときのことを、次のように報告している。教授が『エペソ書・コロサイ書註解』（NTD）を書き終えた直後、エフェソの信徒への手紙に関する講演会が催された。コンツェルマンは開口一番、聴衆に「諸君、今われわれは、どこにいるのか」と質問した。聴衆が「講義室にいる」とか「エキュメニカル・インスティテュートにいる」とか「スイスにいる」とか答えると、教授は「そうではない。われわれは今、甦って天上にいるのだ」と言って、この手紙の二章六節の言葉を読み聞かせた。「(神はわれわれを) キリスト・イエスによって共に復活させ、共に天の王座に着かせてくださいました」という聖句である。「われわれは天の王座にいる」、が正解である。そしてコンツェルマンは、「これこそは、エフェソ書の中核にある言葉だ」と言って講演を始めたそうである。(92)

この聖句は、コロサイの信徒への手紙三章三節の「あなたがたは死んだのであって、あなたがたの命は、キリストと共に神の内に隠されているのです」よりもいっそう積極的に、同じ事柄・事態を語っている。この意味において、教会は、既にこの世にありながら、天国の一端を味わえるところである。

われわれは教会において、「現臨のキリスト」と共にあることができる。誰でも洗礼を受けた後、いきなりこの世の荒波に放りだされたりしたら、今生まれたばかりの赤子（のような信徒）はたちまち母なる教会を失い、元の木阿弥となってしまうであろう。そうではなく、まず、神の国のいわばこの世におけるひな型とも言える教会の膝で受け止められ、復活の主の御言葉を聴き、聖餐に与る。おぼろげに御国の香りの一端に与り、ようやく神の園に植えられた苗木の一本となるのである。

ただし、教会生活をやめずに続けている人の場合でも、ただ続けているだけで、教会が神の救いの「外的手段」であることが分からないままでいると、いつの間にか教会を単なる宗教クラブか何かのように勘違いしやすい。それと共に、教会生活がわがままとなってきて、そのような信者が多い教会では、教会全体がコリントの教会のように世俗化してゆく。伝道はせず、内部でしょっちゅう分派争いを起こすような教会となるのである。日本の多くの教会もそういう病にかかっているので、われわれは教会が「神の救いの外的な手段」であるということ、また、御国に招かれ、永遠の生命の世継ぎとされた者たちにとって、もしも神を愛し、神と共に働く者となろうと欲するなら、教会生活をし、教会を形成する義務と務めが自分には与えられていることを、十分に理解する必要があると思われるのである。

④では、教会生活はどのようにしたらよいのであろうか。われわれは、ここで初めて、キリスト者の「倫理」の具体的なあり方について述べられるようになった。すなわち、「こういうわけで」、あなたがたは御国に招かれたのだから、「その招きにふさわしく歩み（なさい）」（エフェ四・一）、と聖書は言う。すなわち、その人たちにとって、この世の生活に遣わされるための入口のような場所に、教会があるのである。そこは神の国であると同時に、この世界への入り口である。半分は神の国に、半分はこの世の方に向かって開いていて、この世にある。いわば、神の国に住む者が「隣人愛の戒め」を学ぶ自動車の教習所のようなものである。ここでキリスト者は、他者に幸福を与える人間となるべく、隣人愛を主御自身から学ぶ。「わたしは柔和で心のへりくだった者であるから、わたしのくびきを負うて、わたしに学びなさい。そうすれば、あなたがたの魂に休みが与えられるであろう」（マタ一一・二九、口語訳）とあるとおりである。主御自身から、神を愛し、隣人を愛する生活の訓練または予行演習を受ける。その意味において、言わば自動車の「教習所」なのである。教会の中の「兄弟愛」は、この世における「隣人愛」を学習するためのものである。「隣人愛」の戒めは、教会では幾分かは守りやすい。なぜならそこには「隔ての中垣」（エフェ二・一四、口語訳）を取り除くキリスト

がおられ、互いの罪を赦し合うことがより容易だからである。

かくして造り上げられてゆく「キリストの御体なる教会」について、「あなたがたはキリストの体であり、また、一人一人はその部分です」（一コリ一二・二七）とあるように、聖書ではしばしば「体」と「部分」という発想法をする。これは、パウロの「有機体的発想法」と呼ばれる。だからこれは、日本社会独特の「全体主義的発想法」とは異なる。「全体主義」とは、個人は全体のために犠牲になるべきだ、という考え方である（One for all）。しかし、聖書の有機体的思考では、文字通り、「一人は全体のため、全体は一人のため」（One for all, all for one）である。「目は手にむかって、『おまえはいらない』とは言えず、また頭は足にむかって『おまえはいらない』とも言えない。そうではなく、むしろ、からだのうちで他よりも弱く見える肢体が、かえって必要なのであり、からだのうちで、他よりも見劣りがすると思えるところに、ものを着せていっそう見よくする。麗しくない部分はいっそう麗しくするが、麗しい部分はそうする必要がない。……もし一つの肢体が悩めば、ほかの肢体もみな共に悩み、一つの肢体が尊ばれると、ほかの肢体もみな共に喜ぶ」（一コリ一二・二一―二六、口語訳）、とあるとおりである。

⑤次にわれわれは、「この世への派遣」について述べたい。

「教会」について語られた後に、直ちに語られなければならない事柄が、「教会」から「この世」に「派遣され」、神と共に働くようになるキリスト者の生についてである。すなわち、キリスト者の生は「神と共に働く生」となり、神からどこかに《遣わされる》。「召命」を受けるのである。

《召命》とは、このことのために、キリスト者が神から「呼び出しを受けること」である。敢えてドイツ語で説明させていただく。というのも、「召命」という言葉は、日本の教会では、もっぱら伝道者の召命を言い表す狭義にしか理解されていないが、これでは事柄が矮小化されてしまうからである。ドイツ語 Berufung（「召命」）は、Beruf（一般的な「職業」を意味する）と共に、動詞 berufen（呼び出す）から来ている。この動詞の前綴 be は、動作行為 rufen（ここでは神が人間を「呼ぶ」という行為）が、行為の対象（ここでは、人間）の全領域・全存在にまで完全に及ぶ場合に用いられる。だから、すべてのキリスト者は――「万人祭司」という言葉があるように――その全存在が、全生涯にわたり、教会形成と福音伝道のために神からの《招集》を受け、この世に《派遣》された存在である、という理解を持たなければならない。その中で、特に専門職として全生涯伝道の業に携わり、他の職業を「生業」とはしない人々が狭義の「伝道者」であり、他の職業を「生業」として、この世の建設（家庭形成と職業生活と社会建設）の中で間接的に教会形成と伝道に仕える人が、一般の信徒である。信徒は週日には誠実にまた真摯に職業に励み、真実な愛をもって自分の家庭を形成し、子弟を愛育する。さらに、神の御国とその御支配を堅く信じて社会奉仕（教育・福祉・医療）や社会建設・政治参加をする。そのようにして、「神の国と神の義」（マタ六・三三）のために生きる。そのことを通して、「人々が、……あなたがたの天の父をあがめるようになる」（同五・一六）ためである。

したがって、キリスト者がどのような職業に就くにせよ、その職業生活は、単に生活の糧を得るための「生業」ではなく、また、己の身を立て、名を上げるためでもない。

彼らは聖日には、教会へと召し集められる。これは、召命の「求心的運動」の側面である。そこで神とお会いし、キリスト者として聖化され、互いに愛し合う「聖徒の交わり」を形成し、「永遠の生命」の先触れを味わう。週日には、教会からこの世へと遣わされる。すなわち、まだ福音を知らないこの世界へと遣わされる。それは、隣人愛と伝道のためである。これが、召命を受けた者の「遠心的運動」の側面である。ここでわれわれが強調したい事柄は、この二つの運動が少しも停滞せず、かくして、すべてがあの全人類の神への方向転換の《中心軸》（イエス・キリスト）のために奉仕し、神への立ち帰りが起こることである。それだから、われわれは「隣人愛」をも「福音伝道」という観点から捉えなければならない、と考えている。

⑥そうすると、われわれの生は必然的に神の世界歴史に対する御計画の一端を担うこととなるであろう。この関連で、最後に言及したい事柄がある。それは、エフェソの信徒への手紙一章一〇節の、「天にあるものも地にあるものもキリストのもとに一つにまとめられる」という思想である。この「万物帰一」（［ギ］アナケファライオーシス）という概念（二〇一頁参照）こそが、この世への派遣に関するわれわれの視野全体を形成する主導概念とならなければならない。なぜなら、父なる神は、キリストを中心として全世界と全人類を神と和解させるために、御独り子を十字架上で死なせ、御子はその御意志に従われたからである。それだから、キリストの下に全被造物と全世界が一つにまとめられる、という考え方は、旧・新約聖書を貫く歴史の最大・最高の理念でなければならないのである。「キリストはすべての支配、すべての権威や勢力を滅ぼし、父である神に国を引き渡されます」（一コリ一五・二四）とあり、「すべてが御子に服従するとき、御子自身も、すべてを御自分に服従させてくださった方に服従されます。神がすべてにおいてすべてとなられるためです」（同二八節）とあるとおりである。

この「万物帰一」（アナケファライオーシス）という概念を中心に、キリスト者の「神を愛する」ということ、特にその一端である「神と共に働く」ということを、考えてみたい。つまり、この二一世紀の世界は、どのようにして「一つにまとめられる」のであろうか、という問題についてである。

ところで、政治学の常識でも、人々が一つにまとめられるのは、ある「法」や「理念」や「政体」の下にではなく、一人の人格、すなわち、「王」や「天皇」や「大統領」といった、人格を持った存在の下にである。それは、神が「法」や「理念」ではなく、一人の「人格」であられるからである。この《人格存在》であられるイエス・キリストが、ユダヤ人も異邦人も、すなわち、全人類一人ひとりを受け入れてくださり、一つにまとめ、真の「和解」と「平和」を与えられる。そこに、「万物帰一」、すなわち、全人類が「キリストの下に一つにまとめられる」、という概念の重要性が出てくる。そして、現代、すなわち、この二一世紀という時代が特別に危機的な時代であり、「世界の平和」という観点からも、「人類の救い」という観点からも、世界が一つとなることが急務であることは、われわれがこれまでに縷々述べてきたとおりなのである（二〇一頁以下、二五二頁以下参照）。

問題は、この「イエス・キリスト」という存在が、この中間時においては目に見えない存在者である、ということである。目に見えない存在者は、全世界が見える形で一つにまとめられる時の中心となることができない。もちろんわたしは、その代わりにその御体なる教会が世界の中心となるべきである、などとおこがましいことを言おうとしているのではない。少なくともわたしは、肉にある人間にとっては「市民共同体」として一つのまとまった完成態である「国家」と、「キリスト者共同体」である「教会」とは、全く成り立ちが違うことを認識しているつもりである。「市民共同体」である国家を結びつけているものは、「同じ国土に住んでいる」という「場所の論理」であり、肉にある人間にとって、最も自然的なものである。そこには仏教徒もイスラーム教徒もキリスト教徒も、そしてもちろん無神論者も、一応安心して住むことができる。それらの民を「すべて」含みうるところに——もちろん、本当に含んでいるのか、その中に差別や格差はないのか、といった問題は絶えず考えられなければならないが——、国家の利点がある。それに対して、「キリスト者共同体」である教会は、国家の中にあって「言葉の論理」で結びついた「任意団体」であるに過ぎない。それは他のNGOやNPOと似ていて、キリストへの信仰を告白している者たちのみによって構成されている「信仰告白的共同体」である。したがって、たといどんなに図体が大きく、全世界的な組織であっても、世界の中心とはなりえない。

それでは、われわれはなぜ「教会」や「伝道」というものをここで持ち出し、「万物帰一」を語るのであろうか。

その理由は、ひとえに、人々がイエス・キリストという御人格の下においてしか、真に一つにはなれないという、「事柄自体の論理」から必然化される。すなわち、世界の本来の「王」であられるキリストは、同時に世界を一つにさせる「言葉」を持っておられ、また、「言葉」自身であられるからである。「大地は主を知る知識で満たされる」とき、世界は真に一つとなる（イザ一一・九―一〇参照）。その「知識」とは、一つは「罪の赦し」の知識であり、もう一つは、「罪に対する神の勝利」という知識である。前者は言うまでもなく、イエス・キリストの十字架に対応し、後者は復活・昇天と聖霊における現臨に対応している。人類が一つにまとめられ、真の平和を獲得・享受しうるためには、互いの罪の告白と赦し合いに基づく愛と、一致・協力の精神が緊急の必要事である。また、「神の国」の真の成就のためには、そのために悪と戦う努力が決して無益ではなく、神が必ず勝利する、という「信念」とその「言葉」が必要である。この「罪の赦し」と「キリストの——『正義の』と言ってもよい——勝利」という二つの言葉がなければ、人類社会の平和も福祉も正義も成り立たないし、そのための努力は虚しいものにしかならない。

わたしは一九六〇年の安保闘争のときに、学生のリーダーの一人が語った言葉を忘れない。「自分は今、この国会の扉を、どうせ負けるだろうという虚しさの中で押そうとしている。もし自分に信仰があれば、自分は勝利を信じて押せるだろうに」、との言葉である。そうであるとするなら、この特別の「言葉」を持っているのは教会だけであり、何らかのヒューマニズムを標榜する団体や、学問を真摯に研究する大学ではない。すなわち、政治権力を持たず、ただもっぱら「福音」という究極の「言葉」を語り、キリストを中心に実際に集まってそれを「告げ広め」ることを旨としている教会だけである。

「言葉」と「力」とは分離しうる。いや、人間の本性が常に権力を欲しがることを考慮に入れれば、むしろ、分離している方が良い。「言葉」と「力」とが真に一致し、「言葉」が「力」を行使しうるのは、イエス・キリストだけであってよいし、彼が来るのは歴史が完成するときだけである。われわれ人間は、ただ真理の言葉が実際に力を持つことを信じてそれを語り続ければよい。それは事実、真理なのであるから。それゆえ、教会は決して「王」となってはならず（一コリ四・八参照）、徹底的に人々とこの世に「仕える」存在であればよいのである。教会がキリストの御名を力強く、明瞭に、そして、できるだけ多くの人々に分かるように語ることは、今日の時代において最も喫緊の事柄なのではないか。それだから、キリスト者はイエス・キリストを愛する必要があるのである。

「神を愛すること」については、ここまでとしたい。

(5)いよいよ最後に近づいてきた。われわれは、「隣人を自分自身のように愛する」とはどのような戒めであるかについて考えたい。

最初に明らかにしなければならない事柄は、この中の「自分自身のように」という小辞の中には、「自分自身を愛しなさい」という《第三の戒め》なるものは含まれていない、ということである。なぜなら、人間はそもそも「自己愛」の塊であり、常に「自己充足」と「自己完結」を求める自己中心的な存在である。自己愛は誰から命ぜられずとも、誰もが熱心に行っている事柄である。たとい自分自身を憎む人がいたとしても、それは自分を憎むという形で、実はこよなく自分を愛しているに過ぎない。現に行われているものを、命ずる必要はないであろう。だから宗教改革者たちは、繰り返し、そのように「内側（引用者注、自分自身）に向かって曲がった心」（ルター）こそは、人間の原罪である、と教えてきた。だから、この自己愛から解放されてこそ、人間は真に自由となり、神をも隣人をも愛することができるようになる、と思われる。

ただし、「自己愛」と「自分を大切にする」こととは違う。「自分を大切にする」ということなら、それはむしろ、隣人愛とも共通する一つの生のあり方と見なされてよい。なぜなら、「隣人を愛せよ」は、自分を大切にするように、その切実さ、真剣さ・熱心さをもって、隣人をも大切にせよ、という御命令として理解されうるからである。

それゆえ、主はここで、人間が自分を愛することを必ずしも断罪してはおられない。それは実際、人間の本能として植えつけられている。ただし、人間は「体を住みかとしているかぎり、主から離れている」（二コリ五・六）。そして、キリスト者はむしろ、「体を離れて、主のもとに住むことをむしろ望んでいる」（同八節）。だから彼は、「体を住みかとしていても、体を離れているにしても、ひたすら主に喜ばれる者でありたい」（同九節）、と願う。その観点から見るならば、「あなた自身のように、あなたの隣人を愛しなさい」という主の戒めは、彼を罪の束縛から解放し、真に開かれた世界への「自由」を与えるための具体的な《法》であると考えられる。

以上の理解のもとに、「隣人愛」の戒めが何を命じているかについて考えたい。

①われわれがこれから述べたいと考えている事柄は、「隣人愛とは、キ、リ、ス、ト、を、媒、介、と、し、、自分の存在と他者の存在とを生命的に同一化する行為である」、というようにまとめることができる。

ここで使われている「同一化」という言葉は、三位一体における神の内的生命——すなわち、御父と御子が御霊において互いに知り、かつ愛し合うことにおいて生き給う祝福に満たされた生命——についての理解から示唆を受けたものである。なぜなら、人間は神の御本質に似せて造られ、神が交わりの中で生きておられるように、交わりの中で生きている、と考えられるからである。より具体的には、われわれが考察した「人間の本質としての共同人間性」（第Ⅱ章第４節参照）から構成された概念である。

初めにわれわれは、例えばスウェーデンのルター派神学者ニーグレンのように、聖書の「愛」を意味する「アガペー」に対して、人間の「愛」は多分に世俗的な「エロース」という別概念であり、両者は根本的にモチーフが正反対であるゆえに、互いに矛盾・対立する、という見方に対しては、反対を唱えておきたい[93]。われわれはむしろ、両者を対応関係の中で捉えたい。すなわち、「神の人間に対する関係」と、「人間相互の間に存する関係」の両者は、対応関係にあり、類比的である。われわれが先に述べたとおりである（九二頁以下参照）。また、「隣人愛」はこの「神への愛」から出たものであり、したがって、両者はキリストを媒介としている。聖書は実際、人間の愛を神の愛と同様、同じ「アガペー」という言葉で言い表しているのである。

然るに、ニーグレンは前者（神の愛）が無限に豊かな神から無限に貧しい人間へと下降するへりくだり（フィリ二・七—八参照）のモチーフにおいて、無限に自己を与える「アガペーの愛」であり（二コリ八・九参照）、これに反して、後者（人間の愛）は乞食のように何も持たない人間が己を満たすために貪るようにして己を上昇せしめようとするモチーフの「エロースの愛」である、と考える。これはやや、「エロース」についてのソクラテスの説明[94]に影響を受けている感が無きにしも非ずである。何よりも、人間の愛を「エロース」という言葉で捉えている点において、聖書とずれている。この図式では、人間はもともと隣人を愛することは決してできないのだから、愛さなくてもよい、という誤解を生まないとも限らない。もし愛が、自分を限りなく与える苦痛に満ちたものであれば、『愛は限りなく奪う』（有島武雄）ということになり、キリストの愛の戒めは教会に新しく来る人たちを悩ませるものでしかなくなる。なぜなら、人間の愛は罪にまみれていて、神の崇高無比な「アガペーの愛」とは正反対のものと解されるならば、愛は不可能となり、「キリストの律法」は重い軛となってしまうからである。しかし、聖書の「愛」（アガペー）は苦しみよりもむしろ喜びである。愛とは、何か高い立場、神のような立場で他者を愛することではない。愛はむしろ、喜びが独占されるよりも、苦しみ（パスカ）を通してでもそれが分かち合われるよう、中心（神）からあふれ出てゆく性質のものである。その際に、われわれが右に述べた「同一化」とは、他者を己のために利用し、己の支配下に入れることではなく、その人の立場に立って愛し、仕え、幸福にすること、つまり、そこでは、「自分」が「他者」に仕えることにより、実存の同一化が起こる、ということである。言い換えるならば、自分のことではなく、他者が自分の心の中に入ってきて、心が他者の幸いのことでいっぱいになることである。例えば、母親が瀕死の自分の子を看病する姿は、その子のことで心がいっぱいになっている姿である。言うまでもなく、母親の愛と神の愛とを同列に置くことはできない。母親にとっては、子どもが母親なしには生きられないように、母親も子どもなしには生きられない。愛は相互的なものだからである。このような母親の愛を「利己的」で「肉的」であると考え、その自己犠牲的で献身的な側面を見損なってはいけない。母親の愛が不純になるのは、「自分の子」だけを特別視する自己愛が芽生えた時からである。だから、「同一化」そのものには罪の要素はない。「自己」というものを特別扱いしたがる「自己愛」の中に、罪の要素があるのである。

そこで、われわれの定義の中の「キリストを媒介とする」という言葉がきわめて重要となる。「キリストを媒介とする」ということは、キリスト者の場合には、おのずと自覚的なものとなっていかなければならない。すなわち、自分はキリストを愛するがゆえに、キリストから「派遣」されて隣人のところに赴き、隣人と自分自身を同一化することにおいて、隣人の困窮を自分も共に担う、という図式となるであろう。この中で、自己愛は次第に浄化され、自らも聖化されることを願う努力が重ねられる。キリストを媒介とする愛においては、「愛は忍耐強い。愛は情け深い。ねたまない。愛は自慢せず、高ぶらない。礼を失せず、自分の利益を求めず、いらだたず、恨みを抱かない。不義を喜ばず、真実を喜ぶ。すべてを忍び、すべてを信じ、すべてを望み、すべてに耐える」（一コリ一三・四―七）、と「愛の賛歌」に記されているようなことが起こる。したがって、「自己愛」の方は自ずと「無」に近づいてゆくであろう。それでいて、喜びはより多くなるはずである。

それでは、非キリスト者の場合はどうか。その人の中で、キリスト者の場合のような献身の自覚化は必ずしも起こらないかもしれない。しかし、それだからと言って、その人の「愛する」という行為が利己的な「自己愛」の延長以外の何ものでもないという見方は皮相である。その理由は、そこでは「キリストの勝利」というファクターが顧みられていないからである。われわれは既に、この中間時においては、すべての人にとって「古き時」が既に終わり、「新しき時」が既に始まっており、「古き人」が死に、「新しき人」が生まれつつある、と述べた（一九六頁以下参照）。イエス・キリストは勝利者であるゆえに、この世界は決して「万人の万人に対する闘争」とばかりは言えない。この世においても、キリストの勝利のゆえに、美しい関係は存在する、と考えたい。

②それゆえわれわれは、われわれの命題の中の「キリストを媒介として」という言葉を常に念頭に置きながら、とりあえず、われわれがバルトから学んだ「『共同人間性』の四つの基本的な構成要素の図式」（一〇三頁以下参照）を人間同士の相互愛にあてはめて少しく観察してみたい。特にその中か

ら、一つのサンプルとして、すべての人にとって身近であり、重要であると思われる、「結婚」という共同生活を取り上げて考えてみたい。というのも、結婚は疑いもなく、結婚する者にとってもしない者にとっても、その人間性の実現と生涯の幸福に最も深く関わる問題であるはずだからである。特にその中で、「キリストを媒介として」ということがどのような意味で必要不可欠であり、また、愛を浄化するかについて考えたい。

そもそも結婚における交わりは、すべてが「人が独りでいるのはよくない。彼に合う助ける者を造ろう」（創二・一八）という創造者なる神の言葉から始まっている。これは、神が一人ひとりの人間の孤独を非常に深くご配慮くださった御言葉であると思われる。聖書には、神がアダムにさまざまな生き物を――犬や馬、空の鳥、等々を――連れてきて見せたが、「彼に合う助ける者」は見つからなかった、と書かれている。そこで神はアダムを深く眠らせ、彼のあばら骨を――つまり、彼の心臓に一番近い、それを保護している部分を――取って、それで最初の女エバを造り、アダムのところに連れていった。アダムはエバを見て跳び上がるほど喜び、「ついに、これこそ／わたしの骨の骨／肉の肉」（同二三節）と叫んで、「二人は一体とな（った）」（同二四節）、と書かれている。

ここを読んでも分かるように、エバはアダムが何千、何万の女性の中から自分で選んだのではなく、神がお選びになり、創って連れてこられた女性であって、アダムはその時まで深く眠っていたのである。もちろん、アダムがエバを選んだことも事実である。しかしそれは、神が選ばれたものを、自分も選び、感謝して受け取ったのであって、アダムもエバも、神を媒介として相手を選び、受け取り、自分たちを与え合っている。

次に大事なことは、「彼に合う助ける者」の「助ける者」（［ヘ］エーゼル）は神の場合にも使われる言葉だということである（詩五四・六、一一八・七等参照）。また、「彼に合う（ふさわしい）」（［ヘ］ネゲド）という副詞（または前置詞）の原義は、「向かい合って」（または「前に」）という意味である。すなわち、アダムにとって、エバは彼と《向かい合う》ように造られた助け手であり、慰め手であり、生涯の友なのである。世の中に、自分の伴侶ほど、自分の人生に深く――「生命的に深く」と言ってよい――関わってくれる人は、主イエスを除けば他にはいない。その意味で、われわれに命と生きる意味と必要なものすべてをお与えくださった救いの神は、それと共に、生涯の伴侶という最大の贈り物を与えてくださった。それが、「彼に合う助ける者」の意味である。それゆえわれわれは、結婚とは初めから、かけがえのない一人の男子と、かけがえのない一人の女子とが、主にあって結ばれるただ一つの関係であり、強制や軛ではなく、むしろ、限りない祝福である、と考える。

そこでわれわれは、先に述べた「『共同人間性』の四つの基本的な構成要素の図式」をなぞる形で、結婚における人間同士の出会いを「見つめ合う」、「語り合い、聴き合う」、「信頼し、愛し合う」、「喜んで」、という四つの契機に分けて考えたい。われわれがこの図式を採用できるのは、それが人間の共同人間性を純粋にキリスト論的に、つまり人間イエスを「まことの人」として、そこから導き出されたものだからであり、人間の共同生活は、どんな場合でもこの図式の中で起こると考えられるからである。

(a) 最初にあるべきものは、「見つめ合う」ことである。というのも、必ずしも初めから愛があるわけではない。初めに愛があったとしても、それは互いの何らかの好ましさや魅力に惹かれて起こるものであり、それは神が与えてくださったきっかけに過ぎない。愛はむしろ、両者の不断の努力によって絶えず育まれ、深められてゆかなければならない。

最初の「見つめ合う」こととは何か。人間には二つの目が与えられており、互いに二対の目で見つめ合うことは、相手と《向かい合う》ということ、より本質的な言い方をすれば、互いを一人の《人格》として受け取り合うことである。二人で、二人の間に生ずるさまざまな困難な問題と真に《向き合う》ことができるためには、まず互いが《向かい合う》という人格関係が成立していなければならない。それは、「言葉」が登場し、「言葉」において「語り合い、聴き合う」という次の段階に移る前に、既に成立していなければならない関係である。相手を「その体の魂」であり、感情も知性も意志も備えた一人の人格として受け取り合っていなければ、真に問題と《向き合う》こともできない。「目は心の窓」と言われるとおり、それは相手の言葉にならぬ言葉まで聴こうとする態度であり、相手の全人格を感謝して受け止め、受け入れる態度である。ゆえに、これがすべての人間的（ヒューマン）な関係の基礎になければならない。

キリスト者においては、この段階から既に、「キリストを媒介として」ということが存在している。なぜなら、結婚という共同生活においては、相手を神から与えられた贈り物として感謝して受け取ろう、と心から願うことによって、真の人格関係が成立しうるからである。

(b)言うまでもなく、次の「語り合い、聴き合う」ことは隣人愛の基礎となる。外から見るだけでは、「魂」の内面は分からない。やはり、自分から話してくれなければ、誤解が生じ、また、それが積み重なればこじれる。だから、人間の顔《ペルソナ》には、目の他に耳と口が備えられているのである。夫婦の間柄は、常日ごろの会話が豊かである必要がある。

関係が危機的である場合にも、二人で《向かい合い》、長年蓄積されてきた問題と真に《向き合い》、互いに忌憚なく、恐れずに語り合うことが、すれ違ったまま終わらないためには是非とも必要である。そのようにして、もしそこで相手に誠意が発見され、「この人ともう一度やり直そう」という信頼の気持ちが湧いてくるならば、どのような状態であろうとも、赦し合いと再出発は可能である。再出発においては、相手の何らかの魅力を再発見するということもあるかもしれないが、それはあくまでも「ご褒美」に過ぎない。最も基本となるものは、常に相手に対する信頼と敬意が再構築されることである。愛は互いの魅力にではなく、互いの信頼に基づく。そして信頼は、語り合い、聴き合うことに基づく。

さて、事柄に向き合い、語り合うときに、どうしても、互いの罪の問題と出会う。もしキリスト者であるなら、真に問題と《向き合う》とは、真に《キリストと向き合う》ということでなければならないはずである。そのようにして、初めて、自分の罪がキリストによって赦されていることのゆえに、本気で互いの罪を赦し合うという関係が生ずるであろう。どのような関係であっても、最後には、「キリストを媒介として」という関係が必要である。サムエル記上に描かれているダビデとヨナタンの友情は生涯にわたって美しく、われわれの心を打つものであるが、それは、「わたしとあなたが取り決めたこの事については、主がとこしえにわたしとあなたの間におられる」（二〇・二三）、との言葉に言い表されているとおり、神を媒介としているからである。

(c)互いに「信頼し、愛し合う」ということは、そこで共同生活が可能となる、ということである。信頼関係が成り立っていれば、共同生活が成り立ち、そこから必ず、愛し合う関係が芽生えてくるからである。キリスト者同士の場合には、教会の結婚式で必ず交わされる「誓約の言葉」が、一生涯二人の喜ばしい絆となるであろう。すなわち、「あなたはこの女子をめとり（または、この男子に嫁ぎ）、その健やかなる時も、病める時も、これを愛し、これを敬い、これを助け、その命の限り、堅く節操を守ることを誓うか」、という誓約である。結婚とは、互いに自分を与え合い、相手を感謝して受け取り合う関係である。そのようにして、互いに仕え合う関係である。

それゆえ結婚は、夫にとっても妻にとっても、文句なく一つの「大事業」である。なぜならば、互いに相手を幸福にし、自分も幸福になるということは、人生のどの事業にもまさって「大事業」の名に値するからである。然るに、女子にとっては割と分かりやすいと思われるこのことが、男子には、非常に分かりにくいようである。だからパウロは、結婚における男女の関係をキリストと教会に譬えて説明しているのである（エフェソの信徒への手紙五章二一―三三節参照――この箇所は、キリスト教の結婚式でよく読まれる）。

そこでパウロは、まず、「キリストに対する畏れをもって、互いに仕え合いなさい」（同二一節）と説いている。そしてその「仕えること」の内容を説明するのに、女子に対してはわずか三節で済ませているが、男子に対してはその倍の、六節もの言葉を費やしている。特に、男子の立場を説明するために、キリストが教会に対して御自分の命を捨てられた十字架の愛にまで言及していることは、感慨深い。

一人の人を幸せにするために、われわれが「隣人愛とは『自分の存在と他者の存在とを生命的に同一化すること』である」、と述べたように（二七六頁参照）、結婚においては、実存を共にし、究極的には、相手のために命を捨てなければならないようなことも、あるはずである。

(d)最後に、「喜んで」について述べたい。右に述べた三つの段階が、すべてにおいて「好循環」となるためには、そのいずれの段階においても、この「喜んで」ということがなければならない。そのためには、やはり「キリストを媒介として」ということが、無条件に必要となろう。すなわち、相手を神からの贈り物として――それゆえに、値なき者に贈られる無償の恵みとして――「喜んで受け入れ」、「喜んで自分を与える」関係が成立する必要がある。そして、その恵みは、信じられる事柄である。つまり、結婚とは「神が結び合わせた」ものなのであるから、そこには人間の思いや努力を超えた、神の御手が働く神秘的な次元がある。人生や生命と同様、結婚そのものが神の賜物であり、神を土台としている。

結婚の場合にも、二人の努力もさることながら、神の絶えざる助けと導きがある。かくして、共に幾十年の歳月を重ねる間に、神が互いを尊敬し合う気持ち、信頼と愛をはぐくみ育て、さまざまな出来事を通して――子どもの誕生、成長、就職や結婚、孫の誕生、またその他の、夫婦に襲いかかるさまざまな試練を二人して乗り越える努力を通して――結婚は実を結んでゆく。それゆえ、主は「神が結び合わせてくださったものを、人は離してはならない」（マコ一〇・九）と言われたのである。結婚はそれが神の合わせ給うたものであると信ずることによって、「希望」を持つことができる。その意味で、エフェソの信徒への手紙五章三一節以下で、パウロは「『それゆえ、人は父と母を離れてその妻と結ばれ、二人は一体となる』。この神秘は偉大です。わたしは、キリストと教会について述べているのです」と言っているのである。

かくして、結婚によって形成されるキリストを中心とした明るくて温かい家庭の交わりは、教会の中でも、また、周囲の世界にも、明るさと温かさとを放つであろう。かくして、イエス・キリストの御恩寵を指し示すものとなるであろう。

人間は愛の源でも中心でもないから、常に神を求め、神から遣わされる仕方でのみ、愛をこの世に携えて放つ通路となることができる。そのようにしてわれわれは、一定の期間この世で生き、再び神へと帰りゆく中で、神を愛し、隣人を愛する者となりうる。

以上で、まことに不十分ではあるが、隣人愛の戒めについての考察をひとまず終えたい。

われわれがここで確認したかった事柄は、神の《永遠の法》そのものであられるイエス・キリストがわれわれにお与えになった「キリストの律法」こそは、われわれがこれを守ればこの地上で幸いであることができる、ということである。このことを今、われわれは確認し終えたわけである。

(6)わたしは最後に、イスラエルの王ダビデが神を礼拝する神殿を建てたいと生涯心に願っていたことについて、一言述べて、本書を閉じたい。なぜならば、罪を犯しやすい、そして、生きることに倦み疲れやすいわれわれ人間にとって、この地上に神を礼拝する神殿が与えられているということは、測り知れない慰めであるからである。われわれは「人間」とその「幸福」について長々と論じてきたのであるから、やはり最後に、人間のすべての「幸福」を支えるこのテーマについて述べたい。

わたしがダビデのことを述べようと思ったのは、彼が信仰において尊敬に値する、または、その他の何らかの点で模範的な人物であるからというわけではない。ただ、この最も人間らしい人間、その意味においては、われわれにとって非常に興味も魅力もあるこの人物について、彼が心の中にずっと熱く抱きながら、最後まで果たすことが許されなかったある思いについて述べて、全体を閉じたいと考えたからである。すなわち、神のために神殿を建てたいという彼の思いであるが、それが神によって差し止められていた、ということである。

ダビデ（―前九六二）がユダヤ王国随一の名君であったことは、言を俟たない。彼ほど魅力のある人物もまた、あまりいない。文武両道に秀で、竪琴の名手であり、多くの詩編を残した。容姿も美しく、なによりも、勇気と厚い人情に満ちた英雄である。現代風に言えば、誰もが自分の上司か親友に持ちたいと願うような人物である。民衆の人気は絶大であった。また、信仰者として見ても、彼ほど真心から神を愛し、信頼し、神から愛された人は少なく、そのことは、彼の真正の作と見なされる多くの詩編が証明してくれる。

彼が神のために神殿を建てたいと願ったのは、自然なことであった。彼は紀元前九九六年に全イスラエルを統一し、新都エルサレムを首都に定めると、自分は立派なレバノン杉の王宮に住んでいるのに、イスラエルの神はまだ質素な天幕の中におられることに気づき、信頼する預言者ナタンに、「神の家を建てたい」、と相談した（サム下七・一以下）。ナタンも賛成してくれた。しかし、その夜ナタンは神の御告げを受け、そのとおりをダビデに伝えた。曰く、神はイスラエルをエジプトから解放してからこの方、常に民と共に砂漠や荒野を歩み、一度たりとも自分のために神殿を建てよとは言われなかった。そして、「わたしこそ、あなたのためにあなたの王座を揺るぎないものとしよう、あなたの子孫からとこしえにイスラエルを治める王が出る」、と告げた（同七・一二以下参照）。これが、世に言う「ダビデ契約」であり、この契約に基づいて、ダビデの子孫からメシア（＝キリスト）が生まれる、との信仰が生まれた（マタ一・一参照）。

さて、一国の王が国情の安定を図って首都に宗教の中心的建造物を建てようとすることは、どこにでもあることであり、少しも不思議ではない。しかし、神はダビデに神殿を建てることをお許しにならなかった。聖書がその理由として述べているところが興味深い。右に述べたとおり、イスラエルの神は民と共に天幕に住み、共に荒野を歩む神である、というその主要な理由も述べられているが、歴代誌はもう一つ、ダビデがあまりにもたくさんの血を流したことを挙げている。「あなたは多くの血を流し、大きな戦争を繰り返した。わたしの前で多くの血を大地に流したからには、あなたがわたしの名のために神殿を築くことは許されない」（代上二二・八）、と。建築はその子ソロモンに託された。しかし、神のために神殿を建てたいという願いはダビデから消えてしまったわけではない。神もまた、「その心掛けは立派である」（代下六・八）と彼に告げておられた。

わたしが心惹かれるのは、ダビデの中にこの願いがますます強くなっていったことである。そのきっかけとなったものが、彼が犯したバト・シェバ事件——ただ「魔が差した」（バルト）としか言いようのない不可思議な事件——であった、と思われるのである。この事件のことは、サムエル記下の一一章以下に詳しい。ダビデがバト・シェバという美しい女性に横恋慕し、さらには彼女の夫、忠実な軍人ウリヤを最も戦闘の激しい地に追いやって戦死させたという事件である。「姦淫」と「殺人」

という二つの大罪を犯したのである。

事件のあらましはこうである。イスラエルの全軍がアンモン人と戦っている間、王は王宮にいた。「ある日の夕暮れに、ダビデは午睡から起きて、王宮の屋上を散歩していた。彼は屋上から、一人の女が水浴びをしているのを目に留めた。女は大層美しかった」（サム下一一・二）。ダビデは早速彼女を召し入れ、床を共にし、彼女は子を孕んだ。すると彼は自分の罪を糊塗するために、夫のウリヤをわざわざ戦場から呼び戻し、「自分の家に帰って足を洗い、一晩ゆっくり過ごしなさい」、とねぎらいの言葉をかけた。しかし、忠実な軍人ウリヤは妻のいる家には帰らず、王宮の入り口で一夜を過ごした。謀略に失敗したダビデは、今度は、「ウリヤを戦いの最も激しい最前線に送り出し、彼を残して退却し、戦死させよ」と司令官宛ての書状を認めた。その書状を、事もあろうに――そうである、わたしはこの箇所を読む度に、《人間の罪の醜さ》を心から思う――、ウリヤ自身の手に託して司令官ヨアブに届けさせた。何も知らないままウリヤは戦死した。

王の罪を知っている人がいても、誰もダビデを責める人はいない。彼自身も何事もなかったかのようにして一年が過ぎた。しかし、「ダビデがしたこの事は主を怒らせた」（同二七節、口語訳）。

早速預言者ナタンが遣わされ、ダビデに向かって「その男はあなただ」（同一二・七）と言って面罵した劇的な場面は、あまりにも有名である。ダビデは己の罪に苦しんでいたに相違ないから、直ちに罪を認め、頭から灰をかぶり、バト・シェバとの間に生まれたわが子の命乞いをして断食した。子は七日目に死んだ。この時に詠まれた懺悔の詩が詩編五一編である。

あなたに背いたことをわたしは知っています。
わたしの罪は常にわたしの前に置かれています。
あなたに、あなたのみにわたしは罪を犯し
御目に悪事と見られることをしました。……

（詩五一・五―六）

まことに臨場感あふれる詩である。ダビデはもちろん、神に対してだけでなく、ウリヤに対しても、バト・シェバに対しても罪を犯した。しかし、その根源にあるものは、神をないがしろにした罪であるから、「あなたのみに」、と言っている。

この事件がその後のダビデにどのような心境の変化をもたらしたか、聖書には何も書いていないので、われわれはある程度まで推測に頼るより他にない。主の恵みがいささかでも減じた、とは書いていない。しかし、彼が主の前に大罪を犯したという事実だけは、決して消えない。それ以来、彼が生涯、ますます深い思いで神殿の建立を望んだことは事実である。実際ダビデは、この大事業をまだ若いわが子ソロモンが実行できるよう、あらゆる準備を整え、奔走したようである（代上二二―二九章参照）。

いったい、ダビデの心境の変化とは、どのようなものだったのであろうか。

神殿が建てられるべき場所を決めたのはダビデである。そのいきさつは、やはりダビデの犯した罪と深く関わる。歴代誌上二一章の記述によると、ある時ダビデは自分の軍事力の基礎調査を行おうとして、男子の数を数えた。このことは、イスラエルのまことの王は神であり、戦争はただ神の呼びかけによってのみ始められるべきであるので、許されざる大罪とされる。神の怒りは再び燃え上がり、三年間の飢饉か、三か月間ダビデが敵の剣に翻弄されるか、三日間国に疫病が流行するか、いずれかを選びなさい、と言われた。ダビデは「主の御手にかかって倒れよう。主の慈悲は大きい。人間の手にはかかりたくない」（一三節）と言って、三日間の疫病を選ぶ。疫病の猛威が——今の新型コロナ・ウイルスにもまさって——エルサレムを今にも全滅させようとしていたとき、滅ぼす御使いがオルナンの麦打ち場に現れ、ダビデに「この場所に主のために祭壇を建てなさい」と告げた。ダビデはその言葉に従い、畑を自分の金で買って祭壇を建て、疫病は止んだ。そのことがあったので、ダビデは神殿がその麦打ち場の跡にこそ建てられるべきだ、とソロモン王に命じたのである（同二二・一参照）。それは、現在のエルサレム神殿の場所に当たる。

わたしはこの一人の神を信ずるダビデの生涯を思うとき、そのさまざまな栄光ある場面を思い出すと共に、彼の内面の世界を思わざるをえない。彼は何よりも、神の御許にある平安と喜びを慕い求めていたのであろう。彼の魂は、己の罪が赦され、昔のように純真な心で神をほめたたえることができる礼拝を慕い求めていたのであろう。罪びとには真に枕するところがない。しかし、あの「バト・シェバ事件」で自分の罪が赦されたときの喜びと幸いを、彼は生涯、無限に尊いものと思い、忘れることがなかったはずである。それ以来、彼の魂は神を慕い続け、神殿が建てられることをますます切に願った。それはもはや、「主のために建てる」のではなく、ダビデ自身のために、願わしいと思われるようになった。自分の罪の赦しが確信できなかったからではない。自分がいつでも帰れる家が欲しくなり、神を礼拝しているときのあの平安な《慰め》と《喜び》が慕わしくなったからである。その

《慰め》と《喜び》を、大勢の民と共に味わいたいと生涯願い続けたのである。彼もまた、後にアウグスティヌスが告白したように、

汝、我らを汝に向かいて造り給いしゆえに、
我らが心、汝の内に憩う時まで安らかならず。
(Quia fecisti nos ad te,
et inquietum est cor nostrum,
donec requiescat in te ….)

(『告白録』Ⅰ・1・1)

と思っていたのではなかろうか。

ちなみに、主イエス・キリストが十字架上で処刑される際に大祭司の法廷で訴えられた罪状は、古い神殿を打ち倒し、三日ののちに再建する、と言ったことであった(マタ二六・六一並行参照)。これは「神殿冒瀆罪」で、死罪に当たる。しかし、主イエスが言われたのは「御自分の体のことだったのである」(ヨハ二・二一)。主はわれわれが神を礼拝する神殿、すなわち、主の御体なる教会を建てるために、死なれた。そして三日後に甦られた。言わば、ダビデのように、地上で神を慕い求めるわれわれの魂の最も深い願いに、御自分の命をかけてお応えしてくださった、と言うことができよう。

注

第I章

（1）Arist. Ethica Nicomachea, 1097b20.〔『ニコマコス倫理学（上）』高田三郎訳、岩波書店、一九七一年、三一頁。〕

（2）Thomas Aquinatis, Summa Tehologiae, II-1, QQ 1-69. 以後、同書からの引用はSTの略語を用いる。

（3）橋爪大三郎・大澤真幸『ふしぎなキリスト教』（講談社現代新書）講談社、二〇一一年、八八頁参照。

（4）以下の叙述において、著者は考古学的な考察は必ずしも踏まえていない。考古学的には、イスラエル宗教の発生が原始セム族の揺籃地である中部アラビアの――聖書が言っている、ウル（創一一・二八参照）――辺りであることは、多くの研究者が言っているとおりのようである。ヤーウェ信仰が歴史学的にはっきりしているモーセへの啓示（出三・一以下参照）――それゆえに、イスラエルの信仰を述べるとき、多くの研究者はそこから始める――と、それよりも七〇〇年近く昔にさかのぼる、史料としては聖書以外にほとんどなく、研究がはなはだ困難であるアブラハムへの啓示（創一二・一以下参照）とが、内的にははっきりと繋がっているということは、どうやら否定できないようである。ゆえにわたしは、神が選びの《主》であることを信じる唯一神信仰は、アブラハムからである、と考える。旧約学の泰斗G・フォン・ラートも次のように述べている。「しかしこのヤハウェ以前の族長祭儀の遺産と、それが後のヤハウェ信仰の内部において果たしたその機能は過小評価されてはならない。疑いもなくその中に後の選びの信仰が既に存在していたのである。アブラハム、イサク、ヤコブはまさに、彼らのために配慮し、彼らを導くと約束し、彼らに耕作地の分配と多くの子孫とを約束した神の啓示を最初に受領した人々であったのである。これは選びの業以外の何であったであろうか」（G. v. Rad, Theologie des Alten Testaments, Bd. I, München, Chr. Kaiser Verl, 1969, S. 21.）〔G・フォン・

ラート『旧約聖書神学Ⅰ』荒井章三訳、日本基督教団出版局、一九八〇年、二六頁〕、と。なお、フォン・ラートの上掲書の他、渡辺善太『「出エジプト」以前――セム・ヘブル・イスラエル原始像』日本基督教団出版局、一九七二年、三九―一五〇頁及び石田友雄・西村俊昭・木田献一・野本真也・左近淑共著『総説 旧約聖書』日本基督教団出版局、一九八四年、一七―三四頁、五七―八〇頁参照。

（5）アンセルムスはここに着目して、『プロスロギオン』（Proslogium, 一〇七七／一〇七八年）で哲学の世界では有名な「神の存在の本体論的証明」を確立し、世に問うた（『アンセルムス全集』吉田暁訳、聖文舎、一九八〇年所収）。ただし、彼はこの書物で哲学的な思索ではなく、神への祈りから始めているように、全く神学的な作業をしていることが、注目されなければならない。それは、モーセに対する神の歴史的な啓示があったことを大前提に、神とはその自己啓示のとおり、「存在しないと考えられ得ないほど実にまことに存在する」（prosl. 3）お方であるとするなら、この神の啓示の中に、既に神が存在することが真実であることが論証されている、という、神学的には全く正当な議論である。

（6）『旧約新約聖書大事典』（教文館、一九八九年）一二〇八頁の項目「ヤハウェ」の4に、最終的にこれは「神の共在加護」を表す（山我哲雄）、と記されている。

（7）Vgl. G. v. Rad, Theologie des Alten Testaments, Bd. I, 1960, SS. 149ff.〔G・フォン・ラート『旧約聖書神学Ⅰ』、一八九頁参照。〕

（8）西田幾多郎『善の研究』（岩波文庫）岩波書店、一九五〇年、一九二頁。

（9）前掲書、一九六頁。

（10）Civ. Dei, XI, 6: "Non est mundus factus in tempore, sed *cum tempore*".

（11）KD II/1, §28. 以後、同書からの引用は通常どおり、KD の略号をもってする。

（12）A.a.O., §§25-27. それゆえバルトは、神学におけるアナロギアは、哲学の世界に留まっているアリストテレス的・トマス的な「存在の類比」（アナロギア・エンティス）とは異なって、あくまでも神学における方法論なのであるから、「信仰の類比」（アナロギア・フィデイ）と呼ばれなければならない、と言っている。

(13) Cf. Boethius, Phil. consol., lib. V, 1: "interminabilis vitae tota simul et perfecta possessio".

(14) Cf. Denz. 125.〔デンツィンガー編『カトリック教会文書資料集(改訂版)』エンデルレ書店、一九七四年、二七頁。〕より完全な形となったのは、三八一年の「ニカイア・コンスタンティノーポリス信条」においてである(cf. Denz. 150)。

(15) Cf. Denz. 301-302.

(16) 三位一体の教義の中の「ペルソナ」([ラ] persona)という言葉は、一応人間で言えば知・情・意を備えた主体的存在者とイメージされて差し支えない。キリスト御自身が人格を有するからである。しかし、「人格存在」と訳するとかえって擬人的な発想法が無制限に拡大されかねないので、わたしはむしろ「存在様式」という中性的な言葉を使いたい。その邦語として用いられる「位」という字も、ラテン語の「ペルソナ」に充てられた字であるから、本来は「ミ」と読むのではなく、「イ」と読む方がよいであろう。

(17) 本注は本来ならば本文に入れられるべきものであるが、紙幅の関係で全体が煩雑となってしまうので、ここに記すことにする。実は、本来のキリスト論は、本文に記したようなキリストの「人格論」([ラ] De Persona Christi「神人両性一人格」論)のほかに、その「職務論」([ラ] De Officio Christi、キリストの祭司職、王職、預言者職の三職論)の展開を不可欠とする。この三職務論は、キリスト教がキリスト教であるためには絶対に不可欠の議論である。なぜなら、ここで初めて、イエス・キリスト《のみ》が、《ただ一人の》真理の啓示者であり、世の罪の贖い主であることが、明確となるからである。これによって、例えば西田哲学の血を引く滝沢克己(滝沢克己『仏教とキリスト教』法藏館、一九六四年)や東方神学に学んだ井上洋治(井上洋治『日本とイエスの顔』、『井上洋治著作選集1』日本基督教団出版局、二〇一五年)などの、仏教信仰になじみの深い日本人が容易に陥りやすい「万有在神論」([独] Panentheismus)が退けられる。実際のところ、キリスト教はイエス・キリスト《のみ》が、真理の啓示者であり、救い主であると主張している。それは、イエス・キリスト《のみ》が、我々人類のために十字架にかかってくださった事実による。だから例えば、「わたしを通らなければ、だれも父のもとに行くことができない」（ヨハ一四・六）と語られている。この「のみ」を外してしまうと、滝沢克己のように、誰でも「わたしはキリストである」と言えることになってしまう。これでは、キリスト教の生命線であるキリストの十字架死が「代理の死」である（第3章第1節参照）ということが出てこない。したがって、神の恩恵も、人間の感謝も、神への愛も、したがって結局は、隣人愛も出てこない。しかし、例えばマリアやゴーダマ・シッダルタはわたしのためにも世のためにも十字架にかかったわけではないから、世の罪の《唯一の》贖い主でもないし、真理の《唯一の》啓示者でもない。滝沢的な「万有在神論」とキリスト教の福音とは、決して一致しえないことを認識したい（なお、詳しくは、滝沢の弟子であり、ドイツでW・クレック教授の下にK・バルトのキリスト論を学んで、両者が本質的に決して一致しえないことを明らかにした、寺園喜基『カール・バルトのキリスト論研究』創文社、一九〇〇年参照。また、この書に触発されて生まれた八木誠一編著『仏教とキリスト教——滝沢克己との対話を求めて』三一書房、一九八一年等の宗教哲学的著作が多数ある）。

言うまでもないことであるが、キリスト教の福音が決して万有在神論と一致しえない最終的な論拠は、キリスト論の命題「イエス・キリストはまことに神にして、まことに人」の中の、「イエス・キリスト」という主語が歴史的な人物を指しており、かつて地上に生きていて、十字架にかかり、復活したお方を指す固有名詞であることの中にある。この「地上のイエス」（［独］der irdische Jesus、いわゆる「史的イエス」［der historische Jesus］のことではない）は、他の誰かによって代替せられえない独一無比の存在である。そして、この《ただ一人の》イエスだけが、全人類の「罪」を「身代わりに」引き受けて死なれ、復活したのである。それゆえわたしは、「聖書が証ししているイエス・キリストは、神の啓示である」という根本命題を基本原理として本書を執筆している。この命題の「イエス・キリスト」は、歴史的な人物であり、彼の出来事は、かつてこの地上で実際に起こった、もはや打ち消しえない歴史的な出来事である。このことは、何も仰々しく「キリスト教の絶対性」とか、「教会の不可謬性」とか、「聖書の無謬性」などという言葉で語られるべき事柄でもなければ、その必要もないことである。また、キリスト教の伝道が植民地主義に便乗してもよい、などという議論とも無関係である。しかし、これらのことは別に稿を改めて詳しく論じられなければならない。

第Ⅱ章

（1）エレ一一・四、二四・七、三一・三三、エゼ一一・二〇、一四・一一、三六・二八、三七・二三、二七、ゼカ八・八、二コリ六・一六、ヘブ八・一〇、黙二一・三等参照。または、「神がすべてにおいてすべてとなられる」（一コリ一五・二八）とある。

（2）和辻哲郎の『風土——人間学的考察』（岩波文庫）岩波書店、一九五九年は、この点に全く気づいていない。ただ西洋の神さまは厳しい砂漠の風土の中から生まれた砂漠の神さまであるから厳しく、日本の神さまは美しくて気候の温和な風土から生まれたから優しくて慈悲に富んでいる、といった表面的な観察から一つの比較宗教学を展開しているから十分な警戒が必要である。

（3）Vgl. O. Kaiser, Traditionsgeschichtliche Untersuchung von Genesis 15, 1958. なお、プロクシュはこの物語の背後に原伝承（Urtradition）とも呼ぶべき口碑があったと述べている、vgl. O. Procksch, Die Genesis, 2 & 3 Aufl., 1924, SS. 298f.

（4）これは人間学的に言うと「二分法」であり、「霊と魂と体」という「三分法」ではない。一テサ五・二三では、「霊」も「魂」も「体」もそれぞれ人間の総体を表し、神の聖化の対象として考えられているので、これは聖書が三分法をしているという根拠にはならない。

（5）カントは「神の存在」と人間の「魂の自由」と「来世の存在」の三つは、《物自体》の世界に属し、純粋理性によっては証明も否定もできず、ただ実践理性によって「要請」されうるのみである、と強調した。

（6）二〇一八年四月八日、五月一三日、七月一五日に分けて連続放映。

（7）ここまでの記述はほぼ山極寿一「文化の力奪うオンライン」（朝日新聞二〇二一年二月一一日朝刊、一一頁「季評」欄所掲）に依拠している。なお、山極氏の所論は氏自身が述べているように、山崎正和『社交する人間』（中公文庫）中央公論新社、二〇〇六年を参考にしているようである。なお、G・ジンメルの「心的相互作用」の概念などが直ちに想起される。Vgl. G. Simmel, Über soziale Differenzierung, 1890〔G・ジンメル『社会学（上）社会化の諸形式についての研究』居安正訳、白水社、二〇一六年参照〕; Ders., Grundfragen der Soziologie, 1917.〔同『社会学の根本問題　個人と社会』（岩波文庫）清水幾太郎訳、岩波書店、一九七九年。〕わたしは人間の「社会性」に関してジンメルが既に見ていた視点が、今日の人間理解に大きな示唆を与えてくれるのではないかと考えている。

（8）Vgl. A. Portmann, Biologische Fragmente zu einer Lehre vom Menschen, 1944.

（9）A.a.O., SS. 44f.

（10）A.a.O., SS. 90ff.

（11）Vgl. W. Pannenberg, Was ist der Mensch?, Die Anthropologie der Gegenwart im Lichte der Theologie, Göttingen, Vandenhoeck & Ruprecht, 1968, SS. 10ff.

（12）われわれは特に、「長期記憶能力」を一般の「記憶」（メモリア）と区別して使うときに、この“reminiscentia”の語を鉤括弧つきで使う。アウグスティヌスが『三位一体論』の中で、神の三位一体性の痕跡が人間の精神の中にもあると論じて、最初に「父・子・聖霊」に対応するものとして人間の「精神・知・愛」について論じた後に、「より明らかな神の三位一体性の痕跡」として「記憶・知解・意志」（memoria, intelligentia, voluntas）の三つを挙げ、特に「精神」の代わりに「記憶」という言葉を使っていることは、きわめて注目に値する。アウグスティヌスの「メモリア」は、この文脈で使われるとき、われわれの言う「レミニスケンチア」に相当するようである。彼がわれわれ同様、人間の「記憶」という能力の中に人間精神のうちでも特別に重要な本性的能力の存在を見ていたことが窺われるので、大変興味深い。アウグスティヌス『三位一体論』中沢宣夫訳、東京大学出版会、一九七五年、第十一巻第三章六以下（三〇二頁以下）参照。

（13）他にも、記憶をテーマにした日本文学に、ノーベル文学賞候補者の一人である小川洋子の『博士が愛した数式』（二〇〇三年）がある。また、二〇一九年の芥川賞を受けた高山羽根子の『首里の馬』も、記憶ではないが、記録をテーマにしている。

（14）第Ⅱ章注5参照。

（15）イスラーム教においては、キリスト教においてほど明確ではないが、終末は一応信者の期待の中にあるようである。例えば、「クルアーン」五六章の「かの出来事」（『日亜対訳クルアーン』中田考監修、作品社、二〇一四年、五七〇頁以下）等参照。

（16）道元の主著『正法眼蔵』の「生死の巻」に「生《しょう》きたらばただこれ生、滅来らばこれ滅にむかひてつかふべし。いとふことなかれ、ねがふことなかれ」とある。『全訳　正法眼蔵　巻四』中村宗一訳、誠信書房、一九七二年、三九七頁より引用。

（17）わたしの他にも、アウグスティヌスの時間論に注目している人は哲学者に多い。E・フッサール（E・フッサール『内的時間意識の現象学』立松弘孝訳、みすず書房、一九二八年、九頁［序論冒頭］、W・ディルタイ（W・ディルタイ『精神科学序説』上田武訳、以文社、一八八三年参照）の他、M・ハイデッガー（M・ハイデッガー『存在と時間』［vgl. M. Heidegger, Sein und Zeit, Tübingen, Max Niemeyer Verl, 1927, 2. bes. §82］）、西田幾多郎（西田幾多郎『アウグスティヌスの自覚』［一九二八年］参照、「小編、ノート」旧版『西田幾多郎全集』第一三巻［岩波書店］所収）、P・リクール（P・リクール『時間と物語Ⅰ　物語と時間性の循環、歴史と物語』久米博訳、新曜社、一九八三年参照）、L・J・J・ヴィトゲンシュタイン（L・J・J・ヴィトゲンシュタイン『哲学探究』藤本隆志訳、講談社、一九五三年参照）等々。

（18）Augustinus, Conf. XI, 20, 26.［『アウグスティヌス著作集　第五巻Ⅱ　告白録（下）』宮谷宣史訳、教

文館、二〇〇七年、二三九頁。『告白録』の邦訳については宮谷訳を使用した場合もあるが、著者が翻訳した場合もある。〕

(19) Conf. X, 16, 25. Cf. ibid., X, 17, 26.〔前掲書、一一八頁。〕

(20) Ibid., XI, 18, 23 sqq.〔前掲書、二三四頁以下〕; De Trin. XIV, 11, 14 et passim.

(21) Cf. Conf. X, 8, 12-15.〔前掲書、一〇三頁以下参照。〕

(22) Ibid., X, 9, 16-11, 18.〔前掲書、一〇七―一一一頁。〕

(23) Ibid., X, 12, 19-13, 20.〔前掲書、一一一―一一二頁。〕

(24) Ibid., X, 14, 21-15, 23.〔前掲書、一一三―一一六頁。〕

(25) Ibid., X, 16, 24-18, 27.〔前掲書、一一六―一二六頁。〕

(26) Ibid., X, 19, 28.〔前掲書、一二六―一二七頁。〕

(27) Ibid., X, 20, 29-23, 34.〔前掲書、一二七―一三六頁。〕

(28) Ibid., X, 24, 35-27, 38.〔前掲書、一三七―一四四頁。〕

(29) Ibid., X, 8, 12.〔前掲書、一〇三頁。〕

(30) Ibid., I, 7, 11.〔『アウグスティヌス著作集　第五巻I　告白録（上）』宮谷宣史訳、教文館、一九九三年、四四頁以下。〕

(31) Ibid., X, 33, 50.〔『告白録（下）』、一六二頁。邦訳には quaestio はない。〕

(32) Ibid., X, 40, 65.〔前掲書、一八六頁。〕

(33) Ibid., X, 38, 63.〔前掲書、一八三頁。〕

(34) Ibid., X, 17, 26.〔前掲書、一二三頁。〕

(35) Ibid. この場合の「記憶」とは、「自分の精神」、または「自分自身」のことであろう。

(36) Ibid., I, 1, 1.〔『告白録（上）』、二三頁。〕

(37) Ibid., VIII, 12, 29.〔前掲書、四三七頁。〕

(38) 第Ⅱ章注9参照。ただしここでは、「恩寵の先行性」が明確となっている。人間の側は単に、これに応ずるように、「長期記憶能力」なるものが造作されていただけである。

(39) 森有正『古いものと新しいもの』日本基督教団出版局、一九七五年、一三九頁以下等参照。

(40) 前掲書、一五〇頁。

(41) ちなみに、国連が二〇一九年三月に発表した『世界幸福度報告書2019年版』によれば、日本は世界一五六か国中、国民の幸福度が第五八位であり（前年度は第五四位）、主要七か国ではもちろん最下位である。なお、アジアでは台湾（第二五位）、韓国（第五四位）よりも日本が下位である。この問題を真正面から深く掘り下げて考える思想家が日本にあまり見受けられないのは、大変遺憾である（残念ながら本書では扱えない）。世界で日本ほど経済が豊かになっておりながら、日本ほど幸福を摑めなかった国はないのである。

(42) 二〇〇九年以来、一〇年連続で減少し、ようやく二〇一九年になって、年間の自殺者数が三万人を割った。喜ばしいことである。これまで自殺者数が最高であったのは、二〇〇三年の三四、四二七人とのことである（朝日新聞二〇二〇年一月一八日朝刊報）。ちなみに、前注41に挙げた国連の報告書によれば、日本は世界では「選択の自由」第六四位、「社会的寛容」第九二位で、いささか低い。日本人は経済が安定し、健康が支えられ、社会が安寧であるという三拍子さえそろえば人間は幸福になれる、と著しく錯覚している。この「幸福」に関する錯覚もまた、日本人の「人間」や「人生」に関する理解の浅さに起因している。だから学歴を高め、収入を増やせば幸福な人生を送れる、と錯覚している。国家の政策もそれに基づいた、型にはまったものが旧態依然として行われている。実は、経済、健康、社会制度といった「客観的幸福度」は人間の幸福を測る主要なバロメーターではない。「幸福」とはあくまでも個人個人が感じるものが最大限尊重されなければならない類いのものなのであるから、「主観的な幸福度」（人生の希望や生きがい等）の方がずっと大事である（二二六頁以下参照）。国民が一人残らず就労して生産性を高め、「働き方改革」を行えばGDPが増え、国民が幸せになれるという政府の思い込みは、浅薄な人間理解に基づくものと言わざるをえない。
(43) Vgl. KD III/2, SS. 264ff.〔『教会教義学　創造論　Ⅱ／2』菅円吉・吉永正義訳、新教出版社、一九七四年、四五頁以下。〕
(44) この聖句は、新共同訳では「見よ、この男だ」と訳されているが、この福音書の著者の本意からすれば、本文にあるような趣旨であると解される。
(45) KD III/2, SS. 291f.〔『教会教義学　創造論　Ⅱ／2』九〇頁以下。〕
(46) A.a.O., S. 292.〔前掲書、九二頁。〕
(47) A.a.O., SS. 299ff.〔前掲書、一〇六頁以下。〕
(48) A.a.O., S. 299.〔前掲書、一〇六頁。〕
(49) A.a.O., S. 303.〔前掲書、一一二頁。〕
(50) A.a.O., S. 318.〔前掲書、一四二頁。〕
(51) A.a.O., S. 326.〔前掲書、一五八頁。〕
(52) A.a.O., SS. 344ff.〔前掲書、一九〇頁。〕
(53) 結婚が生殖のためだけではないというキリスト教的な結婚観は、重要である。キリスト教がこの世にもたらしたものは、自殺と離婚の禁止である、と俗に言われる。古代社会はユダヤ社会もギリシア・ローマ社会も等しく男尊女卑であったから、特に女性にとって、一夫一婦を高く掲げるキリスト教は福音と言ってよく、キリスト教の倫理の高さは憧れの的であったと想像される。つまり、一人の夫と一人の妻が生涯共に連れ添い、互いに信実を尽くし合って生きるという考え方は、一人の人が一人の神のみを信じ、偶像を信じないことに対応する事柄として、単なる倫理・道徳を超えた、真の人間性の成就として重んじられるべきキリスト教的な倫理観である、と考える。それゆえわれわれも、「一夫一婦」というテーマを「共同人間性」の中の無視しえない重要な事柄であると考える。ただし、われわれはここで《言い過ぎる》ことも差し控えなければならない。すなわち、結婚には当事者しか分からない全く特別な事情がありうるのであるから、離婚をどんな場合でも罪として断罪することは間違いであろう。むしろ教会は、もしも互いに誠実に向き合ったギリギリのところでなお埒があかず、あるいは、相手から捨てられたような場合には、その人は最も深く傷ついた人なのであるから、非難するよりもむしろ、温かく迎えるべきであろう。

(54) ダンテの『神曲』では、彼を地獄にまで来て(『神曲』「地獄篇」二・一八、「煉獄篇」三〇・四七以下)そこから導き出し、第一〇の至高天にまで連れていって聖ベルナルドゥスに引き渡したのは、彼の初恋の人、ベアトリーチェとなっている。ベアトリーチェが天を見つめ、ダンテがこの「永遠の乙女」の美しい瞳の中を見ているうちに、彼は迅速にもろもろの天を通って引き上げられてゆく。この「永遠の乙女」のモチーフは、例えば枢機卿J・H・ニューマンの作詞による讃美歌(『讃美歌』〔一九五四年〕二八八番)の最後の歌詞、「愛する者の笑顔、御国に我を迎えん」(四節)にも謳われている。神が人間の魂を「永遠の女性《にょしょう》」を通して導かれる、ということは、創造の秘義に属する事柄であり、実際にもあるのではないか。聖書にも終わりの日には「女が男を保護するであろう」(エレ三一・二二)との一句がある。カトリック教会のマリア信仰は、こういうところからならば理解することができる。ただし、プロテスタント教会では、マリアよりも「陰府にまで降って」(一ペト三・一九参照——この聖句の解釈については、第Ⅲ章注58参照)迷える人々を導いたキリストの人性の方がずっと分かりやすい。マリアは陰府にまでは降っていない。

第Ⅲ章

(1) Vgl. KD IV/1, 1.〔『教会教義学　和解論　Ⅰ／1』井上良雄訳、新教出版社、一九五九年、三頁以下参照。〕

(2) 特に、組織神学者A・リッチュル(一八二二—一八八九)がそれを自由主義神学の表看板として仕上げた。Vgl. A. Ritschl, Die christliche Lehre von der Rechtfertigung und Versöhnung, 3. Bde, 1 Aufl.,

1870-74, 3 Aufl., 1888-89.

（3）自由主義神学の父と呼ばれるシュライアーマハーによれば、「罪」とは「本性の混濁」（die Störung der Natur）である。S. F. Schleiermacher, Der christliche Glaube, Bd. I, Berlin, Walter de Gruyter & co., 1960, §68, S. 36l.

（4）S. Anselmi, Opera Omnia Vol. II, ed. by F. G. Schmitt, Edingburgh, 1946, 88, 9.〔「神はなにゆえに人となられたか」『アンセルムス全集』所収、四九九頁。〕

（5）F. Nietzsche, Die fröhliche Wissenschaft, Drittes Buch, 1882, Nr. 125, "Der Tollere Mensch"（KSA 3, SS. 480ff.）〔『ニーチェ全集　第八巻　悦ばしき知識』信太正三訳、（ちくま学芸文庫）筑摩書房、一九九三年、アフォリズム一二五。〕

（6）本居宣長「答問録」『本居宣長全集』第一巻（筑摩書房）所収、一九六八年、五四二頁。

（7）W. Eichrodt, Theologie des Alten Testaments, Bd. III, 1939, 4 Aufl. 1961, S. 152.

（8）イザ二四—二七章、ヨエ三・一以下、ゼカ九—一四章、そして何よりも、ダニエル書によって、黙示文学的な文書が正典の中に場所を得た。

（9）創六・五、八・二一、出三四・七、レビ一六・二一、王上八・四六、ヨブ四・一七—二一、二六・四—六、詩三六・二、五一・七、箴二〇・九、コヘ七・二〇、イザ五三・六、エレ一三・二三等参照。

（10）この考え方が既に読み取れるのが、ヨブ一九・二五以下、詩四九・一六、八六・一三、ヨナ二・三等である。

（11）十字架と復活に関しては一コリ一五・三以下参照。再臨に関しては一テサ一・一〇等参照。

（12）「マラナ・タ伝承」（一コリ一六・二二、黙二二・二〇の他、「ディダケー」一〇・六等）の他に、一テサ一・一〇、マタ一六・二七—二八並行、二テサ等。

（13）「人の子」についてのより詳しい新約学的論証については、拙著『聖書論』日本基督教団出版局、一九九二年、一三五—一五〇頁参照。

（14）マコ二・一〇、二八、八・三八、九・九、マタ一二・四〇、ルカ九・五八、一九・一〇等々。
（15）詳細な新約学的論考については、拙著『聖書論』、一四四頁以下参照。
（16）イエスの「人の子」の自覚とイザヤ書五三章の「苦難の僕」とを結びつけた新約学者には、T・W・マンソン（T. W. Manson, Jesus the Messiah, 1843）、V・テーラー（V. Taylor, The Name of Jesus, 1955）、O・クルマン（O. Culmann, Die Christologie des Neuen Testaments, 1958）、R・H・フラー（R. H. Fuller, The Mission and Achievement of Jesus, 1954）や平野保（平野保『新約神学の諸問題』聖文舎、一九八四年）などがいる。R・ブルトマンはこれに反対した。Vgl. R. Bultmann, Theologie des Neuen Testaments, 1958, SS. 28ff.
（17）そのようなグループが存在し、エノク書や、のちに第四エズラ書（ラテン語）一三章に描かれた「海から昇る人」などの黙示を信じていたことは十分に想像されうる。
（18）エチオピアエノク書やシリア語バルク黙示録、紀元一世紀の第四エズラ書等がある。
（19）第四エズラ書一三章の「海から昇る人」参照。
（20）史的イエスは恐らく、復活直後の再臨を相対化したであろう（マコ一三・三二参照）。また、悪人が地獄に堕ちるという伝承も切り捨てたのではないか、と著者は推論する。ただし、これについてのテキストによる論証は困難である。
（21）WA XL, 443.〔『ルター著作集　第二集　11――ガラテヤ大講解・上』徳善義和訳、聖文舎、一九八五年、四一八頁。〕
（22）A.a.O., 439.〔前掲書、四一四頁。〕
（23）A.a.O.〔前掲書。〕
（24）「刑罰代受」はドイツ語の Stellvertretung の訳語であるので、必ずしも「刑罰」を代理的に受けるという意味はなく、単に罪びとの「立場」（Stelle）が代理される、という意味である。しかし日本では伝統的にこの訳語が使われているので、一応従うことにする。近藤勝彦も宗教改革者たちの贖罪論を「刑罰代償説」と呼んでいる。近藤勝彦『贖罪論とその周辺』（教文館、二〇一四年）の特に三頁以下、一〇〇頁以下、一二一頁以下等参照。

(25) とくに「贖罪論」と限定しているので、主としてバルトの「和解論」の第一部（KD IV/1）が取り上げられる。

(26) 以上について、vgl. KD IV/1, 231ff.〔『教会教義学　和解論　I／2』井上良雄訳、新教出版社、一九六〇年、九九頁参照。〕

(27) KD IV/1, 279.〔前掲書、一七九頁より引用（強調原著者）。〕

(28) ミケランジェロの「最後の審判図」はマタ二五・三一以下の聖句からインスピレーションを受けているように思われるが、この聖句に関しては、他に並行記事や類似の記事が皆無なので、イエスの真正の言葉であるかどうかについては一般にも疑義がある。

(29) アンセルムスがそのように説いていると誤解した弟子のアベラルドゥス（アベラール）が、それに代わって「道徳感化説」を説いた。一九世紀のプロテスタント・自由主義神学者たちは単にその線に乗っただけである。しかし、アンセルムスははっきりと、そのような仕方では奪われた神の名誉は棄損されたままとなり、神にはふさわしくない、と述べている。（Cf. S. Anselmi Opera Omnia Vol. II, 66, 20-21.）〔『アンセルムス全集』、四七〇頁参照。〕

(30) ST II-I, Q 113, a 3 c.〔『神学大全　II／1』稲垣良典訳、創文社、一九八九年、一七三頁。〕

(31) 『和協信条』（一五七六年）第一一条肯定一二。〔『信條集　前篇』新教出版社、一九五五年、二四四頁参照。〕

(32) 教理史家R・ゼーベルクによれば、ルターは一五三七年七月九日付けのカピト宛の手紙の中で、自著の『大教理問答』と『小教理問答』と『奴隷意志論』の三つ以上に彼自身の書物として認められるべきものはなく、その他のすべての著作は消えてなくなってもよい、とまで書いている（vgl. R. Seeberg, Die Lehre Luthers, SS. 188-191）。

（33）バルトも万人救済説は否定している。K・バルト『キリスト教の教理——ハイデルベルク信仰問答講解』井上良雄訳、新教出版社、一九六五年、一三九頁参照。また、vgl. Setsuro Osaki, Die Prädestinationslehre Karl Barths, Dissertation zur Georg-August-Universität zu Göttingen, 1966.

（34）ちなみに、主イエスが「地獄」（ゲヘナ）について言及された箇所は全部で一三か所あるが、すべて、教育的・勧告的な文脈で語られている。主が本気で後の教会が好んで語った「地獄」の存在する宇宙観を持っていたとは考えられない（「ゲヘナ」は直接的にはエルサレム郊外のベン・ヒンノムの谷を意味する）。一三か所の用例を分類すれば、山上の説教の中に三例（マタ五・二二、二九、三〇参照）、「魂も体も地獄で滅ぼすことのできる方を恐れなさい」の二例（マタ一〇・二八、ルカ一二・五参照）、「片目・片足・片手になってでも」の五例（マタ一八・九、マコ九・四四、四五、四七、四八参照）、ファリサイ派叱責の二例（マタ二三・一五、三三参照）である。マタ二五・三一以下については、第Ⅲ章注28参照。

（35）なお、本項を閉じるに当たって、一言注記しておきたい。本文の贖罪論は、主としてバルトの贖罪論の紹介である。このバルトの贖罪論であるが、それについては必ずしも深い知識を持たない牧師や神学者たちでも、最近はバルトの釈義を大幅に受け入れるようになってきたことを注記しておきたい。例えば、『聖書協会共同訳聖書』（日本聖書協会、二〇一九年）において、長い間論争されてきたロマ三・二二が、「イエス・キリストの真実によって」と訳されるようになったことなどは、その顕著な現れである。この聖句の原文、「ディア・ピステオース・イエスー・クリストゥー」の属格は、主格的属格にも、対格的属格にも解されうる。『新共同訳聖書』（一九八七年）までは、「イエス・キリストを信じることにより」と、対格的属格の意味に訳されていた。そのように、人間の側の信仰が義認の条件であるかのように読まれる場合が多かった。最近はバルトが『ロマ書』で主格的属格の意味に解した釈義が、その影響を次第に現してきたわけである。Vgl. Karl Barth, Der Römerbrief (zweite Fassung), Zürich Theol. Verl., 1922, S. 77.〔K・バルト『ローマ書講解　上』小川圭治・岩波哲男訳、（平凡社ラ

イブラリ）平凡社、二〇〇一年、一九六頁。〕

(36) CR III, Cap. 21sqq. Ibid., III, 21, 2.〔『キリスト教綱要　Ⅲ／2』渡辺信夫訳、新教出版社、一九六四年、一八五頁以下。〕とは言え、二重予定そのものを強調することが、本来のカルヴァンの意図であったかどうかは依然として疑問の余地がある。彼は次のような言い方もしている。「神の御言葉によって明らかにされる以外に、予定について知ろうと志すことは、人が道のないところを突進したり、あるいは闇の中でものを見たりするに劣らず、狂気の沙汰である。また、われわれは〔知るにまさる〕『無知の知』が成立するこの件について、何か知らないことがあるのを恥じてはならない」(ibid., III, 21, 2)。〔『キリスト教綱要　Ⅲ／2』、一八八頁。〕ただし、カルヴァンがローマ・カトリック教会を意識し、その神人協力説的救済論を激しく論駁しようとしている時には全く別である (cf. De aeterna Dei praedestinatione, 1552 [CR 8, 257ff.])〔「神の永遠の予定について」〕。限定的贖罪論を明確に主張したのはむしろカルヴァンの後継者ベザ（一五一九―一六〇五）であると思われる。ベザ以来、カルヴァン派は――時の情勢もあり――決定的に「限定的贖罪論」の方に急傾斜していった。それと共に、カルヴァンの『キリスト教綱要』も、例えば一五三六年の予定論を欠いた初版ではなく、それを入れた一五五九年のものが決定版となった。『ウェストミンスター信仰告白』（一六四八年英国国会提出）はその線を継承している。

(37) CR III, 24, 5: "Christus ergo speculum est in quo electionem nostram contemplari convenit".〔「したがって、キリストは彼の中にわれわれの選びを熟考するにふさわしい鏡である」。〕Vgl. KD II/2, 66.〔『教会教義学　神論　Ⅱ／1』吉永正義訳、新教出版社、一九八二年、一〇九頁。〕

(38) KD II/2, 1.〔前掲書、一頁。〕

(39) ヘーゲルがその「法哲学」で、物件に関する最初の法概念をこの人間的存在者の「自由の自己意識」から導出している箇所を参照。Vgl. G. W. F. Hegel, Grundlinien der Philosophie des Rechts, Werke in zwanzig Bänden 7, Theorie Werkausgabe Suhrkamp Verl., Frankfurt am Main, 1970, SS. 102ff.

（§§41ff.)〔『ヘーゲル全集9a　法の哲学　上巻』上妻精他訳、岩波書店、二〇〇〇年、九〇頁以下。〕

(40) 仏教における「解脱」や「救済」については、増谷文雄『仏教とキリスト教の比較研究』（筑摩叢書）筑摩書房、一九六八年、七九頁以下、九四頁以下等を参照。また、拙著『日本人の宗教性とキリスト教』（シリーズ「日本の伝道を考える」第1巻）教文館、二〇一五年、一二二頁以下参照。

(41) この意味において、われわれはカール・バルトが主唱した「自然死」（natüricher Tod）の概念を肯定したい（vgl. KD III/2, 769ff.）〔『教会教義学　創造論　Ⅱ／3』吉永正義訳、新教出版社、一九七四年、四四四頁以下。〕バルトが言っていることは、人間が動植物同様、「死」を寿命として受け取って死ねる、という意味ではなく、創造は契約のために存在するゆえに――そしてキリストの贖いによって、死は創造の秩序の中に回復されているので――死はいかなる死であれ、神からの贈り物としていただくことができる、という意味である。

(42) その意味において、われわれはK・バルトの「全的（な）死」（Ganztod）の概念を肯定する。（Vgl. KD III/2, 714ff.）〔前掲書、三四四頁以下。〕

(43) この「被造的限界」（Kreaturgrenze）の概念をも、わたしはバルトから学んだ。初出はKD III/2, 222〔『教会教義学　創造論　Ⅱ／1』吉永正義訳、新教出版社、一九七三年、三八四頁〕である。「重要であるのは、神からにせよ神に向かってにせよ、被造的限界の突破と踏破が起こることである。神が人間へと来られる。これが人間的存在の客観的な基礎づけである。人間が神に向かって行く。これがその主観的な基礎づけである」（a.a.O.）。

(44)『日亜対訳クルアーン』、五七一頁（五六・一三―一二二）。

(45) 前掲書、五七一頁（五六・三四―三七）。

(46) バルトはモルトマンのそのような聖霊理解に対して、強い不満を抱いたらしく、その『希望の神学』を出版後直ちに読んで、モルトマンへの書簡で次のような批判的な問いかけをしている。「あなたはわたしの三重の時間についてのコンセプトや（『教会教義学』での）イエス・キリストの三重のパルーシアに関するコンセプトに、それほどわずかな印象しかお持ちにならなかったのですか? それを一度も批判的に考慮の中にお入れにならなかったのですか?」(vgl. K. Barth, Ges. Ausg., Briefe 1961-1968, Theol. Verl., Zürich, 1979, S. 276)、と。

(47) Athanasius, Ad Serapionem, I, 19. 引用は、アナタシオス「セラピオンへの手紙I」、アナタシオス、ディデュモス『聖霊論』(キリスト教古典叢書15) 小高毅訳、創文社、一九九二年、六〇頁より。

(48) ディデュモス「聖霊論」(Liber de Spiritu Sancto)、アタナシオス、ディデュモス『聖霊論』所収。

(49) この点で、わたしはバルトに従っている。現代の忠実で優れたバルト研究者の中の一人と言ってよいC・E・ガントンなども、バルト神学の唯一の欠点として、バルトは「十分に三位一体論者ではない」という批判を述べているが (cf. Colin Gunton, The Barth Lectures, transcribed and edited by P. H. Brazier, Edinburgh, T&T Clark, 1999)、わたしはこの批判は当たらないと考えている。かえって、三位一体論をあたかも神学の最高公理のように考えること自体に、抽象的思考の危険性があるのではないか (本書三六頁以下参照)。

(50) バルトの「パルーシアの三形態説」については、vgl. KD IV/3, 337-424 uö. 〔『教会教義学　和解論　Ⅲ/2』井上良雄訳、新教出版社、一九八五年、二二〇―三四八頁等。〕

(51) W. Baur, A Greek-English Lexicon of the New Testament and Other Early Christian Literature, the Univ. of Chicago Press, 1952, ad hoc.

(52) KD III/2, 531. 〔『教会教義学　創造論　Ⅱ/3』、一四頁。〕

(53) Georges Rouault, LE CHRIST DANS LA BANLIEUE, 1920.

(54) 何度も挙げるようで恐縮であるが、わたしはここでどうしても、ダンテが「永遠の淑女」ベアトリーチェと出会い、彼女が天を仰ぎ見るその瞳の中に、恐らく天の縮図を見る思いからであろう、至高天にまで引き上げられていったという『神曲』の描写を思い出さざるをえない (第Ⅱ章注54参照)。われわれキリスト者にとって、キリストは全被造物の「完全な美」を映す《鏡》以上の、御国そのものである。被造物の中の「美」はその写しに過ぎない。聖書にも、「イエス・キリストの御顔に輝く神の栄光」（二コリ四・六）という御言葉がある。

（55）例えば、KD IV/3, 349f.〔『教会教義学　和解論　Ⅲ／2』、二三九頁以下参照。〕

（56）例えば、a.a.O., 352ff.〔前掲書、二四三頁以下参照。〕

（57）Vgl. a.a.O., 128-153.〔『教会教義学　和解論　Ⅲ／1』井上良雄訳、新教出版社、一九八四年、一九一―二二六頁。〕

（58）ペトロの手紙一、三章一九節には、「そして、霊においてキリストは、捕らわれていた霊たちのところへ行って宣教されました」とある。聖書の他の箇所にはない、孤立した文言であるが、『使徒信条』のキリストが「陰府にくだり」の文言はここから来ている。プロテスタント神学は、宇宙を「天上界・地上界・地下界」の三界に分ける考え方を採らないので、キリストの陰府への下降は象徴的な意味に解される。すなわち、キリストが陰府の力にも勝利され、もはやこの世のどのような陰府のような領域においてもキリストが共におられるという意味に解される。ある種の精神の病においては、人間が陰府よりも深い苦しみに苛まされるようであるが、そこでもキリストが共にいてくださる。この信仰は、イエス・キリストがわれわれ人間をそこから救い出してくださるためにこの陰府のような現世に降られたことから、納得がゆく。

（59）一般に聖書では人間は「肉」と呼ばれる。ヘブライ語では「バーサール」、ギリシア語では「サルクス」である。これが甦る、とされる。ただし、パウロは「復活の章」（一コリ一五章）では、より中性的なニュアンスの「ソーマ」（身体）というギリシア語を使っている。「ソーマ」は、地上においても天上においても一貫して「個別的な人間存在自身」を指している、と考えられる。また、「死体」という意味もある。

（60）古代に行われた婚姻法の一つ。「兄弟が共に暮らしていて、そのうちの一人が子供を残さずに死んだならば、死んだ者の妻は家族以外の他の者に嫁いではならない。亡夫の兄弟が彼女のところに入り、……彼女の産んだ長子に死んだ兄弟の名を継がせ、その名がイスラエルの中から絶えないようにしなければならない」（申二五・五―六）、との決まり。

（61）第Ⅲ章注34参照。「火の池」（黙二〇・一四）や「永遠の火」（マタ一八・八、二五・四一等）や「火の地獄」（同一八・九）や「蛆」（マコ九・四八）その他の表象、また、「永遠の死」等。

（62）それゆえわれわれは、マコ三・二九並行やイエス・キリストの地獄に関する言及の言葉（第Ⅲ章注34参照）を教育的・勧告的な言辞と解釈する。

（63）K・バルト『教義学要綱』井上良雄訳、新教出版社、一九九三年、一六七―一六八頁。

（64）M・F・パワーズ『あしあと〈Footprints〉――多くの人々を感動させた詩の背後にある物語』松代恵美訳、（財）太平洋放送協会〈PBA〉、一九九六年。

（65）第Ⅱ章注41、42参照。

（66）大東俊一氏の講演「日本人の幸福観について」（人間総合科学大学第二〇回学術集会「幸せを考える」）『心身健康科学』一一巻二号、同大学、二〇一五年所収、五一―五五頁。

（67）『ハイデルベルク信仰問答』竹森満佐一訳、新教出版社、一九六一年、五頁より。この「信仰問答」は、ルターの大・小教理問答やカルヴァンの「ジュネーヴ教会信仰問答」、カルヴァン派諸教会の信仰基準とされている「ウェストミンスター信仰告白」などと共に、プロテスタント教会の標準的な「信仰問答集」の中でも特に秀逸とされ、諸教会で最も多く使われているものである。

（68）ギリシア語原語の「パラクレートス」の訳語には昔から非常に議論があり、聖霊論やヨハネによる福音書自体の理解によって変遷した。「助け主」（口語訳）、「弁護者」（新共同訳）等。著者は原文の研究から本文の解釈を選ぶ。

（69）"Sein zum Tode"の"zu"という前置詞は、「～へと至る」という意味ではなく、「～と深く関わる」という、関心を言い表す前置詞である。

（70）セネカは使徒言行録一八章一二節のアカイア州の執政官ガリオンの実弟である。また、約五年間、皇帝ネロの家庭教師となって彼を善導しようと努めた。
(71) セネカ「幸福な生について」(DE VITA BEATA) 三・四、『生の短さについて 他二篇』大西英文訳、(岩波文庫) 岩波書店、二〇一〇年所収、一四〇頁。
(72) 同書、一三・二、一五九頁。
(73) 同書、三・三、一三九頁参照。
(74) 同書、三・三、一四〇頁以下。
(75) 同書、九・三、一五一頁。
(76) 同書、四・四、一四一頁以下。
(77) 同書、一六・二、一六六頁。
(78) 同書、九・三、一五一頁。
(79) 同書、九・一以下、一五一頁以下。
(80) 同書、三・四、一四〇頁。
(81) 同書、一五・三、一六三頁。
(82) 同書、三・四、一四〇頁。第Ⅲ章注74と同一箇所。
(83) 同書、四・五、一四二頁。
(84) 同書、九・三、一五一頁。これは第Ⅲ章注75と同一箇所。
(85) 同書、九・三、一五一頁。
(86) 言うまでもなく、枢機卿J・H・ニューマンの作詞による讃美歌である(第Ⅱ章注54参照)。「現在」については、「ゆくすえとおく見るを　ねがわじ、/主よ、わがよわき足を　まもりて、/ひとあし、またひとあし、/みちをばしめしたまえ」(二節)と、「過去」については、「あだなる世のさかえをよろこび、/ほこりておのがみちを　あゆみつ、/むなしく過ぎにし日を/わが主よ、忘れたまえ」(三節)と、「将来」については、「しるべとなりたまいし　ひかりよ、/今よりなおも野路に　山路に、

／闇夜のあけゆくまで、／みちびきゆかせたまえ」（四節）と謳っている。

(87) Conf. I, 1, 1.〔『告白録（上）』、二〇頁。〕

(88)『新共同訳聖書』は、神人協力説を警戒するあまり、この聖句から人間が神と共に働くというモチーフを極力消そうと意図して訳しているようである。『口語訳聖書』はそのまま、「神は、……ご計画に従って召された者たちと共に働いて」と訳している。ここは義認論の文脈ではなく、神の救いの御業に人間が召命を受けて参加するという文脈なのであるから、口語訳のように訳さなければならない。

(89) 本書がK・バルトの神学に強く影響され、著者自身がそれを深く信頼していることは、読者が既に見られたとおりである。この機会にわたしは、自分がそうしている最大の理由を告白しておきたい。それは、彼からイエス・キリストを愛することを学んだからである。バルトの信頼するに足る伝記を記したE・ブッシュが次のような、バルトの父フリッツ・バルト（彼もまた神学教授であった）の死に際して残した遺言――そして、私見によるならば、神学者バルトの一生涯を支配した、彼の神学の源泉であるような言葉――について伝えている。「カールは、日曜の説教をおえて、急いで父の死の床にかけつけた。最後に聞き取ることのできた言葉の一つは、まるで教室で学生たちに語るかのように、こういうのであった。《主イエスを愛することが主要な事柄である。学問でも、教養でも、文献批評でもない。神との生きた結びつきが必要である。それを与えられるように、われわれは主なる神に祈り求めなければならない》」（E・ブッシュ『カール・バルトの生涯』小川圭治訳、新教出版社、一九八九年、九八頁）、と。

(90) CR IV, 1, 1.〔『キリスト教綱要　Ⅳ／1』渡辺信夫訳、新教出版社、一九六四年、一五頁。〕

(91) Cyprianus, De Catholicae Ecclesiae Unitate, C. 6: "habere non potest Deum patrem qui ecclesiam non habet matrem".（「教会を母として持たない者は、神を父として持つことができない」。）〔『中世思想原典集成4　初期ラテン教父』上智大学中世思想研究所編訳・監修、平凡社、一九九九年所収。〕

(92) 以上は、『説教者のための聖書講解――釈義から説教へ　エペソ人への手紙、ピリピ人への手紙、コロサイ人への手紙、ピレモンへの手紙』日本基督教団出版局、一九八八年、一三頁以下参照。

（93）Vgl. A. Nygren, Eros und Agape. Gestaltwandlungen der christlichen Liebe, Bd. I, 1930; Bd. II, 1936.〔ニーグレン『アガペーとエロースⅠ』岸千年・大内弘助訳、新教出版社、一九五四年、『同Ⅱ』、一九五五年、『同Ⅲ』、一九六三年。〕

（94）プラトン『饗宴』（SYMPOSION）201D sqq. 参照。

あとがき

初めに本書の成立に関して述べたい。本書は当初、神学者カール・バルト没後五〇周年を記念して、彼の大著『教会教義学』の未完の第五巻、終末論の研究のために書き始められた。周知のとおり、バルトは『教会教義学』の第五巻の終末論の部分を書かずに終わっている。ただし、彼の終末論がどのようなものとなるかというおよその見当は、研究者たちの間ではほぼ了解済みであると思う。と言っても、彼が実際にそれを展開するためには、あらかじめその第三巻の「人間論」（KD III/2）の部分において、「記憶論」を展開しておくことが是非とも必要であったと著者は考えている。著者はアウグスティヌスの記憶論をもってそれを補うこととした。それが本書執筆の最初の動機である。

とは言え、それはあまりにも大部となり過ぎたので、途中で方針を変えた。むしろ、現代の日本に住んでいる大勢の「真実に生きる道」を求めておられる方々の魂に届く言葉をと考え、本書が生まれた。まえがきに書いておいたとおりである。

出版に当たっては、教文館の渡部満社長には本書の趣旨をご理解いただき、大変お世話になった。最初に完成した、学術性は高いがあまり一般には読んでいただけそうにない原稿の出版を快くお引き受けくださったが、著者としては、やはり多くの読者に読んでいただけることを願って、約半分の分量に縮めた。そのために、本書は上梓されるまでに前著から四年もかかってしまった。その際に、日本のキリスト教界の出版事情についての大変貴重な御助言をいただいた。そのことも併せて、出版の御労をお引き受けいただいたことを御礼申し上げたい。併せて、出版部課長の髙木誠一氏にも謝辞を述べたい。

筆をおくに当たって思うことは、本書の執筆のために少なからぬ労苦や心配をかけたわたしの愛する妻、照子に対する感謝である。わたしの研究の時間を捻出するために、少なからぬ裏方の労苦を重ね、一時は健康まで害させてしまった。またそのときには、息子一家にも支えられた。ここに思い出し、謝意を表したい。また、この書の執筆をご理解くださり、忍耐をもって温かく見守ってくださった、愛する曳舟教会の兄弟姉妹お一人おひとりにも心から感謝の意を表したい。

最後になったが、編集・校正の御労をお引き受けくださり、本書を愛してすべての聖書箇所、引用箇所につぶさに当たって申し分のないお仕事をしてくださった石澤麻希子氏と、組版をしてくださった堀江恵治氏にも篤く感謝している。

上田光正　識

二〇二一年三月二二日、曳舟にて

《著者紹介》

上田光正（うえだ・みつまさ）

1942年、東京生まれ。1966年、東京神学大学大学院修士課程修了。1968年、東京大学大学院修士課程修了（哲学）。1968－1973年、ドイツ留学。神学博士号取得（組織神学）。帰国後、日本基督教団安芸教会、若草教会、美竹教会を経て、現在、曳舟教会牧師。

著書『カール・バルトの人間論』（日本基督教団出版局、1975年）、『聖書論』（同、1992年）、シリーズ「日本の伝道を考える」第1巻『日本人の宗教性とキリスト教』（教文館、2015年）、第2巻『和解の福音』（同、2015年）、第3巻『伝道する教会の形成』（同、2015年）、第4巻『日本の教会の活性化のために』（同、2017年）、第5巻『キリストへの愛と忠誠に生きる教会』（同、2017年）ほか。

キリスト教の死生観

2021年4月30日　初版発行

著　者　上田光正

発行者　渡部　満

発行所　株式会社　教文館

〒104-0061　東京都中央区銀座4-5-1　電話03(3561)5549　FAX 03(5250)5107

URL　http://www.kyobunkwan.co.jp/publishing/

印刷所　モリモト印刷株式会社

配給元　日キ販　〒162-0814　東京都新宿区新小川町9-1

電話03(3260)5670　FAX 03(3260)5637

ISBN 978-4-7642-6152-5　Printed in Japan